中国经济文库·应用经济学精品系列（二）

卞利花 ◎ 著

动态资产配置问题的最优策略研究：
基于多阶段均值–方差模型

Research on Optimal Strategies of
Dynamic Asset Allocation Problems:
Based on Multi-period Mean-variance Model

中国经济出版社
CHINA ECONOMIC PUBLISHING HOUSE
北京

图书在版编目(CIP)数据

动态资产配置问题的最优策略研究：基于多阶段均值—方差模型/卞利花著.
—北京：中国经济出版社，2019.12
ISBN 978-7-5136-6065-5

Ⅰ.①动… Ⅱ.①卞… Ⅲ.①资产管理—研究 Ⅳ.①F20

中国版本图书馆 CIP 数据核字(2020)第 033981 号

责任编辑　　葛　晶　冀　意
责任印制　　马小宾
封面设计　　华子图文

出版发行　中国经济出版社
印　刷　者　北京建宏印刷有限公司
经　销　者　各地新华书店
开　　　本　710mm×1000mm　1/16
印　　　张　13.25
字　　　数　183 千字
版　　　次　2019 年 12 月第 1 版
印　　　次　2019 年 12 月第 1 次
定　　　价　68.00 元
广告经营许可证　京西工商广字第 8179 号

中国经济出版社 网址 www.economyph.com 社址 北京市东城区安定门外大街 58 号 邮编 100011
本版图书如存在印装质量问题，请与本社销售中心联系调换(联系电话：010-57512564)

版权所有　　盗版必究(举报电话：010-57512600)
国家版权局反盗版举报中心(举报电话：12390)　　服务热线：010-57512564

前 言
PREFACE

资产配置是投资过程中最重要的环节之一。近年来,动态资产配置问题,包括投资组合选择问题、资产负债管理问题以及养老金投资管理问题,均是数理金融领域研究的热点。本书将更注重联系实际,重点研究基于背景风险(如利率风险)和市场状态对风险资产收益影响的动态资产配置问题的最优投资策略。首先,研究了基于随机利率风险和不可控制负债的投资组合选择问题的时间一致策略。其次,讨论了基于随机利率风险和机制转换的 DC 养老金计划的时间一致策略。再次,考虑了具有机制转换和保费返还条款的 DC 养老金计划的预先承诺策略和时间一致策略。最后,研究了基于随机现金流和不完全信息的资产负债管理问题的时间一致策略。

第 1 章首先介绍了动态资产配置问题的研究背景,然后进行了理论综述和研究动态描述,介绍了本书的主要工作,最后介绍了离散随机最优控制的一般性理论、时间不一致性问题的处理方法以及本论文的一些假设和一些矩阵理论知识。

第 2 章讨论了多阶段均值—方差准则下投资组合选择问题的时间一致策略。我们首先考虑了基于随机利率风险的一般投资组合选择问题。投资者在由一个无风险资产和 n 个风险资产组成的金融市场中投资,其中利率由 Yao 等(2016d)提出的离散时间 Vasicek 随机利率模型描述。我们把这个问题看作是一个非合作博弈,其均衡策略即是我们渴望得到的时间一致策略。利用扩展的 Bellman 方程,推导出了均衡策略和均衡值函数的解析表达式,并得到了相应的均衡有效前沿。然后,我们将模型扩展到有不可控制负债的情形，并获得相应的均衡策略和有效前沿。接着，我们给出了所得均衡策略的一些性质，包括著名的两基金分离定理。最后，利用中国市场的实际数据，给出了一个数值例子来说明随机利率和不可控制负债对均衡策略及其有效前沿的影响。

第 3 章研究了 DC 养老金计划的时间一致策略。养老金投资者可以将养老金投资于由一个无风险资产和 n 个风险资产构成的金融市场。与第二章不同的是，本章中的利率由离散时间的 Ho-Lee 随机利率模型刻画，且利率以及风险资产的收益都取决于市场状态。市场状态的演变由马尔可夫 (Markov) 链描述，且转移矩阵是时变的。运用博弈论、扩展的 Bellman 方程和矩阵表示技术，我们推导出了均衡策略和均衡有效前沿的解析表达式。最后，利用英国市场的实际数据，对均衡策略和均衡有效前沿进行了数值分析。

第 4 章考虑了多阶段均值—方差框架下 DC 养老金计划积累阶段的预先承诺策略和均衡策略。养老金参与者交预定金额的钱作为保费，然后将保费投资于金融市场增加积累值。为保护在退休之前死亡的养老金参与者的权益，我们引入保费返还条款。根据该条款，在退休之前死亡的参与者可以提取所有已缴纳的保费。我们假设金融市场仍由一个无风险资产和 n 个风险资产组成，其中风险资产的收益取决于市场状态。市场状态的演变由 Markov 链描述，且转移矩阵是时变的。运用嵌入技术和动态规划方法，我们获得了预先承诺策略和相应的有效前沿的解析表达式。运用博弈论和扩展的 Bellman 方程，我们得到了均衡策略和相应有效前沿的封闭形式。对于所得到的两种策略及其相应的有效前沿，以及机制转换和保费返还条款对它们的影响，我们发现了一些有趣的理论和数值结果。

第 5 章研究了不完全信息下具有随机现金流的资产负债管理 (ALM) 问题的时间一致策略。不完全信息表示金融市场中既存在可观测的市场状态也存在不可观测的市场状态，其中不可观测市场状态的动态过程由离散时间有限状态的隐 Markov 链表示。在我们的模型中，风险资产、负债以及随机现金流均依赖于可观测和不可观测的市场状态。通过利用充分统计量方法,我们将具有不完全信息的 ALM 问题转化为具有完全信息的 ALM 问题。然后,利用扩展的 Bellman 方程推导出了均衡策略、均衡值函数和相应有效前沿的解析表达式。最后,根据中国市场的实际数据,分析了不完全信息对均衡策略及其有效前沿的影响。

第 6 章为结论。

目 录
CONTENTS

第1章 绪论 001

1.1 研究背景 003
1.1.1 金融证券化是全球趋势 003
1.1.2 我国资本市场高速发展 004
1.1.3 我国机构投资者规模迅速扩大 005
1.1.4 资产配置的重要性 005

1.2 研究理论综述 006
1.2.1 投资组合理论 006
1.2.2 资产配置理论 008

1.3 研究动态 011

1.4 工作介绍 018
1.4.1 具有随机利率和负债的投资组合选择问题 018
1.4.2 具有随机利率和机制转换的DC养老金管理问题 . 020
1.4.3 具有机制转换和保费返还条款的DC养老金管理问题 ... 021
1.4.4 不完全信息下具有随机现金流的资产负债管理问题 ... 023

1.5 预备知识 025
1.5.1 随机最优控制 025
1.5.2 时间不一致性问题简介 027
1.5.3 时间不一致性问题的处理方法 028
1.5.4 一些假设和矩阵理论 030

第2章 具有随机利率和负债的投资组合选择问题的时间一致策略 ·········· 031

2.1 引言 ·········· 033
2.2 无负债情形下的问题构建 ·········· 036
2.3 无负债情形下的均衡策略和有效前沿 ·········· 039
    2.3.1 一些有用的引理 ·········· 041
    2.3.2 均衡策略和均衡值函数 ·········· 041
    2.3.3 均衡有效前沿 ·········· 042
2.4 推广到带负债的情形 ·········· 042
    2.4.1 均衡策略及其有效前沿 ·········· 044
    2.4.2 特殊情形 ·········· 046
2.5 均衡策略的性质 ·········· 047
2.6 数值例子 ·········· 049
    2.6.1 均衡策略的数值分析 ·········· 051
    2.6.2 均衡有效前沿的数值分析 ·········· 053
2.7 小结 ·········· 054
2.8 本章附录 ·········· 055

第3章 具有随机利率和机制转换的多阶段DC养老金的时间一致策略 ·········· 067

3.1 引言 ·········· 069
3.2 问题构建 ·········· 072
    3.2.1 金融市场 ·········· 072
    3.2.2 财富过程和最优化问题 ·········· 074
3.3 均衡策略和有效前沿 ·········· 076
    3.3.1 扩展的Bellman方程 ·········· 076
    3.3.2 均衡策略 ·········· 077
    3.3.3 均衡有效前沿 ·········· 081

3.4 特殊情形 ·· 083
3.5 数值算例 ·· 087
3.6 小结 ·· 092
3.7 本章附录 ·· 093

第4章 具有机制转换和保费返还条款的 DC 养老金的预先承诺策略和均衡策略 ·············· 105

4.1 引言 ·· 107
4.2 问题构建 ·· 110
    4.2.1 金融市场 ·· 110
    4.2.2 财富过程和最优化问题 ································ 111
4.3 预先承诺策略和有效前沿 ····································· 113
    4.3.1 辅助问题 $A(\lambda,\omega)$ 的解 ························ 114
    4.3.2 原始问题 $P(\omega)$ 的解和有效前沿 ····················· 116
4.4 均衡策略和有效前沿 ·· 119
    4.4.1 均衡策略 ·· 119
    4.4.2 均衡有效前沿 ·· 122
4.5 特殊情形 ·· 122
4.6 数值算例 ·· 126
    4.6.1 两种投资策略的数值分析 ······························ 127
    4.6.2 两种有效前沿的数值分析 ······························ 130
4.7 小结 ·· 132
4.8 本章附录 ·· 133

第5章 不完全信息下具有随机现金流的时间一致资产负债管理 ·············· 147

5.1 引言 ·· 149
5.2 问题构建 ·· 151
    5.2.1 金融市场 ·· 151

5.2.2　财富过程和具有不完全信息的最优化问题……………… 152
　5.3　具有完全信息的最优化问题……………………………………… 154
　5.4　均衡策略和有效前沿…………………………………………… 156
　　5.4.1　扩展的 Bellman 方程……………………………………… 156
　　5.4.2　模型的解…………………………………………………… 158
　5.5　特殊情形………………………………………………………… 162
　5.6　数值算例………………………………………………………… 166
　　5.6.1　均衡策略的数值分析……………………………………… 169
　　5.6.2　均衡有效前沿的数值分析………………………………… 170
　5.7　小结……………………………………………………………… 173
　5.8　本章附录………………………………………………………… 173

第 6 章　结论 …………………………………………………… 181

参考文献 ………………………………………………………………… 187

索引 ……………………………………………………………………… 198

致谢 ……………………………………………………………………… 199

| 第1章 |

绪 论

1.1 研究背景

资产配置决策,也称为最优投资决策理论或资产组合管理理论。无论是古代还是现代,对于所有投资者而言,面临的最大问题就是在可投资资产类别中如何去分配投资权重,以达到最大化收益、最小化风险的目的。在20世纪50年代之前,投资者几乎均根据个人经验配置资产,并没有形成系统的、科学的处理方式。然而,自Markowitz(1952)的文章发表后,资产配置问题迅速成为学术界长盛不衰的研究领域,并在投资界得到了广泛的应用。

近年来,中国的金融市场正发生着翻天覆地的变化。随着全面建设多层次资本市场的逐步推进、利率完全市场化的加速、IPO核准制改注册制的日渐逼近,中国的资本市场与发达国家的差距正在迅速缩小。在这一大背景下,以往的资产管理模式和粗放式的资产配置策略在大资管时代将逐渐被淘汰,而立足于最优化技术的先进的资产配置策略将在未来的资产管理市场中起到重要的作用。

1.1.1 金融证券化是全球趋势

21世纪以来,证券化在全球金融市场上的发展非常迅速。其中,个人投资者的退出和机构投资者迅速崛起已成为这一时代的重要特征。据统计,全美最大的300家机构投资者的总资产从1975年占GDP的30%增长到1993年的110%。在其他主要的工业国家,也呈现出同样的增长趋势。而且,早在1998年,美国共同基金的资产就已超过银行资产,这一事件成为金融发展史上的重要里程碑,宣告了一个投资新世纪的到来。在大力发展资本市场和增加机构投资者比重这一不可逆转的潮流中，如何选择正确的资产配置模型、做出正确的资产配置决策，对于资本市场的长期稳定发展、投资者资产的长期保值增值均有着重要意义。

1.1.2 我国资本市场高速发展

自1990年底上海和深圳两个证券交易所建立后，20多年来我国资本市场从无到有，从小到大，取得了非凡的成就，到2014年底已成为全球第二大资本市场。而始于19世纪末期、同为新兴市场的印度和巴西市场，今天仅仅位列全球第十五位和第九位。中国资本市场的发展速度为全世界所瞩目。与成熟市场自下而上的自然演变发展模式不同，中国资本市场自成立起，就是在中国政府的大力推动下发展的，也因一直承担着为大型国有企业筹融资的职能而饱受批评。然而，随着中国市场经济体制改革的不断深化，中国的资本市场在极短的时间内，完成了一次又一次的重大改革，无论是从规模上还是市场深度上，都已逐步向发达国家看齐。1999年7月，《证券法》的实施第一次以法律形式确定了资本市场在中国的地位，规范了证券发行和交易行为，将资本市场纳入了更高层次的发展轨道。2004年，国务院出台《关于推进资本市场改革开放和稳定发展的若干意见》（俗称"国九条"），将大力发展资本市场提升到了完善社会主义市场经济体制、促进国民经济发展的战略高度。2005年5月启动并于2007年末完成的股权分置改革，直面中国股市早期制度安排导致的股权分置问题，解决了困扰中国股市10多年的大小顽疾，打造了一个真正的股份全流通市场，大幅拓展了市场的深度和广度。2014年，证监会提出在较短的时间内将审批权下放到交易所，这意味着，中国的股票市场在制度设计上，与发达国家股市的区别已经很小。随着中国资本市场的进一步完善，保险公司、共同基金、社保基金、QFII等机构投资者群体的继续扩大，监管力度的进一步提高和监督方式的改进，股票市场中个人投资者的非理性行为必将大幅减少，以机构投资者为代表的专业投资经理人将从过去的精选个股、依赖内幕消息逐步向采用数量分析方法、构建投资组合策略转型，最优化资产配置技术也将会起到越来越重要的作用。

1.1.3 我国机构投资者规模迅速扩大

近 20 年来，我国资本市场最重要的变化之一，就是迎来了机构投资者的大幅增长。1998 年 3 月，基金金泰、基金开元的成功发行拉开了中国基金业序幕，至今已经走过 21 个年头。第十届全国人大常委会第五次会议通过并于 2004 年 6 月 1 日实行的《证券投资基金法》，是我国资本市场继《证券法》后迎来的又一部重要法规，为大力发展机构投资者的政策奠定了重要的法律基础。此后，我国机构投资者的数目和管理资产规模都出现了爆炸式增长。截至 2014 年 7 月，中国基金管理公司已超过 100 家，发行设立基金 1604 只，管理基金份额 37784.55 亿份。据统计，开放式偏股型基金经过近十多年的发展，资产规模增长了 50 倍。在一个以个人投资者为主体的资本市场，资产配置模型的使用必然会受到极大程度的限制。这是因为，个人投资者知识量少，不具备使用数学模型进行投资的能力。此外，个人投资者资金量也很小，即使使用资产配置模型，也未必能取得多样化投资带来的收益。而机构投资者管理资产规模庞大，必须使用数理模型去建立正确的投资组合，这对资产配置模型在中国市场的有效性提出了新的要求，也是本书研究的动力所在。

1.1.4 资产配置的重要性

资产配置决策是资产组合管理中的首要环节，是整个投资决策过程中最关键的因素。

关于资产配置重要性，最著名的研究是由 Brinson、Hood 和 Beebower（BHB）于 1986 年发表在《金融分析家杂志》(*Financial Analysts Journal*) 上的一篇名为《组合绩效的决定》的文章。该文以 91 家养老基金从 1974 年开始的 10 年间的数据为研究对象，分析了基金总回报沿时间的波动有多大部分可由政策性（Policy）资产配置、市场时机选择（Market Timing）和证券选择（Security Selection）来加以解释。其主要方法是对每只基金的实际收益率序列与政策性配置收益率序列进行时间序列回归，91 家基金的平均回归拟合优度 R^2 为 93.6%，说明基金总回报的时间变化中有 93.6% 可以由政策性资产配置(即战略性资产配置)解释,远远超过用类似方法计算的"时机选择"及"证券选择"对总回报变化的解释程度,BHB由此认为战略性资产配置是决定投资回报最重要的因素。

William W. Jahnke 于1997年2月在《金融规划杂志》(The Journal of Financial Planning)上发表了《资产配置恶作剧》(The Asset Allocation Hoax)一文,这是对BHB论文最著名的一篇批判性文章,在理论界引发了对资产配置重要性的大讨论。该文称BHB的研究中只回答了各基金投资回报沿时间的变化中有多少能够被资产配置解释,并未回答各基金之间回报水平的差异中有多少是来自资产配置。Bitter Warren(1997)、Surz 和 Stevens(1998)也分别指出了BHB研究中的一些问题。

Ibbotson和Kaplan(2000)认为,关于基金表现中有多少能够被资产配置解释的问题很难进行单一的量化回答。他们的研究结果表明:在不同基金之间的绩效差异中,资产配置可以解释40%;在同一基金回报随时间波动中,资产配置平均可以解释90%。

从以上的分析可以看出,在资产组合管理中,资产配置决策占有极其重要的地位。

1.2 研究理论综述

1.2.1 投资组合理论

投资组合理论分为狭义投资组合理论和广义投资组合理论。其中,狭义投资组合理论即Markowitz的投资组合理论,广义投资组合理论除了经典的投资组合理论和该理论的各种替代投资组合理论以外,还包括由资本资产定价模型和证券市场有效理论构成的资本市场理论。本书主要介绍的是狭义投资组合理论。

投资组合理论最早由美国著名经济学家哈理·Markowitz于1952年系统地提出,其核心是研究理性投资者如何选择优化投资组合,进行最优资产配置。理性投资者总是希望在期望风险相同的情况下获取最大的期望收益，或者在期望收益相同的情况下承担最小的期望风险。

投资组合理论的主要成就在于将面对大量的不同资产的投资组合进行选择的复杂多维问题，约束成为一个概念清晰的、简单的二次规划问题，即均值—方差分析问题，并且给出了最优投资组合问题的实际计算方法。

均值—方差分析方法是投资组合理论的核心。Markowitz最先提出用资产组合的期望收益率衡量投资的预期收益水平，用资产组合的收益率方差衡量投资的预期风险。在这样的框架下，投资组合理论是指，若干种证券组成的投资组合，其收益为各资产收益的加权平均数，但其风险并非各资产风险的加权平均数，不同资产之间的相关性会影响投资组合的风险，当不同资产之间相关性为负时，投资组合的非系统性风险会被显著分散。

1.2.1.1 投资组合管理的步骤

投资组合管理通常包括以下几个基本步骤：

（1）确定投资政策：投资政策是投资者为了实现投资目标所应当遵循的基本方针和基本准则，包括确定投资目标、投资规模和投资对象三方面的内容，以及应当采取的投资策略和措施等。投资目标是要投资者明确其在承担一定风险的前提下，所期望获得的投资收益率，包括风险和收益两项内容。投资规模是用于资产组合投资的资金数量。投资对象是资产管理人准备投资的资产种类。

（2）资产投资分析：对第一步中确定的投资对象进行具体分析，明确各种资产的价格形成机制和影响资产价格波动的因素及其作用机制。同时，在具体分析过程中，还可以发现价格偏离价值的资产，进行投资。

（3）构建资产组合：确定具体投资资产的种类和对各资产的投资比例。这一步骤涉及个别资产选择、投资时机选择和多元化三个问题。个别资产选择是预测个别资产的价格走势及其波动情况；投资时机选择涉及预测和比较不同资产的价格走势和波动情况；多元化则是要求在一定的现实条件下，组建一个在一定收益条件下风险最小的投资组合。

（4）资产组合修正：该步骤实际上是定期重温前三步的过程，随着时间的推移和市场的变化，过去构建的资产组合可能已经不再是最优组合了，这可能是因为投资者改变了对风险和回报的态度，或者是其对资产的预测发生了变化。因此，资产管理人应当对资产组合在某种范围内进行个别调整，使得在剔除交易成本后，总体上能最大限度地改善现有资产组合的风险回报特性。

(5) 投资组合业绩评估：资产管理人需要对资产组合进行定期业绩评估，以评价投资的表现。业绩评估不能仅仅比较投资活动所获得的收益，还应该综合衡量投资收益和所承担的风险情况；不能仅仅通过最后时点盈亏进行判断，还应该综合考虑整个资产组合存续期内盈亏的波动情况。

1.2.1.2 投资组合管理的意义和特点

投资组合管理的意义在于采用适当的方法选择多种资产作为投资对象，以达到在保证预定收益的前提下使投资风险最小化或在控制风险的前提下使投资收益最大化的目标，避免投资过程的随意性。

投资组合管理的特点主要表现在以下两个方面：

(1) 投资的分散性。投资组合理论认为证券组合的风险随着组合所包含的资产数量的增加而降低，只要资产收益之间不是完全正相关，分散化就可以有效地降低非系统性风险，使投资组合的投资风险趋向于市场平均风险水平。因此，投资组合管理强调构成投资组合的资产类别应当多元化。

(2) 风险与收益的匹配性。投资组合理论认为，投资收益是对承担风险的补偿。承担的风险越大，收益应当越高；承担的风险越小，收益应当越低。因此，投资组合管理强调投资的收益目标应当与风险的承受能力相适应。

1.2.2 资产配置理论

1.2.2.1 资产配置概述

资产可分为两大类：一类是实物资产，如房地产、艺术品等；另一类是金融资产，如股票、债券、商品等。当投资者面对繁多的资产种类时，往往会从三个角度考虑：选择哪些资产进行投资，每种资产投资比例为多少，在怎样的市场情形下进入最为合适。如果依次分析这三个问题，将会耗费投资者或资产管理人相当长的时间和相当多的精力，尤其是进入市场的时机选择需要考虑多方面的因素，也许当你经过研究做出某个选择时，这一投资时机已然过去。因此，我们需要明确这三个问题中最为重要的是什么。Brinson、Hood 和 Beebower(1986)曾指出，在投资组合的收益中，几乎94%的收益可由其资产配置来解释，相比之下，市场时机选择和个股选择并不是那么重要。

资产配置(Asset Allocation)是指根据投资需求将投资资金在不同资产类别之间进行分配，通常是将资产在低风险、低收益证券与高风险、高收益证券之间进行分配。它是投资过程中最重要的环节之一，也是决定投资组合相对业绩的主要因素。一方面，在半强势有效市场环境下，投资目标的信息、盈利状况、规模、投资品种的特征以及特殊的时间变动因素对投资收益都有影响，因此资产配置可以起到降低风险、提高收益的作用。另一方面，随着投资领域从单一资产扩展到多资产类型，从国内市场扩展到国际市场，资产配置既包括在国内与国际资产之间的配置，也包括对货币风险的处理等多方面内容，单一资产投资方案难以满足投资需求，资产配置的重要意义与作用逐渐凸显出来，可以帮助投资者降低单一资产的非系统性风险。从实际的投资需求看，资产配置的目标在于以资产类别的历史表现与投资者的风险偏好为基础，决定不同资产类别在投资组合中所占比重，从而降低投资风险，提高投资收益，消除投资者对收益所承担的不必要的额外风险。也就是说，随着资产类别的组合方式日益多样化，在同等风险的情况下，全球投资组合应该能够比严格意义上的国内投资组合带来更高的长期收益，或者在风险水平降低的基础上提供相似的收益。反之，当投资者因为受到对投资项目的限制而减少投资机会时，他们只能运用该限制范围内的狭义市场投资组合，其投资选择机会必然受到限制，长期收益与风险状况也将受到不利的影响。

资产配置往往取决于如下四个因素，只有在制定资产配置策略前认真了解投资者的这些状况与需求，才有可能更加具有针对性地为投资者提供满足其需要的，在其承受能力之内的资产配置方案。

(1)投资目标:若投资者主要是为了保本或获取较为稳定的收入,则资产配置应以债券、现金等低风险资产为主;若投资者目标是资本增值,则资产配置应以股票、商品等高风险、高收益资产为主。

(2)可承受风险:若投资者属于风险规避型投资者,则应为其主要提供风险较低的资产;若投资者属于风险中性型投资者,则可适当增加其资产中对股票等高风险资产的配置;若投资者属于风险偏好型投资者,则可将其资产主要配置于高风险资产中,以期获得较高的预期收益。

(3)投资计划时限:若投资者属于短线投资者,则应较多配置流动性较好的资产,以短期债券为主;若投资者属于长期投资者,则投资组合可以适当进取一些,可多配置一些价值型股票。

(4)投资者年龄:随着投资者年龄的增大,其风险承受能力往往逐渐下降,因此,很多专业的投资管理人会建议30岁的投资者将30%的资金配置于债券和现金,而将70%的资金配置于股票,以此类推。

1.2.2.2 资产配置的类型

资产配置可以从不同角度进行分类。

1.2.2.2.1 按投资范围分类

(1)全球资产配置:资产配置范围最为广泛,可在各国法律允许范围内投资全球各类资产,包括股票、债券、商品、房地产等。

(2)股票债券资产配置:资产配置范围通常为某特定国家或地区的股票和债券资产,不可投资于商品、房地产等资产类别。

(3)行业风格资产配置:资产配置范围局限于某个国家或地区的某个行业或某种风格的个股。

1.2.2.2.2 按时间跨度和风格类别分类

(1)战略性资产配置:资产配置时间跨度较长,通常在三年以上,这种资产配置方式重在长期回报,因此往往忽略资产的短期波动。战略配置十分强调资产的长期平均收益、风险和各类资产的相关性等历史经验,通过定期的再平衡过程维持特定的资产配置比例,实质上是一种被动配置的策略。

(2)战术性资产配置:该种资产配置需要根据资本市场环境及经济条件的变化动态调整资产配置。战术性资产配置经常调整投资组合中的资产类别以充分抓住变化的市场条件,而且调整仅仅是依据各类资产观察到的相对价值变动进行的,假定投资者的风险态度和投资约束长期内保持不变。

1.2.2.2.3 按资产管理人特征和投资者性质分类

(1)买入并持有策略:该策略在最初确定一定的资产配置比例,构造一个投资组合,在之后相当长的持有期间都不会改变资产配置的状态。该策略适用于资本市场环境和投资者偏好变化不大的情形。

(2)恒定混合策略:该策略保持投资组合中各类资产的固定比例不变。在买入并持有策略中,随着时间的推移和不同资产收益的变化,各类资产之间的配置比例会发生变化,而恒定混合策略通过定期或不定期的动态调整,保证各类资产之间的配置比例保持不变。

(3)投资组合保险策略:该策略将一部分资金投资于无风险资产,从而保证资产组合的最低价值,并随着市场的变化,动态调整风险资产与无风险资产的比例。当风险资产收益率显著上升时,适当调高风险资产的投资比例;当风险资产收益率显著下降时,适当降低风险资产的投资比例。

(4)动态资产配置策略:该策略是根据资本市场环境及经济条件对资产配置状态进行动态调整,从而增加投资组合价值的积极战略。由于其对未来的目标函数进行优化,在长期配置方面具有优势。我们发现,从长期来看,模型业绩对风险厌恶系数不敏感,较高的风险厌恶系数会带来回撤的显著下降,而对收益率的影响不大,风险厌恶系数较高情况下,以各指数(货币基金、债券、沪深300、中证500、标普、黄金)为基础资产,年化收益能到4%以上,在实际操作中,如果选取指数增强基金等收益更好的产品作为基础资产,年化收益可能达到6%以上。

1.3 研究动态

前文论述表明,如何对各种资产进行动态配置是重要的现实问题,它也是数理金融领域重要的学术问题。由Markowitz(1952)提出的均值—方差

动态资产配置问题的最优策略研究
——基于多阶段均值—方差模型

投资组合选择模型是现代投资组合选择理论的基石,特别是在 Li 和 Ng(2000)、Zhou 和 Li(2000)分别对多阶段情形和连续时间情形下的均值—方差模型取得了突破性进展之后,均值—方差模型在动态资产配置问题的研究中变得越来越重要。但是,由于方差算子不满足可分性,Bellman 最优性原理不成立。因此,以多阶段或连续时间均值—方差模型为准则的投资问题都是时间不一致性问题。Strotz(1955)首次研究了时间不一致性问题,并提出了两种主要处理方法。第一种方法,先确定一个初始点,然后寻找最大化目标函数的最优策略,不管它在以后的时刻是否是最优的,都承诺以后时刻严格按照初始时刻得到的策略执行,不再改变。这个策略被称为预先承诺策略,它是一个全局最优策略,但不是一个时间一致性策略。第二种方法,认真地对待这种时间不一致性,利用博弈论的方法去获得一个均衡策略,它是一个时间一致性策略,但不是一个全局最优策略。Bensoussan 等(2014)、Bjork、Murgoci(2014)和 Bjork 等(2017)对第二种方法进行了详细研究。

有些学者研究了投资组合选择问题的预先承诺策略。例如,Li 等(2002)和 Cui 等(2014)分别在连续时间情形下和多阶段情形下研究了具有卖空约束的动态均值—方差投资组合选择问题;Bielecki 等(2005)考虑了具有破产约束的连续时间均值—方差投资组合选择问题;Zhu 等(2009)在下行风险测度下研究了稳健的(Robust)投资组合选择问题;Guo 和 Duan(2015)考察了跳扩散模型下的动态均值—方差投资组合选择问题。更多相关参考文献,可参见 Lim 和 Zhou(2002)、Xia(2005)和 Dai 等(2010)等。近年来,关于投资组合选择问题时间一致性策略的研究也得到了很多学者的关注。比如,Basak 和 Chabakauri(2010)最先利用博弈论方法研究了动态均值—方差资产配置,并得到了对应均衡策略的解析解。Li 等(2015)考虑了部分信息下资产配置问题的时间一致性投资策略。Cui 等(2016)考察了具有状态相依风险厌恶的投资组合选择问题,并得到了封闭形式的均衡策略。Czichowsky(2013)研究了离散及连续时间两种情形下的时间一致均值—方差投资组合选择问题。Wu 和 Chen(2015)考察了具有机制转换(Regime Switching)的多阶段均值—方差投资组合选择问题的均衡策略。还有些学者同时研究了均值—方差投资组合选择问题的预先承诺策略和均衡策略，如 Zhou 等(2016)。

在现实生活中，利率时常会不可避免地发生变化。例如，2007 年美国次贷危机引发的全球金融危机迫使世界各国央行大幅降息。另外，利率还是调整货币政策的重要工具，许多国家和地区通过改变利率来调控宏观经济。例如，中国仅在 2015 年就调整利率 5 次。况且，利率的全球市场化也导致利率更频繁、更剧烈地波动。因此，把利率作为一个随机过程去考虑将使得投资策略更符合实际。常用的随机利率模型有 Vasicek 模型，Cox-Ingersoll-Ross(CIR)模型和 Ho-Lee 模型。Korn 和 Kraft(2002)考虑了具有随机利率的最优投资组合选择问题，其中利率服从 Vasicek 和 Ho-Lee 随机利率模型。Ferland 和 Watier(2010)在拓展的 CIR 随机利率模型下分析了最优投资组合选择问题。Yao 等(2016c)考察了具有随机利率和通货膨胀率的动态均值—方差资产配置问题，其中利率服从 Vasicek 随机利率模型。更多相关文献，可参见 Lioui 和 Poncet(2001)、Munk 和 Sorensen(2010)、Shen 和 Siu(2012)等。上述研究随机利率的文献都局限于连续时间情形，然而，在实践中，投资策略却只能以离散形式执行。Yao 等(2016d)首次构建了离散时间的 Vasicek 随机利率模型，并考察了一个多阶段均值—方差投资组合选择问题，得到了预先承诺策略。据我们所知，基于随机利率的多阶段均值—方差投资组合选择问题的均衡策略尚未得到研究。

在实践中，无论是公司管理者还是个体投资者，都不可避免地会面对负债。因此，在一个投资组合选择模型中加入负债会把均值—方差模型拓展到一个更为实际的环境，这就是资产负债管理(ALM)问题。资产负债管理也称盈余管理，它关注的是资产值和负债之间的差。关于均值—方差 ALM 问题，开创性的工作可以追溯到 Sharpe 和 Tint(1990)。近年来，许多学者对这一问题进行了大量的研究。例如，Leippold 等(2004)研究了一个多阶段均值—方差 ALM 问题，其中的负债是不可控制的。Xie(2009)在连续时间情形下考察了具有负债和机制转换的均值—方差投资组合选择问题。Chen 和 Yang(2011)在多阶段情形下研究了具有机制转换的均值—方差资产负债管理问题。Yao 等(2013a)考虑了具有内生性负债的均值—方差资产负债管理问题。Yao 等(2016b)进一步在随机市场环境下研究了具有随机现金流的资产负债管理问题。有关此主题的更多讨论，可参阅 Chen 等(2008)、Leippold 等(2011)、Li 和 Li(2012)、Chang(2015)、Chiu 和 Wong(2014)等。上述所列文献获得的都是预先承诺策略，关于 ALM 问题时间一致策略的研究还很少。Wei 等(2013)得到了具有机制转换的均值—方差 ALM 问题的时间一致策略。Li 等(2013)也在均值—方差准则下获得了一个 ALM 问题的时间一致策略。Wei 和 Wang(2017)研究了具有随机系数的 ALM 问题的时间一致策略。但他们都是在连续时间情形下研究的，据我们所知，多阶段均值—方差 ALM 问题的时间一致策略在以往文献中还未研究过，更别说考虑了随机利率的情形。

养老基金是社会养老保障制度中最重要的组成部分。通过对养老基金的有效资产配置，来实现养老基金的保值增值，关系着每一位参保人员退休后的生活质量和幸福水平，对整个社会的稳定和团结起着重要的作用。确定缴费型(DC)养老金计划和确定收益型(DB)养老金计划是养老金计划的两种基本类型。在 DB 养老金计划中，收益由发起人事先设定，而在 DC 养老金计划中，缴费是固定的，收益完全取决于投资回报。因此，与 DB 养老金计划相比，DC 养老金计划通过将投资风险和长寿风险转移到养老金计划参与者身上，减轻了社会保障计划的压力。随着世界人口结构的变化和金融市场的发展，DC 养老金计划受到越来越多养老金管理者的关注。在我国，随着人口老龄化加速，养老金的发展面临着很大的困难和挑战，养老金收不抵支，未来养老金缺口巨大。因此，如何有效地对养老金进行动态资产配置，提高养老金的保值增值能力，吸引了大量学者的关注。有些学者研究了 DC 养老金计划的预先承诺策略，例如，Nkeki(2013)研究了具有随机收入的均值—方差 DC 养老金计划的最优策略，并将其与二次效用函数下、幂效用函数下和指数效用函数下的最优投资组合进行了比较。Højgaard 和 Vigna(2007)考察了两种资产以及 $n+1$ 种资产情形下均值—方差的 DC 养老金计划。Vigna(2014)研究了均值—方差投资组合在 DC 养老金计划中的有效性，并证明 CARA(常数绝对风险厌恶)和 CRRA(常数相对风险厌恶)最优投资组合都非均值—方差有效。然而，对 DC 养老金计划均衡策略的研究较少。Wu 等(2015)研究了具有通货膨胀风险和工资风险的 DC 养老金计划的均衡策略。同时，将其策略与预先承诺策略进行了比较，得出了两种策略的一些不同性质。Li 等(2016)研究了 CEV 模型下具有随机工资的 DC 养老金计划的均衡策略。He 和 Liang(2013)、Wu 和 Zeng(2015)也考虑了 DC 养老金计划的均衡策略。另外，一些学者同时研究了 DC 养老金计划的两种投资策略。例如，Sun 等(2016)研究了跳扩散模型下 DC 养老金计划的预先承诺策略和均衡策略，得到了它们的几个不同特点。

鉴于随机利率是资产配置的重要影响因素，很多学者研究了具有随机利率的 DC 养老金计划的资产配置问题。例如，以带有最小保证约束的最大化期望效用为目标函数，Deelstra 等(2003)考虑了具有随机利率的 DC 养老金计划的最优投资策略，其中利率服从的是仿射利率模型，包括 CIR 模型和 Vasicek 模型。以最大化期望效用为目标函数，Battocchio 和 Menoncin(2004)研究了具有随机利率的 DC 养老金计划的最优资产配置，其中利率服从的是一个 Ornstein-Uhlenbeck 过程。同样以最大化期望效用为目标函数，通过利用勒让德(Legendre)转换技术和对偶理论，Gao(2008)得到了一个具有随机利率的 DC 养老金计划的最优投资策略。Menoncin 和 Vigna(2013)研究了一个具有随机利率的 DC 养老金计划的均值—方差最优化问题。Guan 和 Liang(2015)研究了具有随机利率和均值回复收益的 DC 养老金计划的均值—方差有效性。但是，上述所有具有随机利率的 DC 养老金计划的最优投资策略都局限于连续时间情形。据我们所知，在离散时间情形下，具有随机利率的 DC 养老金计划的最优投资策略还未得到研究。

很多研究文献都假定风险资产的收益与经济状态无关。但是，很多的投资实践和实证研究都表明，宏观经济变量，如汇率、通货膨胀率、利率和 GDP 增长率都对风险资产的收益和波动率有显著的影响(Asprem, 1989; Engle 等, 2008)。另外，市场状态可以在本质上反映决定投资者决策的潜在商业周期(Gourieroux 等, 2014; Honda, 2003)。因此，经济状态在动态资产配置的研究中应作为一个重要的因素去考虑。由 Hamilton(1989)提出的 Markov 机制转换模型，已被证明是描述金融市场状态随机演化的最好方法。它是由一个离散时间或连续时间的有限状态的 Markov 链所描述的，其状态代表的是经济的状态（机制）。在以往文献中，有些学者考察了具有机制转换的均值—方差投资组合选择问题，例如，Zhou 和 Yin（2003）、Cakmak 和 Ozekici（2006）、Chen 等（2014）、Wu 和 Chen（2015）、Chen 等（2016）。有些学者在 Markov 机制转换市场下研究了资产负债管理问题，比如 Chen 和 Yang（2011）、Yao 等（2016b）。有些学者在环境不确定性下研究投资消费问题，例如，Li 等（2008）和 Gassiat 等（2014）。然而，却鲜少有学者研究具有机制转换的 DC 养老金计划的投资管理问题。Korn 等（2011）、Chen 和 Delong（2015）在连续时间情形下考虑了具有机制转换的 DC 养老金计划的资产配置。Yao 等（2016a）研究了具有机制转换和死亡风险的多阶段 DC 养老金的投资管理，并得到预先承诺策略。但据我们所知，在多阶段均值—方差框架下，具有机制转换的 DC 养老金计划的时间一致策略尚未得到研究。

在养老金计划中，参与者可能在积累过程中死亡。因此，死亡风险是养老金投资管理中必须考虑的一个重要因素。在多阶段均值—方差框架下，Yao 等（2014，2016a）考虑了具有死亡风险的 DC 养老金计划，并得到预先承诺策略。Wu 和 Zeng（2015）在拓展的均值—方差准则下考察了具有死亡风险的 DC 养老金计划的均衡策略。上述两篇文献都是站在养老金参与者的角度去考虑死亡风险的。但是，很多的养老金计划都委托给专门的管理机构去管理，比如中国的企业年金。因此，养老金管理者也应考虑死亡风险。事实上，为了保护在退休前死亡的参与者的权益，大多数的养老金计划都有保费返还条款。在这种精算条款中，死亡的参与者可以拿回他们已经缴纳的所有保费或按预定利率累计的保费。He 和 Liang（2013）首次将保费返还条款纳入养老金计划的资产配置中。Li 等（2017）、Sun 等（2016）、Sheng 和 Rong（2014）也考虑了养老金计划的保费返还条款。然而，所有这些文献都是在连续时间的框架下研究的。据我们所知，对具有保费返还条款的 DC 养老金计划的多阶段均值—方差投资管理尚未得到研究。

在实际投资的过程中不可避免地会有财富的流入或流出。如养老金的收支、一个公司获得了政府的资金支持、一个家庭遇到了意外支出等，这些都是具有随机现金流的问题。Wu 和 Li(2012)考虑了一个具有机制转换和随机现金流的多阶段均值—方差投资组合选择问题。Wu(2013a)考察了机制转换跳扩散市场中具有随机现金流的连续时间均值—方差资产配置问题。毋庸置疑，随机现金流的引入将使 ALM 问题更具一般性。Yao 等(2016b)研究了具有机制转换和随机现金流的资产负债管理问题，并获得预先承诺策略。

很多有关资产配置的文献都假设资产管理者对风险资产的预期收益是具有完全信息的，如上述提到的具有机制转换的所有文献均是基于完全信息的。确实，在实践中，一些信息，如利率、股票价格、汇率等，是可以通过各种方式直接观测到的。然而，也有许多信息不可以直接观测到，如牛市/熊市的状态。虽然这些信息不能直接观测到，但它们影响着金融市场的演变。另外，模型的参数(如金融资产收益率)与宏观经济环境有关。许多经济变量(如政治/经济政策的变化、技术创新、牛市/熊市、战争、自然灾害、GDP 和 CPI 的增长率)对金融资产的收益率有显著的影响。在决策的时候，投资者只能使用这些变量中的几个变量，还有许多变量是未知的，尽管它们也影响金融资产的收益率。因此，在投资管理过程中，应考虑到金融市场的不完全信息。隐 Markov 模型(HMM)通常用于描述这种不完全可观测信息过程的动态。近年来，HMM 已被广泛应用于研究投资组合最优化问题。例如，Zhang 等(2016)研究了不完全信息下多阶段均值—方差投资组合选择问题。Zhang 等(2018)进一步研究了不完全信息下DC 养老金的最优投资管理问题。其他对此问题的研究参见 Bauerle 和 Rieder(2005)、Bensoussan 等(2009)、Elliott 等(2010)、Canakoglu 和 Ozekici(2011)、Yao 和 Li(2013)等。但他们都没有考虑时间一致策略，只是获得了预先承诺策略。据我们所知，尚未有文献研究具有不完全信息的多阶段均值—方差投资问题的时间一致策略，更不用说具有不完全信息和随机现金流的多阶段均值—方差 ALM 问题。

根据以上的文献回顾可以发现，近年来，动态资产配置问题，包括投资组合选择问题、资产负债管理问题，以及养老金投资管理问题，均是金融领域研究的热点。尽管在国内外已经取得了不少的研究成果，但还有很多值得研究的问题亟待解决。这些问题包括：①关于各种资产配置问题，在连续时间情形下研究的较多，但在离散时间情形下，相关的研究并不多见；②均值—方差模型是资产配置中最常用的目标准则之一，由于不满足时间一致性，所以预先承诺策略和均衡策略都有必要去研究；③随机利率是资产配置中的重要影响因素，值得关注；④资产负债管理问题是资产配置中的重要问题，获取更符合实际的投资策略是每个投资者所渴求的；⑤由于全球老龄化和长寿风险的加剧，养老金的动态资产配置问题是近几年的研究热点；⑥在动态资产配置问题中，有必要关注市场状态对风险资产收益率的影响，包括完全信息和不完全信息两种情形。因此，本书将开展以上几个方面的研究工作。

1.4 工作介绍

1.4.1 具有随机利率和负债的投资组合选择问题

毋庸置疑，利率会时常发生变化，而利率的市场化使得这种变化更加频繁。因此，在投资过程中，应把随机利率作为一个重要的不确定性因素去考虑。Korn 和 Kraft（2002）、Ferland 和 Watier（2010）、Shen 和 Siu（2012）、Yao 等（2016c）先后研究了关于随机利率的投资组合选择问题。但这些文献都局限于连续时间情形。而在实践中，投资策略只能以离散形式执行。Yao 等（2016d）提出了一个离散时间的 Vasicek 随机利率模型去考察多阶段均值—方差投资组合选择问题，并获得预先承诺策略。据我们所知，关于随机利率的多阶段均值—方差投资组合选择问题的时间一致策略还未有人研究过。再者，无论是公司管理者还是个体投资者都不可避免地会面对负债。因此，把负债加入投资组合选择模型将更符合实际，这就是资产负债管理（ALM）问题。Leippold 等（2004）、Xie（2009）、Chen 和 Yang（2011）、Yao 等（2013a，2016b）对 ALM 问题进行了研究，并获得预先承诺策略。关于 ALM 问题时间一致策略的研究还较少。Li 等（2013）和 Wei 等（2013）在连续时间情形下研究了均值—方差 ALM 问题的时间一致策略，

第1章 绪论

而多阶段均值—方差框架下 ALM 问题的时间一致策略还未见研究。因此,在多阶段均值—方差框架下,第 2 章首先研究了具有随机利率的投资组合选择问题的时间一致策略,然后将模型扩展到了有负债的情形。假设投资者进行为期 T 的投资,金融市场中有一个无风险资产和 n 个风险资产,R_k 是阶段 k 无风险资产的收益,S_k 是阶段 k 风险资产的超额收益向量,π_k 是投资在风险资产上的投资数量向量,X_k^π 是时刻 k 投资者在策略 π 下的财富,则投资者的财富过程为

$$X_{k+1}^\pi = X_k^\pi R_k + S_k' \pi_k \tag{1.1}$$

其中,R_k 满足离散时间的 Vasicek 随机利率模型:

$$R_{k+1} = e^{(1-\varphi_k)\bar{r} + \sigma_k \varepsilon_k} R_k^{\varphi_k} = b_k R_k^{\varphi_k} \tag{1.2}$$

其中,$\vartheta_k = 1 - \varphi_k$ 是均值回复度,$\bar{r}$ 是利率的长期均值,σ_k 是利率波动率,ε_k 是一个时刻-k 可测的随机变量。

投资者的目标是最大化终端财富的期望同时最小化投资风险(由终端财富的方差表示),即目标函数为均值—方差模型:

$$\max_\pi \{\gamma \mathbb{E}_{x_k, r_k}(X_T^\pi) - \text{Var}_{x_k, r_k}(X_T^\pi)\} \tag{1.3}$$

其中,$\gamma \geq 0$ 表示投资者的风险容忍度,$\mathbb{E}_{x_k, r_k}(X_T^\pi)$ 和 $\text{Var}_{x_k, r_k}(X_T^\pi)$ 分别是条件期望和条件方差。

进一步地,考虑投资者投资的同时还面临负债的问题,即 ALM 问题。假设 L_k 是投资者阶段 k 的负债,其中 $L_0 = l_0$ 是一个给定的常数,负债的动态过程为

$$L_{k+1} = \eta_k L_k \tag{1.4}$$

其中,η_k 是一个外生的随机变量,可以理解为负债的随机增长率。

在资产负债管理中,关注的是盈余,即资产值和负债的差。投资者的盈余过程可以表示为

$$U_{k+1}^\pi = X_{k+1}^\pi - L_{k+1} = X_k^\pi R_k + S_k' \pi_k - \eta_k L_k, \quad k = 0, 1, \cdots, T-1 \tag{1.5}$$

这时,投资者的目标函数变为

$$\max_\pi \{\gamma \mathbb{E}_{x_k, r_k, l_k}(U_T^\pi) - \text{Var}_{x_k, r_k, l_k}(U_T^\pi)\} \tag{1.6}$$

由于均值—方差模型中的方差算子不满足可分性，不能直接运用 Bellman 最优性原理，故而也不能运用动态规划方法求解。所以，我们采用博弈论的观点，将决策过程看作一个非合作博弈，得到均衡策略，其即为渴望得到的时间一致策略。根据 Bjork 和 Murgoci(2010，2014)给出的扩展的 Bellman 方程，我们得到了有负债和无负债两种情形下的均衡策略、均衡值函数及均衡有效前沿的解析表达式。然后，我们考察了两种情形下均衡策略的性质，包括著名的两基金分离定理。最后，利用中国市场的实际数据，讨论了均衡策略随时间的演变过程，并描述了负债和随机利率对均衡策略和有效前沿的影响。

1.4.2 具有随机利率和机制转换的 DC 养老金管理问题

养老金的积累期通常长达二三十年。因此，随机利率也应被视为养老金管理问题的重要影响因素。Deelstra 等（2003）、Battocchio 和 Menoncin（2004）、Gao(2008)、Menoncin 和 Vigna(2013)、Guan 和 Liang(2015)先后研究了连续时间情形下具有随机利率的 DC 养老金管理问题。然而，养老金都是按月或按年缴费的，研究离散时间情形将更符合实际。但据我们所知，离散时间情形下具有随机利率的 DC 养老金管理问题还未得到研究。另外，一些学者认为，管理者在不同的市场状态下有不同的管理动机和技能(Bajeux-Besnainou 等，2003；Brunnermeier 和 Pedersen，2009)。市场状态本质上反映了经济周期(Gourieroux 等，2014)，决定了投资者的决策(Honda，2003)。而且，模型参数(比如股票收益率)也受市场状态的影响。因此，在投资管理过程中，应考虑市场状态的影响。Markov 机制转换模型是描述市场状态随机演化的最好方法。Korn 等（2011）、Chen 和 Delong(2015)研究了连续时间情形下具有机制转换的 DC 养老金管理问题。Yao 等（2016a)研究了离散时间情形下具有机制转换的 DC 养老金管理问题，并获得了预先承诺策略。而离散时间情形下具有机制转换的 DC 养老金管理问题的时间一致策略还未得到研究，更不用说同时具有随机利率和机制转换的 DC 养老金管理问题的时间一致策略。因此，在多阶段均值—方差框架下，第 3 章研究具有随机利率和机制转换的 DC 养老金管理问题的时间一致策略。假设进行 T 个周期的投资，金融市场有有限个状态，$\Pi = \{1, 2, \cdots, m\}$ 是其状态集，ξ_k 是时刻 k 的状态。状态过程 $\{\xi_k, k = 0, 1, \cdots, T-1\}$ 遵循一个 Markov 链，其概率转移矩阵是时变的。同时，金融市场中有一个无风险资产和 n 个风险资产，R_k 是阶段 k 无风险资产的收益，$S_k(\xi_k)$ 是阶段 k 风险资产依赖于市场状态 ξ_k 的超额收益向量。假设养老金参与者的工资收入 Y_k 满足随机过程

$$Y_{k+1} = \bar{\theta}_k(\xi_k) Y_k, \quad k = 0, 1, \cdots, T-1 \tag{1.7}$$

其中，$\bar{\theta}_k(\xi_k)$ 是依赖于市场状态 ξ_k 的外生随机变量，代表阶段 k 工资收入的随机增长率。$c_k Y_k$ 是每个参与者在阶段 k 的缴费量，其中 c_k 为缴费比例（缴费率）。

设 π_k 是时刻 k 在市场状态 ξ_k 下投资在风险资产上的投资数量向量，X_k^π 是时刻 k 投资者在策略 π 下的财富，则财富过程如下：

$$X_{k+1}^\pi = X_k^\pi R_k + S_k'(\xi_k) \pi_k(\xi_k) + c_k Y_k, \quad k = 0, 1, \cdots, T-1 \tag{1.8}$$

其中，R_k 满足离散时间的 Ho-Lee 随机利率模型：

$$R_{k+1} = e^{a_k(\xi_k) + \sigma_k(\xi_k)\varepsilon_k} R_k = \bar{b}_k(\xi_k) R_k \tag{1.9}$$

其中，$a_k(\xi_k)$ 和 $\sigma_k(\xi_k) > 0$ 是依赖于市场状态 ξ_k 的确定参数，ε_k 仍是时刻 $-k$ 可测的随机变量。

第 3 章仍以多阶段均值—方差模型为目标函数，考虑 DC 养老金计划的最优投资管理问题。因为同时考虑了机制转换、随机利率和随机工资收入，使模型更符合实际，但无疑也增加了计算的难度。由于方差算子的不可分性，我们考虑此问题的时间一致策略。同样利用博弈论方法，建立拓展的 Bellman 方程，求解出最优均衡策略及其有效前沿的解析表达式，最后，利用英国市场的实际数据，对均衡策略和均衡有效前沿进行数值分析。

1.4.3　具有机制转换和保费返还条款的 DC 养老金管理问题

在实践中，为了保护在退休前死亡的参与者的权益，在养老金计划中通常设置一个保费返还条款。该条款规定，如果参与者在退休前死亡，养老金计划发起者将会以某种方式返还其在生前已经缴纳的保费。具有该条款的 DC 养老金计划在全世界范围内已经得到普遍采用。譬如，在美国的 401K 养老金计划和俄罗斯的 Roth IRA（Individual Retirement Account，私人

退休账户)中,当参与者在退休前死亡时,其账户中的基金可以被提前支付。中国的大多数企业年金计划中也规定,提前死亡的养老金参与者的个人账户可以由其直接受益人或子女继承。在这样的背景下,He 和 Liang(2013)、Sheng 和 Rong(2014)、Sun 等(2016)、Li 等(2017)先后研究了具有保费返还条款的 DC 养老金计划的均值—方差投资管理问题。然而,所有这些文献都是在连续时间的框架下进行的。据我们所知,具有保费返还条款的 DC 养老金计划的多阶段均值—方差投资管理还未有学者进行过研究。另外,基于市场状态对投资者和模型参数的影响,我们仍考虑机制转换。在以往文献中,很少有学者同时对均值—方差目标准则下的预先承诺策略和均衡策略进行比较分析。所以,在第 4 章中,我们考虑了一个具有机制转换和保费返还条款的 DC 养老金计划,同时研究其预先承诺策略和均衡策略,并对这两种策略及其有效前沿的差异性进行比较分析。

假设 DC 养老金计划参与者的积累阶段从 0 年或年龄 y 开始,在退休年份 T 或年龄 $y+T$ 结束。首先,推导出具有机制转换和保费返还条款的 DC 养老金计划幸存者的财富过程。

$$X_{k+1}^{\pi} = \frac{(X_k^{\pi} + \overline{C}_k)r_k + S_k'(\xi_k)\pi_k(\xi_k) - \beta q_{k+y}\sum_{l=0}^{k}\overline{C}_l}{p_{k+y}} \quad (1.10)$$

其中,X_k^{π} 表示时刻 k 每个幸存参与者的财富,$\overline{C}_k$ 表示第 k 年每个参与者的缴费,$r_k(>0)$ 是无风险资产第 k 年的收益,$S_k'(\xi_k)$ 是第 k 年状态 ξ_k 下风险资产的超额收益向量,$\pi_k(\xi_k)$ 是第 k 年投资在风险资产上的投资数量向量,$\beta = 0,1$,当 $\beta = 0$ 时,不考虑保费返还条款,当 $\beta = 1$ 时,考虑保费返还条款,q_{k+y} 表示一个人在年龄 $k+y$ 和 $k+y+1$ 期间死亡的概率,p_{k+y} 表示一个人在年龄 $k+y+1$ 仍生存的概率。

其次,研究了养老金管理者执行预先承诺策略时的均值—方差最优控制问题:

$$\mathbb{P}(\omega): \max_{\pi(0)\in\Theta_0}\{\mathbb{E}_{0,x_0,i_0}(X_T^{\pi}) - \omega\,\text{Var}_{0,x_0,i_0}(X_T^{\pi})\}, \text{ s.t. } X_k^{\pi} \text{满足}(1.10) \quad (1.11)$$

其中,$\pi(0)$ 表示开始于时刻 0 的投资策略,Θ_0 表示所有时刻-0 可允许投资策略的集合，$\omega > 0$ 是基金管理者的风险厌恶水平，$\mathbb{E}_{0,x_0,i_0}(X_T^\pi)$ 和 $\mathrm{Var}_{0,x_0,i_0}(X_T^\pi)$ 分别是条件期望和条件方差。

由于方差算子不满足可分性，我们将问题 $\mathbb{P}(\omega)$ 嵌入下面这个可分的辅助问题中：

$$A(\lambda,\omega): \max_{\pi(0)\in\Theta_0}\{\mathbb{E}_{0,x_0,i_0}(-\omega(X_T^\pi)^2+\lambda X_T^\pi)\},\ \text{s.t.}\ X_k^\pi\ 满足(1.10)$$

(1.12)

利用原问题 $\mathbb{P}(\omega)$ 和辅助问题 $A(\lambda,\omega)$ 的解之间的关系，我们获得预先承诺策略的解析形式、相应的最优值函数及有效前沿。

再次，若养老金管理者不执行预先承诺策略，而是要求保证任意时刻 k 的策略都是最优的，即时间一致策略。这时，管理者在任意时刻 k 依据当前状态调整其目标，目标函数为：

$$\mathcal{G}(k,\omega):\max_{\pi(k)\in\Theta_k}\{\mathbb{E}_{k,x_k,i}(X_T^\pi)-\omega\,\mathrm{Var}_{k,x_k,i}(X_T^\pi)\},\ \text{s.t.}\ X_k^\pi\ 满足(1.10)$$

(1.13)

利用博弈论的观点，将决策过程看作一个非合作博弈，假设每个时刻都有一个决策者(也可以理解为原来决策者的化身)。利用拓展的 Bellman 方程，我们推导出均衡策略、均衡值函数及均衡有效前沿的解析表达式。

另外，我们对预先承诺策略和均衡策略进行了比较分析，得出了如下结果：(i) 预先承诺策略依赖于缴费、当前财富和保费返还条款，而均衡策略与它们均无关；(ii) 预先承诺策略既依赖于初始市场状态又依赖于当前市场状态，而均衡策略只依赖于当前市场状态。

最后，利用美国市场的实际数据，我们对两种策略的进程进行了模拟分析，并分析了保费返还条款和机制转换对两种策略及其有效前沿的影响，发现了一些有趣的结果。

1.4.4 不完全信息下具有随机现金流的资产负债管理问题

第 3 章和第 4 章都考虑了市场状态对风险资产收益率的影响，但都假设资产管理者对风险资产的预期收益是具有完全信息的。确实，在实践中，一些信息，如利率、股票价格、汇率等，是可以通过各种方式直接观测到的，但也有许多信息不能直接观测到，如牛市/熊市的状态。虽然这些信息不能直接观测到并用于投资决策，但它们却影响着金融市场的演变。因此，为更准确地进行投资决策，在投资管理过程中，应考虑到金融市场的不完全信息。Bauerle 和 Rieder(2005)、Elliott 等(2010)、Yao 和 Li(2013)、Zhang 等(2016，2018)先后研究了不完全信息下的最优投资管理问题，但他们均没有考虑时间一致策略，而是获得了预先承诺策略。再者，在现实世界投资的过程中不可避免地会有财富的流入或流出。如养老金的收支、一个公司获得了政府的资金支持、一个家庭遇到意外支出等。这就是具有随机现金流的问题。Wu 和 Li(2012)、Wu(2013a)考察了具有随机现金流的连续时间均值—方差资产配置问题。显然，随机现金流的引入使 ALM 问题更具一般性。Yao 等(2016b)研究了具有机制转换和随机现金流的资产负债管理问题，并获得预先承诺策略。但尚未有文献研究具有不完全信息和随机现金流的多阶段均值—方差 ALM 问题的均衡策略。因此，在第 5 章，我们讨论不完全信息下具有随机现金流的时间一致资产负债管理问题。

记 d_k 是时刻 k 的不可观测市场状态，取值于有限状态空间 $\bar{D}=\{1,\cdots,j,\cdots,J\}$，$\bar{U}=\{d_k,k=0,1,\cdots,T\}$ 是一个离散时间的 Markov 链。由于 $\bar{U}$ 是不可观测的，所以是一个隐 Markov 链。同时，设 e_k 是时刻 k 的可观测市场状态，取值于有限状态空间 $\bar{F}=\{1,\cdots,i,\cdots,m\}$，$\bar{B}=\{e_k,k=0,1,\cdots,T\}$ 是可观测市场状态过程。再者，当 $d_k=j$ 时，投资者观测到状态 $e_k=i$ 的概率可以表示为 $\Pr(e_k=i\mid d_k=j)=\bar{\sigma}_k(j,i)$。

假设金融市场中有一个无风险资产和 n 个风险资产。$r_k>0$ 是无风险资产在阶段 k 的收益，$S_k(e_k,d_k)$ 是 n 个风险资产在阶段 k 相对于无风险资产的超额收益向量，其既依赖于可观测市场状态也依赖于不可观测市场状态。假设投资者面临一个随机现金流 $\bar{c}_k(e_k,d_k)$，其同时受可观测市场状态和不可观测市场状态的影响。设 $u_k(e_k)$ 是阶段 k 投资在 n 个风险资产上的投资数量向量，X_k^u 是指时刻 k 投资者的财富，则投资者的财富过程可以表示为

$$X_{k+1}^u = X_k^u r_k + S_k'(e_k,d_k)u_k(e_k) + \bar{c}_k(e_k,d_k) \qquad (1.14)$$

同时，投资者还面临负债。假设 L_k 是投资者阶段 k 的负债，其中 $L_0 = l_0$ 是一个给定的常数，负债的动态过程为

$$L_{k+1} = \eta_k(e_k, d_k) L_k \tag{1.15}$$

其中，$\eta_k(e_k, d_k)$ 是同时依赖于可观测和不可观测市场状态的外生随机变量，可以理解为负债的随机增长率。

首先建立终端盈余 $U_T^u = X_T^u - L_T$ 的均值—方差模型，然后通过充分统计量方法，将具有不完全信息的 ALM 问题转化为具有完全信息的 ALM 问题。接着，利用扩展的 Bellman 方程推导出均衡策略、均衡值函数和相应有效前沿的解析表达式。最后，根据中国市场的实际数据，分析不完全信息对均衡策略及其有效前沿的影响。

1.5 预备知识

本节主要介绍离散时间随机最优化问题的基本理论和方法，时间不一致随机最优化问题的几个常见类型和处理方法，以及一些假设和一些矩阵理论知识。它们是解决本书中几个优化问题所使用的主要工具。

1.5.1 随机最优控制

随机最优控制问题是指：决策者要根据系统的随机动态信息实时调整自己的决策（控制），并从中挑选出最优的决策以达到与目标相关的最好的期望结果。有关系统性介绍随机最优控制理论的书籍非常多，比较经典的可参考 Fleming 和 Soner(1993)、Yong 和 Zhou(1999)、Touzi(2004)、Pham(2009)等。

一个标准的离散时间随机最优控制问题，它的目标是最大化（或最小化）一个如下形式的函数：

$$\mathbb{E}\left[\sum_{k=0}^{T} \mathcal{C}(k, X_k, \pi_k) + F(X_T)\right] \tag{1.16}$$

其中，X 是一个可控制的 Markov 过程，π_k 是时刻 k 可利用的控制量，F 和 $\mathcal{C}$ 是给定的实值函数。

一个典型的例子是 X 服从如下形式的可控制标量随机方程：

$$X_{k+1} = \mu(X_k, \pi_k, \epsilon_{k+1}) \quad (1.17)$$

其中，μ 是给定的实值函数，ϵ 是一个随机噪声过程，且初始条件为 $X_0 = x_0$。

求解随机最优控制问题的最优策略，最常用的方法是动态规划方法，下面对该方法做简单介绍。

动态规划(Dynamic Programming)方法是 20 世纪 50 年代初美国数学家 Bellman 等在研究一类多阶段决策过程的优化问题时，根据其特性，把多阶段决策问题转化为一系列单阶段最优化问题，从而逐个求解的方法。动态规划的基本理论是 Bellman 等对具有无后效性的多阶段决策问题提出的如下最优性原理(Bellman 最优性原理)："作为整个过程的最优策略具有这样的性质：无论过去的状态和决策如何，对前面的决策所形成的状态而言，余下的诸决策必构成最优策略。"也就是说，最优策略的任何一个子策略也是最优的。

众所周知，标准随机最优控制问题(1.16)是满足 Bellman 最优性原理的。这样，很容易推导出其对应的 Bellman 方程

$$V_k(x) = \max_{\pi_k} \{ \mathcal{C}(k, X_k, \pi_k) + \mathbb{E}_{k,x}[V_{k+1}(X_{k+1})] \}$$
$$V_T(x) = F(x) \quad (1.18)$$

其中，$V_k(x)$ 表示后部 k 子过程上的值函数。

通过求解 Bellman 方程(1.18)就可以获得问题(1.16)的最优控制和最优值函数。值得注意的是，动态规划方法只能解决时间一致性问题。接下来，我们列出 Bjork 和 Murgoci(2014)给出的时间一致性所满足的条件。

注 1.5.1 如果下面的条件成立，随机最优控制问题是时间一致的。

(i)设初始点信息是 (k, x)，那么 $\mathcal{C}(l, X_l, \pi_l)(l > k)$ 可以依赖于 l, X_l, π_l，但不能依赖于 (k, x)。

(ii)终端函数可以是终端值 X_T 非线性函数的期望值，即允许终端函数为 $\mathbb{E}_{k,x}[F(X_T)]$，但不允许其为 $\mathbb{G}(\mathbb{E}_{k,x}[X_T])$ 的形式，即期望值的非线性函数形式。

(iii)不允许终端函数 F 依赖于初始点信息 (k, x)。

但现实中，存在很多不能同时满足上述三个条件的时间不一致性问题，下面介绍时间不一致随机控制问题的几个常见类型和处理方法。

1.5.2 时间不一致性问题简介

在现实决策中，有很多问题的策略在当前时刻是最优的，但随着投资心理和偏好的改变，当前确定的最优策略在未来某个时刻却不再是最优的，这种问题称为时间不一致性问题。它最早由 Strotz(1955)提出，他发现在最优消费问题中，当代理人的时间偏好函数为非指数贴现函数时会导致代理人的时间不一致决策行为。之后，该类问题受到越来越多学者的关注。本小节给出 Bjork 和 Murgoci(2014)在经典的 Markov 随机控制中给出的三个简单的时间不一致性问题。在这三个例子中，我们都假设金融市场中有一个无风险资产(收益率是 r)和一个风险资产，X 表示财富值，$\tilde{C}$ 表示消费，目标是最大化 $J_k(x, \pi)$，其中 (k, x) 是初始点，π 是控制策略，由消费和投资组合的权重表示。

(1) 非指数贴现：

$$J_k(x, \pi) = \mathbb{E}_{k,x}\Big[\sum_{l=k}^{T-1}\varphi(l-k)h(\tilde{C}_l) + \varphi(T-k)F(X_T)\Big] \quad (1.19)$$

其中，φ 是贴现函数，h 是消费效用，F 是终端财富效用。如果贴现函数是指数形式，即 $\varphi(l-k)=\delta^{l-k}$，这时问题(1.19)可以转化为标准随机最优控制问题(1.16)。但如果贴现函数不是指数形式，因为初始时间点 k 进入了贴现函数，根据注 1.5.1(i)，此问题是时间不一致的。

(2) 均值—方差效用：

$$J_k(x, \pi) = \mathbb{E}_{k,x}(X_T) - \omega \operatorname{Var}_{k,x}(X_T) \quad (1.20)$$

其中，ω 表示风险厌恶系数。由于 $\operatorname{Var}(X(T)) = \mathbb{E}(X(T)^2) - \mathbb{E}^2(X(T))$，则目标函数中出现了期望值的非线性函数，根据注 1.5.1(ii)，此问题是时间不一致的。事实上，期望值的非线性函数本质上不满足迭代期望性质

$$\mathbb{E}[\mathbb{E}(X\mid\mathcal{F}_t)\mid\mathcal{F}_s] = \mathbb{E}[\mathbb{E}(X\mid\mathcal{F}_s)\mid\mathcal{F}_t] = \mathbb{E}(X\mid\mathcal{F}_s), \quad \mathcal{F}_s \subset \mathcal{F}_t \quad (1.21)$$

其中，$\mathcal{F}_l$ 表示直到时刻 l 所有可利用的信息。故目标函数不满足可分性，导致了此问题是时间不一致的。

(3) 内生习惯形成：

$$J_k(x, \pi) = \mathbb{E}_{k,x}[\ln(X(T) - x + \beta)], \quad \beta > 0 \quad (1.22)$$

由于初始值 x 在目标函数中出现，根据注 1.5.1(iii)，此问题也是时

间不一致的。

1.5.3 时间不一致性问题的处理方法

关于时间不一致性问题,有三种处理方法:①决策者是幼稚的,并且没有意识到其所考虑的问题是时间不一致的,他根据当前的偏好持续性修改策略,并没有考虑到他将来的偏好会发生改变;②决策者意识到了其偏好的不一致性并寻求最有效的预先承诺(Pre-commitment Strategy),该策略意味着管理者承诺以后时刻严格按照初始时刻得到的策略执行,不再改变,尽管该策略从将来时刻看可能并不一定最优;③决策者是聪明的,并且意识到其将来的偏好会随着时间而发生变化。他将该时间不一致性问题看作一个非合作的博弈问题,假定每个阶段都有一个决策者,在任意时刻,决策者只能根据当前信息做最优决策,未来时刻的决策由未来决策者来做,得到一个子博弈完美纳什(Nash)均衡策略,该策略是时间一致的。

因为主要的处理方法是后两种,所以本小节着重介绍后两种处理方法。

1.5.3.1 预先承诺策略

固定一个初始点,比如$(0, x_0)$,然后寻找一个控制$\hat{\pi}$来最大化目标函数$J_0(x_0, \pi)$,不考虑此策略在未来的时刻还是否是最优的,都承诺严格按照初始时刻得到的策略执行。我们以均值—方差效应为例,说明求解预先承诺策略的思路和步骤。设固定的初始点为$(0, x_0)$,则相对应的均值—方差模型为

$$\mathbb{A}(\omega): \max_{\pi(0)} \{\mathbb{E}_{0, x_0}(X_T) - \omega \text{Var}_{0, x_0}(X_T)\} \quad (1.23)$$

其中,$\pi(0)$表示从时刻-0开始的投资策略。

由于方差算子的不可分性,问题$\mathbb{A}(\omega)$不能直接使用动态规划方法去处理。采用Li和Ng(2000)中的嵌入技术,问题$\mathbb{A}(\omega)$可以嵌入到下面可分的辅助问题中:

$$\mathbb{B}(\lambda, \omega): \max_{\pi(0)} \{\mathbb{E}_{0, x_0}(-\omega(X_T)^2 + \lambda X_T)\} \quad (1.24)$$

而且,Li和Ng(2000)证实,问题$\mathbb{A}(\omega)$的最优解包含于问题$\mathbb{B}(\lambda, \omega)$的最优解中。特别地,如果问题$\mathbb{A}(\omega)$的最优解存在,可以通过选择$\lambda = 1 + 2\omega \mathbb{E}_{0, x_0}(X_T)$得到,其中$\mathbb{E}_{0, x_0}(X_T)$是问题$\mathbb{B}(\lambda, \omega)$的最优解对应的终端财富的期望值。因此要想获得问题$\mathbb{A}(\omega)$的预先承诺策略,就归结于求问题

$\mathbb{B}(\lambda, \omega)$ 的最优解。而问题 $\mathbb{B}(\lambda, \omega)$ 是具有可分性的,所以可以直接利用动态规划方法求解。

1.5.3.2 均衡策略

我们认真对待时间不一致性,并利用博弈论的方法获得均衡策略。基本思路是：将决策过程看作一个非合作博弈,并假设在任意时刻 k 都有一个决策者。在时刻 k,当前信息下,比如 (k, x_k),决策者只能选择当前控制 π_k,而未来时刻 $k+1, \cdots, T-1$ 的控制由未来决策者决定。无疑,这种决策过程可以保证从任意时刻 k 开始的策略都是最优的,即时间一致策略。我们把这种策略称为(子博弈完美纳什)均衡策略。

下面仍以均值—方差效应为例,说明求解均衡策略的思路和步骤。因为决策者在每个时刻 k 都要依据当前信息 (k, x_k) 更新其目标,则目标函数为

$$J_k(x_k, \pi(k)) = \mathbb{E}_{k, x_k}(X_T) - \omega \operatorname{Var}_{k, x_k}(X_T) \tag{1.25}$$

相应的均值—方差模型为

$$\max_{\pi(k)} \{J_k(x_k, \pi(k))\} \tag{1.26}$$

首先给出均衡策略的定义。

定义 1.5.1 (均衡策略)设投资期为 T 期,$\hat{\pi}$ 是一个给定的时刻 -0 可允许策略。对于任意点 (k, x_k) 和任意策略 π_k,定义时刻 $-k$ 可允许策略

$$\overline{\pi}(k) = (\pi_k, \hat{\pi}_{k+1}, \cdots, \hat{\pi}_{T-1})$$

那么,$\hat{\pi}$ 是子博弈完美纳什均衡策略(简称均衡策略),如果对于任意的 k,满足

$$\max_{\pi_k} J_k(x_k, \overline{\pi}(k)) = J_k(x_k, \hat{\pi}(k))$$

其中,$\hat{\pi}(k) = (\hat{\pi}_k, \hat{\pi}_{k+1}, \cdots, \hat{\pi}_{T-1})$。进一步地,如果均衡策略 $\hat{\pi}$ 存在,那么均衡值函数定义为

$$V_k(x_k) = J_k(x_k, \hat{\pi}(k))$$

根据定义 1.5.1,在任意时刻 k,对于给定信息 $X_k = x_k$,求问题(1.26)的均衡策略等同于求解下面的问题

$$V_k(x_k) = J_k(x_k, \hat{\pi}(k)) = \max_{\pi_k} \{J_k(x_k, (\pi_k, \hat{\pi}_{k+1}, \cdots, \hat{\pi}_{T-1}))\} \tag{1.27}$$

设 $\hat{\pi}$ 是问题(1.27)的均衡策略,$X_T^{\hat{\pi}}$ 是均衡策略下的终端财富值,固定任意初始点 (k, x_k),记

$$g_k(x_k) = \mathbb{E}_{k,\,x_k}[X_T^{\hat{\pi}}] \tag{1.28}$$

那么，根据 Bjork 和 Murgoci(2010,2014)，均衡值函数 $V_k(x_k)$ 满足扩展的 Bellman 方程

$$V_k(x_k) = \max_{\pi_k} \{ \mathbb{E}_{k,\,x_k}(V_{k+1}(X_{k+1})) - \omega \mathbb{E}_{k,\,x_k}(g_{k+1}^2(X_{k+1})) + \omega [\mathbb{E}_{k,\,x_k}(g_{k+1}(X_{k+1}))]^2 \}, \quad V_T(x) = x \tag{1.29}$$

其中，

$$g_k(x_k) = \mathbb{E}_{k,\,x_k}[g_{k+1}(X_{k+1})], \quad g_T(x) = x \tag{1.30}$$

通过求解扩展的 Bellman 方程(1.29)，就可以得到问题(1.27)的均衡策略和均衡值函数。

1.5.4 一些假设和矩阵理论

假设 1.5.1 令 $(\Omega, \mathcal{F}, P)$ 是一个固定的全概率空间。本书描述的所有随机过程和随机变量在该概率空间上都是定义明确的。

假设 1.5.2 不考虑交易成本和税收，且允许卖空。

假设 1.5.3 对于任何矩阵 Ξ，Ξ' 表示其转置。对于一个对称矩阵 Δ，$\Delta > 0 (\Delta \geqslant 0)$ 表示 Δ 是正定的(半正定的)且记它的行列式为 $|\Delta|$。

令 Γ 是一个方阵，可以写成分块矩阵的形式：$\Gamma = \begin{pmatrix} \Gamma_{11} & \Gamma_{12} \\ \Gamma_{21} & \Gamma_{22} \end{pmatrix}$，其中 Γ_{11} 和 Γ_{22} 分别是 m-方阵和 n-方阵。那么，下面的引理成立。

引理 1.5.1(Zhang, 2011)：

$|\Gamma| = |\Gamma_{11}\Gamma_{22} - \Gamma_{21}\Gamma_{12}|$，如果 $\Gamma_{11}\Gamma_{21} = \Gamma_{21}\Gamma_{11}$；

$|\Gamma| = |\Gamma_{22}| |\Gamma_{11} - \Gamma_{12}\Gamma_{22}^{-1}\Gamma_{21}|$，如果 Γ_{22} 是可逆的。

设对称矩阵 $\Delta = \begin{pmatrix} \Delta_{11} & \Delta_{12} \\ \Delta_{12}' & \Delta_{22} \end{pmatrix}$，其中 Δ_{11} 和 Δ_{22} 分别是 m-方阵和 n-方阵。那么下面的引理成立。

引理 1.5.2(Albert, 1969)：

$\Delta > 0$ 当且仅当 $\Delta_{11} > 0$，$\Delta_{11} - \Delta_{12}\Delta_{22}^{+}\Delta_{12}' > 0$ 和 $\Delta_{22} - \Delta_{12}'\Delta_{11}^{-1}\Delta_{12} > 0$，其中 Δ_{22}^{+} 是 Δ_{22} 的(Penrose-Moore)广义逆，如果 Δ_{22} 是方阵且非奇异，有 $\Delta_{22}^{+} = \Delta_{22}^{-1}$。

第2章
具有随机利率和负债的投资组合选择问题的时间一致策略

本章首先研究多阶段均值—方差框架下具有随机利率的投资组合选择问题的时间一致策略。投资者将财富投资于由一个无风险资产和 n 个风险资产组成的金融市场，并使用由 Yao 等(2016d)提出的离散时间 Vasicek 模型来描述随机利率。我们把问题看作一个非合作博弈，其均衡策略即是渴望得到的时间一致策略。利用扩展的 Bellman 方程和矩阵表示技术，推导出均衡策略、均衡值函数和相应有效前沿的解析表达式。然后，将模型扩展到具有负债的情形，并获得相应的均衡策略和有效前沿。接着，讨论了所得均衡策略的一些性质，包括著名的两基金分离定理。最后，利用中国市场的实际数据，通过一个数值例子分析了随机利率和负债对均衡策略及其有效前沿的影响。

2.1 引言

如何对各种资产进行配置是重要的现实问题，也是数理金融领域的重要学术问题。由 Markowitz(1952)提出的均值—方差模型是现代投资组合选择理论的基石。特别是在 Li 和 Ng(2000)、Zhou 和 Li(2000)分别对多阶段情形和连续时间情形下的均值—方差模型取得了突破性进展之后，均值—方差模型在动态资产配置的研究中变得越来越重要。例如，Li 等(2002)、Zhu 等(2009)、Lim(2004)、Bielecki 等(2005)、Cui 等(2014)、Guo 和 Duan(2015)等都对均值—方差动态资产配置问题进行了研究。然而，方差算子的不可分性使得 Bellman 最优性原理不成立。因此，以多阶段或连续时间均值—方差模型为准则的投资问题都是时间不一致性问题。事实上，上述提到的所有文献得到的最优投资组合策略都被称为预先承诺策略。预先承诺策略只是从初始时刻来看是最优的，而且在初始时刻之后的任意时刻 k，决策者都承诺严格按照初始时刻得到的策略执行，不论此策略在未来的时刻还是否最优。因此，均值—方差投资组合选择模型的预先承诺策略是一个时间不一致的策略，它因为缺乏合理性被指责。例如，投资者的投资心理和喜好往往会随着时间的推移而改变，有时投资者无法接受在未来某一阶段策略不是最优的。为此，学者们研究了一些获得时间一致策略的方法，其中，最常用的是运用博弈论的方法获得一个均衡策略。Basak 和 Chabkauri(2010)是首次利用博弈论方法研究动态均值—方差资产配置的学者，并获得了一个均衡策略。Cui 等(2016)考虑了具有状态相依风险厌恶的投资组合选择问题，并得到均衡策略。Li 等(2015)考虑了部分信息下资产配置的时间一致投资策略。上述所有工作关注的都是连续时间情形，关于离散时间情形的研究还很少。Czichowsky(2013)研究了离散及连续时间两种情形下的时间一致均值—方差投资组合选择问题。Wu 和 Chen(2015)考察了带有机制转换的多阶段均值—方差投资组合选择问题的均衡策略。

在动态资产配置中，有两个因素需要我们考虑。第一个是随机利率。事实上，在现实生活中，利率时常会不可避免地发生变化。此外，利率市场化导致利率更频繁地变动。因此，在投资问题中，考虑利率是一个随机过程是很重要的。常用的随机利率模型有 Vasicek 模型，Cox-Ingersoll-Ross(CIR)模型和 Ho-Lee 模型。在连续时间均值—方差准则下，Korn 和 Kraft(2002)考虑了具有随机利率的最优投资组合选择问题，其中利率服从 Vasicek 和 Ho-Lee 随机利率模型。Ferland 和 Watier(2010)在拓展的 CIR 随机利率模型下分析了最优投资组合选择问题。Yao 等(2016c)考察了具有随机利率和通货膨胀率的动态均值—方差资产配置问题，其中利率服从 Vasicek 随机利率模型。更多相关文献，可参阅 Lioui 和 Poncet(2001)、Hainaut(2009)、Munk 和 Sørensen(2010)、Shen 和 Siu(2012)等。上述文献研究的随机利率都局限于连续时间情形。然而，在实践中，投资策略只能以离散形式执行。Yao 等(2016d)首次构建了一个离散时间的 Vasicek 随机利率模型，并考察了一个多阶段均值—方差投资组合选择问题，得到一个预先承诺策略。据我们所知，基于随机利率的多阶段均值—方差投资组合选择问题的均衡策略还未有文献研究。

第二个是负债。在实践中，无论是公司管理者还是个体投资者，都不可避免地会面对负债。因此，在一个投资组合选择模型中加入负债会将均值—方差模型拓展到一个更为实际的环境，这就是资产负债管理（ALM）问题。ALM，也称盈余管理，它关注的是资产值和负债的差。关于均值—方差 ALM 问题，开创性的工作可以追溯到 Sharpe 和 Tint（1990）。近年来，许多学者对这一问题进行了大量的研究。例如，Leippold 等（2004）研究了一个多阶段均值—方差 ALM 问题，其中的负债是不可控制的。Xie（2009）在连续时间情形下考察了具有负债和机制转换的均值—方差投资组合选择问题。Pan 和 Xiao（2017）研究了具有随机利率的均值—方差 ALM 问题。Chen 和 Yang（2011）在多阶段情形下研究了具有机制转换的均值—方差 ALM 问题。Yao 等（2013a）考虑了具有内生性负债的均值—方差 ALM 问题。Yao 等（2016b）进一步在随机市场环境下研究了具有随机现金流的 ALM 问题。有关此主题的更多讨论，可参阅 Chen 等（2008）、Leippold 等（2011）、Chiu 和 Wong（2014）、Li 和 Li（2012）及其中的参考文献。上述所列文献获得的都是预先承诺策略。但是，关于 ALM 问题的时间一致策略的研究还很少。Wei 等（2013）得到了具有机制转换的均值—方差 ALM 问题的时间一致策略。Li 等（2013）也在均值—方差准则下获得了一个 ALM 问题的时间一致策略。Wei 和 Wang（2017）研究了具有随机系数的 ALM 问题的时间一致策略。但他们研究的都是连续时间的情形。据我们所知，多阶段均值—方差 ALM 问题的时间一致策略在以往文献中还未研究过，更别说考虑了随机利率的情形。

因此，为了填补上述文献中的空白，本章首先研究多阶段均值—方差框架下具有随机利率的投资组合选择问题的均衡策略。我们使用 Yao 等（2016d）提出的离散时间 Vasicek 模型来描述利率的随机过程。类似于 Bjork 和 Murgoci（2010，2014），我们把问题看作一个非合作博弈，其均衡策略即是渴望得到的时间一致策略。利用扩展的 Bellman 方程和矩阵表示技术，我们推导出均衡策略的解析表达式及相应的均衡值函数和有效前沿。然后，将模型扩展到有负债的情形，并得到相应的均衡策略和有效前沿。接着，给出了均衡策略的一些性质，包括多阶段版本的两基金分离定理。最后，以中国市场的真实数据为例分析了负债和随机利率对均衡策略和有效前沿的影响。

本章的主要贡献如下：(i) 首次研究了具有随机利率的多阶段均值—方差投资问题的时间一致策略；(ii) 得到了均衡策略和相应有效前沿的解析表达式；(iii) 在推导过程中，使用矩阵表示技术证明了 $W_k \geq 0$ 和 $\lambda_k > 0$ (参见引理 2.3.2)，这对其他相关动态优化问题的研究具有一定的指导意义。

本章的结构安排如下：2.2 建立了具有随机利率的无负债情形下的多阶段均值—方差投资组合选择模型。2.3 利用扩展的 Bellman 方程和矩阵表示技术得到了均衡策略、均衡值函数及相应有效前沿的解析表达式。2.4 将模型扩展到有负债的情形，并得到相应的均衡策略和有效前沿。2.5 得到了所求均衡策略的一些性质。2.6 以中国市场的真实数据为例分析了负债和随机利率对均衡策略和有效前沿的影响。2.7 对本章内容进行小结并展望将来可能的研究。2.8 为本章附录。

2.2 无负债情形下的问题构建

在一个时间跨度为 T 的时间周期，考虑由一个无风险资产和 n 个风险资产组成的金融市场。对于 $k = 0, 1, \cdots, T-1$，设 R_k 是无风险资产在阶段 k (即时间区间 $[k, k+1)$) 的收益，S_k^l 是风险资产 l ($l = 1, \cdots, n$) 在阶段 k 超过无风险资产的超额收益。那么，在阶段 k，风险资产 l 的收益是 $R_k + S_k^l$。此外，对于 $k = 0, 1, \cdots, T-1$，设 $S_k = (S_k^1, S_k^2, \cdots, S_k^n)'$ 是超额收益向量。

假设一个投资者在时刻 0 进入金融市场，初始财富为 x_0。对于 $k = 0, 1, \cdots, T-1$，令 $\pi_k = (\pi_k^1, \pi_k^2, \cdots, \pi_k^n)'$ 是时刻 k 在 n 个风险资产上的投资数量，$\pi_{k+:} = (\pi_k, \pi_{k+1}, \cdots, \pi_{T-1})$ 表示从时刻 k 开始的投资策略，并简记 π_{0+} 为 π。设 X_k^π 是时刻 k 投资者在策略 π 下的财富。那么，在无风险

资产上的投资数量为 $X_k^\pi - \sum_{l=1}^n \pi_k^l$。

因此，投资者在时刻 $k+1$ 的财富是

$$X_{k+1}^\pi = \left(X_k^\pi - \sum_{l=1}^n \pi_k^l\right) R_k + \sum_{l=1}^n \pi_k^l (R_k + S_k^l) = X_k^\pi R_k + S_k' \pi_k \quad (2.1)$$

在投资过程中，尽管当前利率是知道的（确定的），但未来的利率却会因为一些因素，如市场、通货膨胀等，发生改变。换句话说，未来利率是随机的。因此，在投资组合选择问题中考虑随机利率是很有意义的。Yao 等（2016d）首次考虑了离散时间的随机利率模型，并获得一个投资组合选择问题的预先承诺策略。在本章，我们将获得具有随机利率的多阶段投资组合选择问题的均衡策略。

令 $\bar{r}$ 表示利率的长期均值。对于 $k = 0, 1, \cdots, T-1$，设 φ_k 是满足 $0 < \varphi_k \leq 1$ 的常数，$\vartheta_k = 1 - \varphi_k$ 表示均值回复度，σ_k 表示利率波动率，ε_k 是一个时刻-k 可测的随机变量，其期望和方差分别为 $\mathbb{E}[\varepsilon_k] = 0$ 和 $\text{Var}[\varepsilon_k] = 1$。我们采用由 Yao 等（2016d）提出的离散时间 Vasicek 随机利率模型：

$$R_{k+1} = e^{(1-\varphi_k)\bar{r} + \sigma_k \varepsilon_k} R_k^{\varphi_k} = b_k R_k^{\varphi_k} \quad (2.2)$$

这里 $R_0 = r_0 > 0$ 是一个给定的常数，且

$$b_k = e^{(1-\varphi_k)\bar{r} + \sigma_k \varepsilon_k} \quad (2.3)$$

显然，对于所有的 $k = 0, 1, \cdots, T-1, R_k > 0$。

注 2.2.1 在上述定义的离散时间随机利率模型中，虽然 φ_k 和 σ_k 是确定参数，但它们是时变的（因为依赖于时间 k）。如果利率在短时间内不变，我们也可以利用此模型来描述。例如，我们设 $\varphi_k = 1$ 且 $\sigma_k = 0$，那么，由方程（2.2）和方程（2.3），有 $b_k = e^0 = 1$ 且 $R_{k+1} = R_k$。

类似于大多数现有文献，如 Wu 和 Li（2012）、Yao 等（2014, 2016a）等，本章提出如下假设：

假设 2.2.1 随机序列 $\{S_k\}$ 和 $\{\varepsilon_k\}$ 是统计独立的，且 S_k 和 ε_k 对于所有的 $k \in \{0, 1, \cdots, T-1\}$ 都相互独立。

假设 2.2.2 $\text{Var}(S_k) = \mathbb{E}[(S_k - \mathbb{E}(S_k))(S_k - \mathbb{E}(S_k))'] > 0, k = 0, 1, \cdots, T-1$。

因为 $\mathbb{E}(S_k S_k') = \text{Var}(S_k) + \mathbb{E}(S_k) \mathbb{E}(S_k')$，假设 2.2.2 表明，对于所

有的 $k = 0, 1, \cdots, T-1$, $\mathbb{E}(S_k S_k') > 0$。

假设 2.2.3 对于所有的 $k = 0, 1, \cdots, T-1$, $\mathbb{E}(S_k) \neq \mathbf{0}_n$，其中 $\mathbf{0}_n$ 是 n - 维零向量。

注 2.2.2 假设 2.2.1 表明风险资产的超额收益和利率在不同阶段是相互独立的。假设 2.2.2 表明金融市场上的风险资产没有冗余。假设 2.2.3 表明风险资产的超额收益不全为 0。

设 $\mathcal{F}_k$ 是滤波族，表示直到时刻 k 投资者可利用的所有信息。一个开始于时刻 k 的投资策略，π_{k+}，被称为时刻-k 可允许的，如果对于所有的 $j = k, k+1, \cdots, T-1$, π_j 都是关于 $\mathcal{F}_j$ 可适应的。以 Θ_k 表示所有时刻-k 可允许投资策略的集合。

投资者的目标是最大化期望终端财富，同时最小化由终端财富的方差所衡量的投资风险，因此，我们用均值—方差模型描述投资问题。在现实中，大多数的投资者不能接受一个策略在未来某一段时间内对自己来说不是最优的。他们必然会在未来做修正，进而寻找时间一致的策略。因此，在本章中，我们使用博弈论的方法去获得一个均衡策略。在这种情况下，投资者在每个时刻 k 都要依据当前信息 (x_k, r_k) 更新其目标，目标函数为

$$J_k(x_k, r_k, \pi_{k+}) = \gamma \, \mathbb{E}_{x_k, r_k}(X_T^\pi) - \text{Var}_{x_k, r_k}(X_T^\pi) \tag{2.4}$$

且需要求解一系列均值—方差模型：

$$\begin{cases} \max_{\pi_{k+} \in \Theta_k} \{J_k(x_k, r_k, \pi_{k+})\} \\ \text{s.t.} \ X_k^\pi \ \text{和} \ R_k \ \text{分别满足}(2.1) \ \text{和} \ (2.2) \end{cases} \tag{2.5}$$

其中，$\mathbb{E}_{x_k, r_k}(\cdot)$ 和 $\text{Var}_{x_k, r_k}(\cdot)$ 表示给定信息 $X_k^\pi = x_k$, $R_k = r_k$ 下的条件期望和条件方差，$\gamma \geq 0$ 表示投资者的风险容忍度。当 $\gamma = 0$ 时，寻求具有全局最小风险的策略，称为全局最小方差策略。

类似于 Bjork 和 Murgoci(2014)，定义不考虑负债时离散时间的均衡策略如下：

定义 2.2.1 设 $\hat{\pi}$ 是一个给定的时刻 - 0 可允许策略。对于任意点 (k, x_k, r_k) 和任意适应于 $\mathcal{F}_k$ 的策略 π_k，定义时刻-k 可允许策略

$$\overline{\pi}_{k+} = (\pi_k, \hat{\pi}_{k+1}, \cdots, \hat{\pi}_{T-1})$$

那么，$\hat{\pi}$ 是子博弈完美纳什均衡策略（简称均衡策略），如果对于任意的 k，满足

$$\max_{\pi_k}\{J_k(x_k, r_k, \overline{\pi}_{k+})\} = J_k(x_k, r_k, \hat{\pi}_{k+})$$

其中，$\hat{\pi}_{k+} = (\hat{\pi}_k, \hat{\pi}_{k+1}, \cdots, \hat{\pi}_{T-1})$。进一步地，如果均衡策略 $\hat{\pi}$ 存在，那么均衡值函数定义为

$$V_k(x_k, r_k) = J_k(x_k, r_k, \hat{\pi}_{k+}) \qquad (2.6)$$

根据定义 2.2.1，在任意时刻 k，对于给定财富 $X_k^\pi = x_k$，利率 $R_k = r_k$，求问题(2.5)的均衡策略等同于求解下面的问题：

$$\begin{cases} V_k(x_k, r_k) = J_k(x_k, r_k, \hat{\pi}_{k+}) = \max_{\pi_k}\{J_k(x_k, r_k, (\pi_k, \hat{\pi}_{k+1}, \cdots, \hat{\pi}_{T-1}))\} \\ \text{s.t.} X_k^\pi \text{ 和 } R_k \text{ 分别满足}(2.1) \text{ 和}(2.2) \end{cases}$$

$$(2.7)$$

2.3 无负债情形下的均衡策略和有效前沿

为得到均衡策略和均衡值函数，我们利用后向递推法求解问题(2.7)。由方程(2.4)得

$$\begin{aligned} J_k(x_k, r_k, \pi_{k+}) &= \gamma \mathbb{E}_{x_k, r_k}(X_T^\pi) - \mathrm{Var}_{x_k, r_k}(X_T^\pi) \\ &= \gamma \mathbb{E}_{x_k, r_k}(X_T^\pi) - \mathbb{E}_{x_k, r_k}((X_T^\pi)^2) + (\mathbb{E}_{x_k, r_k}(X_T^\pi))^2 \\ &= \gamma \mathbb{E}_{x_k, r_k}(\mathbb{E}_{X_{k+1}^\pi, R_{k+1}}(X_T^\pi)) - \mathbb{E}_{x_k, r_k}(\mathbb{E}_{X_{k+1}^\pi, R_{k+1}}((X_T^\pi)^2)) \\ &\quad + (\mathbb{E}_{x_k, r_k}(\mathbb{E}_{X_{k+1}^\pi, R_{k+1}}(X_T^\pi)))^2 \\ &= \mathbb{E}_{x_k, r_k}(\gamma \mathbb{E}_{X_{k+1}^\pi, R_{k+1}}(X_T^\pi) - \mathbb{E}_{X_{k+1}^\pi, R_{k+1}}((X_T^\pi)^2) \\ &\quad + (\mathbb{E}_{X_{k+1}^\pi, R_{k+1}}(X_T^\pi))^2) - \mathbb{E}_{x_k, r_k}((\mathbb{E}_{X_{k+1}^\pi, R_{k+1}}(X_T^\pi))^2) \\ &\quad + (\mathbb{E}_{x_k, r_k}(\mathbb{E}_{X_{k+1}^\pi, R_{k+1}}(X_T^\pi)))^2 \\ &= \mathbb{E}_{x_k, r_k}(J_{k+1}(X_{k+1}^\pi, R_{k+1}, \pi_{k+1+})) - \mathbb{E}_{x_k, r_k}((\mathbb{E}_{X_{k+1}^\pi, R_{k+1}}(X_T^\pi))^2) \\ &\quad + (\mathbb{E}_{x_k, r_k}(\mathbb{E}_{X_{k+1}^\pi, R_{k+1}}(X_T^\pi)))^2 \qquad (2.8) \end{aligned}$$

设 $\hat{\pi}$ 是均衡策略，固定任意选择的初始点 (x_k, r_k) $(k = 0, 1, \cdots, T)$，记

$$g_k(x_k, r_k) = \mathbb{E}_{x_k, r_k}(X_T^{\hat{\pi}}) \qquad (2.9)$$

那么，根据定义 2.2.1 和方程(2.8)、方程(2.9)，均衡值函数满足扩展的 Bellman 方程

$$\begin{aligned}
V_k(x_k, r_k) &= \max_{\pi_k}\{J_k(x_k, r_k, (\pi_k, \hat{\pi}_{k+1}, \cdots, \hat{\pi}_{T-1}))\} \\
&= \max_{\pi_k}\{\mathbb{E}_{x_k, r_k}(J_{k+1}(X_{k+1}^{\pi}, R_{k+1}, \hat{\pi}_{k+1+})) \\
&\quad - \mathbb{E}_{x_k, r_k}(\cdot(\mathbb{E}_{X_{k+1}^{\pi}, R_{k+1}}(X_T^{\hat{\pi}}))^2) \\
&\quad + (\mathbb{E}_{x_k, r_k}(\mathbb{E}_{X_{k+1}^{\pi}, R_{k+1}}(X_T^{\hat{\pi}})))^2\} \\
&= \max_{\pi_k}\{\mathbb{E}_{x_k, r_k}(V_{k+1}(X_{k+1}^{\pi}, R_{k+1})) \\
&\quad - \mathbb{E}_{x_k, r_k}(g_{k+1}^2(X_{k+1}^{\pi}, R_{k+1})) \\
&\quad + (\mathbb{E}_{x_k, r_k}(g_{k+1}(X_{k+1}^{\pi}, R_{k+1})))^2\}, \; V_T(x, r) = \gamma x
\end{aligned}$$

$$(2.10)$$

其中，

$$g_k(x_k, r_k) = \mathbb{E}_{x_k, r_k}[g_{k+1}(X_{k+1}^{\pi}, R_{k+1})], \; g_T(x, r) = x \qquad (2.11)$$

为获得封闭形式的均衡策略和均衡值函数，我们构造一些后向时间序列。对于 $k = T, T-1, \cdots, 0$，有

$$\psi_k = 1 + \varphi_k \psi_{k+1}, \; \psi_T = 0 \qquad (2.12)$$

$$W_k = B_k - B_k^2 \mathbb{E}(S_k') A_k^{-1} \mathbb{E}(S_k), \; W_T = 0 \qquad (2.13)$$

$$\lambda_k = \lambda_{k+1}[\mathbb{E}(b_k^{\psi_{k+1}}) - \mathbb{E}(b_k^{\psi_{k+1}}) B_k \mathbb{E}(S_k') A_k^{-1} \mathbb{E}(S_k)], \; \lambda_T = 1$$

$$(2.14)$$

$$\alpha_k = \lambda_{k+1}^2 \mathbb{E}^2(b_k^{\psi_{k+1}}) \mathbb{E}(S_k') A_k^{-1} \mathbb{E}(S_k) + \alpha_{k+1}, \; \alpha_T = 0 \qquad (2.15)$$

其中，

$$A_k = W_{k+1} \mathbb{E}(b_k^{2\psi_{k+1}}) \mathbb{E}(S_k S_k') + \lambda_{k+1}^2 \mathrm{Var}(b_k^{\psi_{k+1}} S_k) \qquad (2.16)$$

$$B_k = W_{k+1} \mathbb{E}(b_k^{2\psi_{k+1}}) + \lambda_{k+1}^2 \mathrm{Var}(b_k^{\psi_{k+1}}) \qquad (2.17)$$

为方便起见，对于 $k = 0, 1, \cdots, T, m \geq k$，定义 $\prod_{i=k}^{k-1}(\cdot) = 1$ 和 $\sum_{i=m}^{k-1}(\cdot) = 0$。通过一个简单的递归计算，我们得到 $\psi_k = \sum_{i=k}^{T-1} \prod_{j=k}^{i-1} \varphi_j > 0$，且当 $k = 0, 1, \cdots, T-2$ 时，$\psi_k > 1$。

2.3.1 一些有用的引理

在这一小节，给出一些引理，这将有助于我们获得本章的主要结果。

引理 2.3.1 对于所有的 $k = 0, 1, \cdots, T-1$，$\mathrm{Var}(b_k^{\psi_{k+1}} S_k) > 0$。

证明：参见本章附录 A。

设

$$\aleph_k = b_k^{\psi_{k+1}} \begin{pmatrix} 1 \\ S_k \end{pmatrix} \tag{2.18}$$

引理 2.3.2 对于所有的 $k = 0, 1, \cdots, T$，$W_k \geqslant 0$，$\lambda_k > 0$。

证明：参见本章附录 B。

根据引理 2.3.1 和引理 2.3.2，可以很容易地得到下面的引理。

引理 2.3.3 对于所有的 $k = 0, 1, \cdots, T-1$，A_k 是正定的。

按照递推公式(2.15)，可以得到 α_k 的表达式。

引理 2.3.4 对于任意的 $k = 0, 1, \cdots, T-1$，

$$\alpha_k = \sum_{l=k}^{T-1} \lambda_{l+1}^2 \, \mathbb{E}^2(b_l^{\psi_{l+1}}) \, \mathbb{E}(S_l') A_l^{-1} \, \mathbb{E}(S_l) > 0 \tag{2.19}$$

证明：参见本章附录 C。

2.3.2 均衡策略和均衡值函数

根据 2.3.1 的初步结果，我们可以求解扩展的 Bellman 方程(2.10)，从而获得均衡策略和均衡值函数。

定理 2.3.1 对于 $k = 0, 1, \cdots, T-1$，$X_k^\pi = x_k$ 和 $R_k = r_k$，问题(2.7)的均衡策略为

$$\hat{\pi}_k = \left(\frac{\gamma \lambda_{k+1} \, \mathbb{E}(b_k^{\psi_{k+1}})}{2 r_k^{\varphi_k \psi_{k+1}}} - B_k r_k x_k \right) A_k^{-1} \, \mathbb{E}(S_k) \tag{2.20}$$

均衡值函数为

$$V_k(x_k, r_k) = -W_k r_k^{2\psi_k} x_k^2 + \gamma \lambda_k r_k^{\psi_k} x_k + \frac{\gamma^2}{4} \alpha_k \tag{2.21}$$

且

$$g_k(x_k, r_k) = \lambda_k r_k^{\psi_k} x_k + \frac{\gamma}{2} \alpha_k \tag{2.22}$$

其中，ψ_k，W_k，λ_k，α_k，A_k 和 B_k 由方程(2.12)~方程(2.17)定义。

证明： 参见本章附录 D。

由方程(2.20)，我们发现，在任意时刻 k，(i) 均衡策略 $\hat{\pi}_k$ 与初始状态变量(包括初始财富和初始利率)无关。这与 Yao 等(2016d)得到的预先承诺策略完全不同。原因在于，均衡投资者的目标是在即将到来的信息基础上找到任何时刻 k 的时间一致策略，而预先承诺投资者则从初始时刻的角度寻找全局最优策略。(ii) 我们得到的均衡策略也不同于 Wu 和 Chen (2015)所考虑的具有确定性利率的多阶段投资组合选择问题的均衡策略。他们发现均衡策略是与当前财富水平无关的。从经济学的观点看，这是不合理的，因为这样的均衡策略意味着一个有 1 万元财富和一个有 1 亿元财富的投资者投资到股票上的财富是一样的。但我们得到的均衡策略 $\hat{\pi}_k$ 是与当前财富水平相关的。由此，可见，本章得到的均衡策略更具有合理性。

2.3.3 均衡有效前沿

考虑从任意时刻 k($k \in \{0, 1, \cdots, T-1\}$)和任意初始点 (x_k, r_k) 开始的有效前沿，其中，财富 $X_k^\pi = x_k$，利率 $R_k = r_k$。由方程(2.4)、方程(2.6)、方程(2.9)、方程(2.21)和方程(2.22)，有

$$\mathrm{Var}_{x_k, r_k}(X_T^{\hat{\pi}}) = W_k r_k^{2\psi_k} x_k^2 + \frac{\gamma^2}{4}\alpha_k \tag{2.23}$$

在方程(2.22)和方程(2.23)中消除 γ，我们得到均衡有效前沿

$$\mathrm{Var}_{x_k, r_k}(X_T^{\hat{\pi}}) = \frac{(\mathbb{E}_{x_k, r_k}(X_T^{\hat{\pi}}) - \lambda_k r_k^{\psi_k} x_k)^2}{\alpha_k} + W_k r_k^{2\psi_k} x_k^2 \tag{2.24}$$

方程(2.24)表明，均衡有效前沿是标准差—均值平面中的双曲线。而且，即使所有财富都投资于无风险资产，有效前沿中的方差也不能达到零。这也与 Wu 和 Chen(2015)不同。这种现象是合理的，因为投资者必须承担随机利率风险，不能通过投资于金融市场来完全对冲风险。

2.4 推广到带负债的情形

在本节，我们将之前 2.2~2.3 的结果推广到带负债的情形，即考虑

ALM 问题。设 L_k 为投资者在阶段 k ($k=0, 1, \cdots, T-1$)初的负债,其中 $L_0 = l_0$ 是一个给定的常数。类似于 Leippold 等(2004),假设负债的动态过程为

$$L_{k+1} = \eta_k L_k \tag{2.25}$$

其中,η_k 是一个外生的随机变量,可以理解为负债的随机增长率,且 $\{\eta_k\}$ 是一个独立的随机序列。为使我们的模型更符合实际,设 η_k 和 ε_k 是统计依赖的,η_k 和 S_k 也是统计依赖的。其他所有关于市场的设置与 2.2 相同。

在多阶段均值—方差框架下,我们考虑具有随机利率的 ALM 问题。投资者的目标是找到一个最优均衡策略去最大化终端盈余 $U_T = X_T - L_T$ 的期望,同时最小化投资风险(由终端盈余的方差表示)。因此,在信息 (x_k, r_k, l_k) ($k=0, 1, \cdots, T-1$)下,投资者的目标函数为

$$\tilde{J}_k(x_k, r_k, l_k, \pi_{k+}) = \gamma \mathbb{E}_{x_k, r_k, l_k}(U_T^\pi) - \mathrm{Var}_{x_k, r_k, l_k}(U_T^\pi) \tag{2.26}$$

并解决一系列均值—方差模型

$$\begin{cases} \max_{\pi_{k+} \in \Theta_k} \{\tilde{J}_k(x_k, r_k, l_k, \pi_{k+})\} \\ \mathrm{s.t.}\ X_k^\pi、R_k、L_k \text{ 分别满足}(2.1)、(2.2)、(2.25) \end{cases} \tag{2.27}$$

其中,$\mathbb{E}_{x_k, r_k, l_k}(\cdot)$ 和 $\mathrm{Var}_{x_k, r_k, l_k}(\cdot)$ 表示给定信息 $X_k^\pi = x_k$,$R_k = r_k$,$L_k = l_k$ 下的条件期望和条件方差。

定义上述 ALM 问题的均衡策略如下:

定义 2.4.1 设 $\hat{\pi}^L$ 是一个给定的时刻 -0 可允许策略。对于任意点 (k, x_k, r_k, l_k) 和任意适应于 $\mathcal{F}_k$ 的策略 π_k,定义时刻 -k 可允许策略

$$\tilde{\pi}_{k+} = (\pi_k, \hat{\pi}_{k+1}^L, \cdots, \hat{\pi}_{T-1}^L)$$

那么,$\hat{\pi}^L$ 是子博弈完美纳什均衡策略(简称均衡策略),如果对于任意的 k,满足

$$\max_{\pi_k} \{\tilde{J}_k(x_k, r_k, l_k, \tilde{\pi}_{k+})\} = \tilde{J}_k(x_k, r_k, l_k, \hat{\pi}_{k+}^L)$$

其中,$\hat{\pi}_{k+}^L = (\hat{\pi}_k^L, \hat{\pi}_{k+1}^L, \cdots, \hat{\pi}_{T-1}^L)$。进一步地,如果均衡策略 $\hat{\pi}^L$ 存在,那么均衡值函数定义为

$$\tilde{V}_k(x_k, r_k, l_k) = \tilde{J}_k(x_k, r_k, l_k, \hat{\pi}_{k+}^L) \tag{2.28}$$

根据定义 2.4.1，在任意时刻 k，对于给定财富 $X_k^\pi = x_k$，利率 $R_k = r_k$ 和负债 $L_k = l_k$，求问题(2.27)的均衡策略等同于求解下面的问题：

$$\begin{cases} \tilde{V}_k(x_k, r_k, l_k) = \tilde{J}_k(x_k, r_k, l_k, \hat{\pi}_{k+1}^L) \\ \qquad = \max_{\pi_k} \\ \{\tilde{J}_k(x_k, r_k, l_k, (\pi_k, \hat{\pi}_{k+1}^L, \cdots, \hat{\pi}_{T-1}^L))\} \\ \text{s.t. } X_k^\pi \text{、} R_k \text{、} L_k \text{ 分别满足}(2.1)\text{、}(2.2)\text{、}(2.25) \end{cases} \quad (2.29)$$

2.4.1 均衡策略及其有效前沿

设 $\hat{\pi}^L$ 是问题(2.27)的均衡策略，固定任意选择的初始点 (x_k, r_k, l_k) $(k = 0, 1, \cdots, T)$，记

$$\tilde{g}_k(x_k, r_k, l_k) = \mathbb{E}_{x_k, r_k, l_k}(U_T^{\hat{\pi}^L}) \quad (2.30)$$

类似于方程(2.8)~方程(2.10)，可以推导出问题(2.29)满足如下扩展的 Bellman 方程

$$\tilde{V}_k(x_k, r_k, l_k) = \max_{\pi_k} \{ \mathbb{E}_{x_k, r_k, l_k}(\tilde{V}_{k+1}(X_{k+1}^\pi, R_{k+1}, L_{k+1})) \\ - \mathbb{E}_{x_k, r_k, l_k}(\tilde{g}_{k+1}^2(X_{k+1}^\pi, R_{k+1}, L_{k+1})) \\ + [\mathbb{E}_{x_k, r_k, l_k}(\tilde{g}_{k+1}(X_{k+1}^\pi, R_{k+1}, L_{k+1}))]^2 \}$$

$$\tilde{V}_T(x, r, l) = \gamma(x - l) \quad (2.31)$$

其中，

$$\tilde{g}_k(x_k, r_k, l_k) = \mathbb{E}_{x_k, r_k, l_k}[\tilde{g}_{k+1}(X_{k+1}^\pi, R_{k+1}, L_{k+1})], \quad \tilde{g}_T(x, r, l) = x - l \quad (2.32)$$

现在构造三个后向时间序列。对于 $k = T, T-1, \cdots, 0$，

$$H_k = H_{k+1} \mathbb{E}(b_k^{\psi_{k+1}} \eta_k) - \lambda_{k+1}\beta_{k+1} \operatorname{cov}(b_k^{\psi_{k+1}}, \eta_k) - B_k C_k' A_k^{-1} \mathbb{E}(S_k), \quad H_T = 0 \quad (2.33)$$

$$\beta_k = \beta_{k+1} \mathbb{E}(\eta_k) + \lambda_{k+1} \mathbb{E}(b_k^{\psi_{k+1}}) C_k' A_k^{-1} \mathbb{E}(S_k), \quad \beta_T = -1 \quad (2.34)$$

$$\varsigma_k = \varsigma_{k+1} \mathbb{E}(\eta_k^2) + C_k' A_k^{-1} C_k - \beta_{k+1}^2 \operatorname{Var}(\eta_k), \quad \varsigma_T = 0 \quad (2.35)$$

其中，$\psi_{k+1}, \lambda_{k+1}, A_k$ 和 B_k 分别满足方程(2.12)、方程(2.14)、方程(2.16)和方程(2.17)且

$$C_k = H_{k+1} \mathbb{E}(\eta_k b_k^{\psi_{k+1}} S_k) - \lambda_{k+1}\beta_{k+1} D_k \quad (2.36)$$

$$D_k = \mathbb{E}(\eta_k b_k^{\psi_{k+1}} S_k) - \mathbb{E}(\eta_k)\mathbb{E}(b_k^{\psi_{k+1}} S_k) \tag{2.37}$$

类似于定理 2.3.1，有下面的定理。

定理 2.4.1 对于 $k = 0, 1, \cdots, T-1$，$X_k^\pi = x_k$，$R_k = r_k$ 和 $L_k = l_k$，问题 (2.29) 的均衡策略为

$$\hat{\pi}_k^L = A_k^{-1}\left(\frac{\gamma \lambda_{k+1}\mathbb{E}(b_k^{\psi_{k+1}})\mathbb{E}(S_k)}{2r_k^{\varphi_k \psi_{k+1}}} - B_k \mathbb{E}(S_k) r_k x_k + r_k^{-\varphi_k \psi_{k+1}} C_k l_k\right) \tag{2.38}$$

均衡值函数为

$$\tilde{V}_k(x_k, r_k, l_k) = -W_k r_k^{2\psi_k} x_k^2 + \gamma \lambda_k r_k^{\psi_k} x_k + \frac{\gamma^2}{4}\alpha_k + 2H_k r_k^{\psi_k} x_k l_k + \varsigma_k l_k^2 + \gamma \beta_k l_k \tag{2.39}$$

且

$$\tilde{g}_k(x_k, r_k, l_k) = \lambda_k r_k^{\psi_k} x_k + \beta_k l_k + \frac{\gamma}{2}\alpha_k \tag{2.40}$$

其中，ψ_k，W_k，λ_k，α_k，A_k 和 B_k 由方程(2.12)~方程(2.17)定义，H_k，β_k，ς_k 和 C_k 由方程(2.33)~方程(2.36)定义。

证明：参见本章附录 E。

由方程(2.38)可知，投资组合 $\hat{\pi}_k^L$ 在任何时刻 k 都同时依赖于当前财富水平 x_k 和当前负债水平 l_k。另外，由 b_k 描述的利率随机性，由 S_k 描述的股票随机性和由 η_k 描述的负债随机性，共同影响该投资组合。

注 2.4.1 如果 η_k，ε_k 和 S_k 对于所有的 $k = 0, 1, \cdots, T-1$ 都相互独立，可以得到 $C_k = 0$。那么

$$\hat{\pi}_k^L = \left(\frac{\gamma \lambda_{k+1}\mathbb{E}(b_k^{\psi_{k+1}})}{2r_k^{\varphi_k \psi_{k+1}}} - B_k x_k r_k\right) A_k^{-1}\mathbb{E}(S_k) \tag{2.41}$$

这意味着，在这种情况下，均衡策略与负债无关。这与 Yao 等(2016d)得到的预先承诺策略不同。

考虑从任意时刻 k（$k \in \{0, 1, \cdots, T-1\}$）和任意初始点 (x_k, r_k, l_k) 开始的有效前沿，其中，财富 $X_k^\pi = x_k$，利率 $R_k = r_k$，负债 $L_k = l_k$。由方程(2.26)、方程(2.28)、方程(2.30)、方程(2.39)和方程(2.40)，有

$$\mathrm{Var}_{x_k, r_k, l_k}(U_T^{\hat{\pi}^L}) = W_k r_k^{2\psi_k} x_k^2 + \frac{\gamma^2}{4}\alpha_k - 2H_k r_k^{\psi_k} x_k l_k - \varsigma_k l_k^2 \quad (2.42)$$

在方程(2.40)和方程(2.42)中消除 γ，得到均衡有效前沿

$$\mathrm{Var}_{x_k, r_k, l_k}(U_T^{\hat{\pi}^L}) = \frac{(\mathbb{E}_{x_k, r_k, l_k}(U_T^{\hat{\pi}^L}) - \lambda_k r_k^{\psi_k} x_k - \beta_k l_k)^2}{\alpha_k} + W_k r_k^{2\psi_k} x_k^2 - 2H_k r_k^{\psi_k} x_k l_k - \varsigma_k l_k^2$$

2.4.2 特殊情形

在本小节，我们讨论本节模型的两个特殊情形，并给出对应的简单结果。

情形1：时变确定利率情形，即，对于所有的 $k = 0, 1, \cdots, T-1$，$\sigma_k = 0$。在这种情形下，$b_k^{\psi_{k+1}} = e^{(1-\varphi_k)\bar{r}\psi_{k+1}}$ 是时变确定的。因此，

$$\mathrm{Var}(b_k^{\psi_{k+1}}) = 0, \quad \mathbb{E}(b_k^{\psi_{k+1}}) = e^{(1-\varphi_k)\bar{r}\psi_{k+1}}$$

$$\mathrm{Var}(b_k^{\psi_{k+1}} S_k) = b_k^{2\psi_{k+1}} \mathrm{Var}(S_k), \quad \mathrm{cov}(b_k^{\psi_{k+1}}, \eta_k) = 0$$

为方便起见，定义 $\delta_k = \mathbb{E}(\eta_k S_k) - \mathbb{E}(\eta_k)\mathbb{E}(S_k)$。那么，我们有下面的引理。

引理 2.4.1 假设对于所有的 $k = 0, 1, \cdots, T$，$\sigma_k = 0$。那么，有

$$W_k = 0 \quad (2.43)$$

$$\lambda_k = e^{\bar{r}(T-k-\psi_k)} \quad (2.44)$$

$$\alpha_k = \sum_{j=k}^{T-1} \mathbb{E}(S_j') \mathrm{Var}^{-1}(S_j) \mathbb{E}(S_j) \quad (2.45)$$

$$A_k = e^{2\bar{r}(T-k-\psi_k)} \mathrm{Var}(S_k) \quad (2.46)$$

$$B_k = 0 \quad (2.47)$$

$$H_k = 0 \quad (2.48)$$

$$\beta_k = -\prod_{l=k}^{T-1}[\mathbb{E}(\eta_l) - \delta_l' \mathrm{Var}^{-1}(S_l)\mathbb{E}(S_l)] \quad (2.49)$$

$$C_k = -e^{\bar{r}(T-k-\psi_k)}\beta_{k+1}\delta_k \quad (2.50)$$

$$\varsigma_k = -\sum_{l=k}^{T-1}\beta_{l+1}^2[\mathrm{Var}(\eta_l) - \delta_l' \mathrm{Var}^{-1}(S_l)\delta_l]\prod_{m=k}^{l-1}\mathbb{E}(\eta_m^2) \quad (2.51)$$

证明：参见本章附录 F。

由引理2.4.1可知，此情形下的均衡策略和有效前沿可以简单地表示为

$$\hat{\pi}_k^{\text{L, DIR}} = \text{Var}^{-1}(S_k) \left(\frac{\gamma \mathbb{E}(S_k) + 2(\prod_{l=k+1}^{T-1} [\mathbb{E}(\eta_l) - \delta_l' \text{Var}^{-1}(S_l) \mathbb{E}(S_l)]) \delta_k l_k}{2 r_k^{\varphi_k \psi_{k+1}} e^{\bar{r}(T-k-\psi_k)}} \right)$$

$$\text{Var}_{x_k, r_k, l_k}(U_T^{\hat{\pi}^{\text{L, DIR}}}) = \frac{(\mathbb{E}_{x_k, r_k, l_k}(U_T^{\hat{\pi}^{\text{L, DIR}}}) - e^{\bar{r}(T-k-\psi_k)} r_k^{\psi_k} x_k - \beta_k l_k)^2}{\sum_{j=k}^{T-1} \mathbb{E}(S_j') \text{Var}^{-1}(S_j) \mathbb{E}(S_j)} - \varsigma_k l_k^2$$

显然，在这种情形下，均衡策略是与当前财富 x_k 无关的，这与 Wu 和 Chen(2015)的结果一样，但却与考虑随机利率时的均衡策略不同。可见，考虑利率的随机性使得策略更合理。

情形2：不考虑负债且利率是常数的情形。也就是说，对于所有的 $k = 0, 1, \cdots, T-1$，$L_k = l_k = 0$，$\sigma_k = 0$ 和 $\varphi_k = 1$。那么，$b_k \equiv 1$，$R_k \equiv r$，其中 r 是固定常数。所以，有

$$\psi_k = T - k, \quad B_k = 0, \quad W_k = 0, \quad A_k = \text{Var}(S_k),$$

$$\lambda_k = 1, \quad \alpha_k = \sum_{j=k}^{T-1} \mathbb{E}(S_j') \text{Var}^{-1}(S_j) \mathbb{E}(S_j)。$$

在这种情形下，均衡策略和有效前沿变为

$$\hat{\pi}_k^{\text{CIR}} = \frac{\gamma}{2 r^{T-k-1}} \text{Var}^{-1}(S_k) \mathbb{E}(S_k) \tag{2.52}$$

$$\text{Var}_{x_k, r}(X_T^{\hat{\pi}^{\text{CIR}}}) = \frac{(\mathbb{E}_{x_k, r}(X_T^{\hat{\pi}^{\text{CIR}}}) - r^{T-k} x_k)^2}{\sum_{j=k}^{T-1} \mathbb{E}(S_j') \text{Var}^{-1}(S_j) \mathbb{E}(S_j)} \tag{2.53}$$

结论即方程(2.52)~方程(2.53)与 Wu(2013b)中的结论一致。即 Wu(2013b)的投资组合模型可视为我们投资组合模型的一个特殊情形。从方程(2.53)我们发现，终端财富的全局最小标准偏差等于零，且有效前沿在标准差—均值平面上是一条直线，这与具有随机利率的情形完全不同。

2.5 均衡策略的性质

利用方程(2.20)，设 $\gamma = 0$，可以得到无负债情形下的均衡全局最小方差策略：

$$\hat{\pi}_k^{\text{MIN}} = - B_k r_k x_k A_k^{-1} \mathbb{E}(S_k) \tag{2.54}$$

同样地，由方程(2.38)，可以得到有负债情形下的均衡全局最小方差

策略：

$$\hat{\pi}_k^{L,\,MIN} = A_k^{-1}(-B_k \mathbb{E}(S_k) r_k x_k + r_k^{-\varphi_k \psi_{k+1}} C_k l_k) \tag{2.55}$$

而 $\hat{\pi}_k^{L,\,MIN}$ 还可以表示为

$$\hat{\pi}_k^{L,\,MIN} = \hat{\pi}_k^{MIN} + \upsilon_k^L \tag{2.56}$$

其中，$\upsilon_k^L = r_k^{-\varphi_k \psi_{k+1}} A_k^{-1} C_k l_k$。

因此，有负债情形下的均衡策略 $\hat{\pi}_k^L$ 可以分解为：

$$\hat{\pi}_k^L = \hat{\pi}_k^{MIN} + \upsilon_k^L + \gamma \upsilon_k \tag{2.57}$$

其中，$\upsilon_k = \dfrac{\lambda_{k+1} \mathbb{E}(b_k^{\psi_{k+1}}) A_k^{-1} \mathbb{E}(S_k)}{2 r_k^{\varphi_k \psi_{k+1}}}$。

但值得注意的是，$\hat{\pi}_k^L$ 只是风险资产在时刻 k 的均衡投资组合。投资于无风险资产（记为资产 0）的金额为

$$(\hat{\pi}_k^0)^L = x_k - \sum_{l=1}^{n}(\hat{\pi}_k^l)^L = x_k - \mathbf{1}'\hat{\pi}_k^L = -\mathbf{1}'\gamma\upsilon_k - \mathbf{1}'\upsilon_k^L + (x_k - \mathbf{1}'\hat{\pi}_k^{MIN}) \tag{2.58}$$

其中，$\mathbf{1} = (1, 1, \cdots, 1)' \in \mathbb{R}^n$。

因此，所有资产的均衡投资组合为

$$\hat{\Pi}_k^L = \begin{pmatrix} (\hat{\pi}_k^0)^L \\ \hat{\pi}_k^L \end{pmatrix} = \gamma F_k + F_k^L + \hat{\Pi}_k^{MIN} \tag{2.59}$$

其中，

$$F_k = \begin{pmatrix} -\mathbf{1}'\upsilon_k \\ \upsilon_k \end{pmatrix},\quad F_k^L = \begin{pmatrix} -\mathbf{1}'\upsilon_k^L \\ \upsilon_k^L \end{pmatrix},\quad \hat{\Pi}_k^{MIN} = \begin{pmatrix} x_k - \mathbf{1}'\hat{\pi}_k^{MIN} \\ \hat{\pi}_k^{MIN} \end{pmatrix} \tag{2.60}$$

显然，F_k 和 F_k^L 都是自融资投资组合——购买一些资产等于卖空其他资产。

很容易看出，$\hat{\Pi}_k^{L,\,MIN} := F_k^L + \hat{\Pi}_k^{MIN}$ 是所有资产的均衡全局最小方差策略，且方程（2.59）可以重写为

$$\hat{\Pi}_k^L = \gamma F_k + \hat{\Pi}_k^{L,\,MIN} \tag{2.61}$$

注 2.5.1 方程（2.59）和方程（2.61）表明：(i) 带有负债的均衡全局最小方差策略 $\hat{\Pi}_k^{L,\,MIN}$ 由不带负债的均衡全局最小方差策略 $\hat{\Pi}_k^{MIN}$ 和一个自融资

投资组合 F_k^L 组成；(ii) 从均衡全局最小方差策略 $\hat{\Pi}_k^{L,\ MIN}$ 出发，沿着自融资投资组合 F_k 的方向移动 γ，就可以得到均衡策略 $\hat{\Pi}_k^L$；(iii) 由于负债的影响都包含在 F_k^L 中，所以负债的引入只会导致均衡策略的平行移动；(iv) $\hat{\Pi}_k^L$ 是风险容忍系数 γ 的线性函数。为强调对 γ 的依赖，我们记 $\hat{\Pi}_k^L = \hat{\Pi}_k^L(\gamma)$。

由 Tobin(1958) 首先在单周期均值—方差模型的情况下推出的两基金分离定理，无论从理论角度还是实践角度来看，都是很重要的。它表示，任意有效投资组合可以由任何其他两个有效投资组合线性表示，相反，任何两个给定的有效投资组合的线性组合也是有效投资组合。根据方程 (2.61)，可以证明两基金分离定理也适用于我们的均衡策略 $\hat{\Pi}_k^L$。

定理 2.5.1 （两基金分离定理）设 $\hat{\Pi}_k^L(\gamma_1)$ 和 $\hat{\Pi}_k^L(\gamma_2)$ 是两个分别由 $\gamma_1 \geqslant 0$ 和 $\gamma_2 \geqslant 0$ 描述的不同的均衡策略。

(i) 对于任意的均衡策略 $\hat{\Pi}_k^L(\gamma)$，必定存在实数 δ 使得 $\hat{\Pi}_k^L(\gamma) = \delta \hat{\Pi}_k^L(\gamma_1) + (1-\delta)\hat{\Pi}_k^L(\gamma_2)$；

(ii) 对于任意给定的实数 δ 使得 $\delta\gamma_1 + (1-\delta)\gamma_2 \geqslant 0$，那么 $\delta \hat{\Pi}_k^L(\gamma_1) + (1-\delta)\hat{\Pi}_k^L(\gamma_2)$ 也是一个均衡策略。

证明：参见本章附录 G。

定理 2.5.1 表明投资任何两个具有一定权重的现有均衡策略等价于投资所有的 $n+1$ 种资产。无论投资者的风险承受程度如何，需要做的只是在这两种均衡策略中选择投资比例 δ 和 $1-\delta$。这是很具有实际意义的，因为它可以节省交易成本。

2.6 数值例子

利用中国市场的实际数据，本节给出一个数值例子来说明我们的理论结果。

我们以上海银行同业拆借利率(Shibor)的月利率作为利率，并选择三只中国股票市场上的股票作为风险资产，分别为 TCL(000100.SZ)，上海浦东发展银行（600000.SH），中兴通讯（000063.SZ）（标记为股票1、股票2、股票3）。收集Shibor和这些股票2006年10月至2017年8月的月利率历史数据，得到131个月收益样本。为提高计算的精度，我们将净收益乘以12，将其换算为年度收益。为计算利率的市场参数，我们将Shibor月利率的历史数据转换为其对数。为更好地描述负债对均衡策略和均衡有效前沿的影响，我们考虑两位投资者。

假设一个不面对负债的投资者（称为第一投资者）在时刻0进入市场，初始财富为$x_0=10$，离开市场的时间是$T=10$。他可以投资上述三只股票，并且可以用方程(2.2)支配的随机利率借贷现金。假设初始利率是$r_0=1.0300$，且此投资者的风险容忍度是$\gamma=\frac{1}{2}$。为方便起见，假设市场参数独立于时间k，且$\varepsilon_k \sim N(0,1)$（标准正态分布）。基于上面的数据集，对于$k=0,1,\cdots,9$，我们得到如下相关参数

$$\bar{r}=0.0348,\ \varphi_k=0.8388,\ \sigma_k=0.0042,$$

$$\mathbb{E}(S_k)=(0.1141,\ 0.0772,\ 0.0597)',$$

$$\mathrm{Var}(S_k)=\begin{bmatrix}0.0200 & 0.0061 & 0.0072\\ 0.0061 & 0.0192 & 0.0060\\ 0.0072 & 0.0060 & 0.0220\end{bmatrix}。$$

现在假设另一个投资者（称为第二投资者）面对一个负债，且他的初始负债是$l_0=1$。他与第一投资者同时进入市场，拥有相同的初始财富和风险容忍度，并且，他与第一投资者投资相同的资产，也可以用方程(2.2)支配的随机利率借贷现金。我们以上证国债指数（债券代码为000012.SH）的月收益率作为不可控负债的增长率。为提高计算的精度，仍将不可控负债的增长率乘以12转化为年增长率。基于2006年10月至2017年8月上证国债指数的历史数据和上述所列的三只股票的历史数据，我们得到与负债相关的参数如下：

$$\mathbb{E}(\eta_k)=1.0337,\ \mathrm{Var}(\eta_k)=0.0023,$$

$$\mathbb{E}(b_0^{\psi_1}\eta_0)=1.0634,\ \mathbb{E}(b_1^{\psi_2}\eta_1)=1.0619,$$

$$\mathbb{E}(b_2^{\psi_3}\eta_2)=1.0602,\ \mathbb{E}(b_3^{\psi_4}\eta_3)=1.0581,$$

$\mathbb{E}(b_4^{\psi_5}\eta_4) = 1.0556$, $\mathbb{E}(b_5^{\psi_6}\eta_5) = 1.0526$,

$\mathbb{E}(b_6^{\psi_7}\eta_6) = 1.0491$, $\mathbb{E}(b_7^{\psi_8}\eta_7) = 1.0449$,

$\mathbb{E}(b_8^{\psi_9}\eta_8) = 1.0400$, $\mathbb{E}(b_9^{\psi_{10}}\eta_9) = 1.0342$,

$$\mathbb{E}(b_0^{\psi_1}\eta_0 S_0) = \begin{bmatrix} 0.1221 \\ 0.0829 \\ 0.0643 \end{bmatrix}, \mathbb{E}(b_1^{\psi_2}\eta_1 S_1) = \begin{bmatrix} 0.1219 \\ 0.0827 \\ 0.0642 \end{bmatrix}, \mathbb{E}(b_2^{\psi_3}\eta_2 S_2) = \begin{bmatrix} 0.1217 \\ 0.0826 \\ 0.0641 \end{bmatrix},$$

$$\mathbb{E}(b_3^{\psi_4}\eta_3 S_3) = \begin{bmatrix} 0.1215 \\ 0.0824 \\ 0.0639 \end{bmatrix}, \mathbb{E}(b_4^{\psi_5}\eta_4 S_4) = \begin{bmatrix} 0.1212 \\ 0.0823 \\ 0.0638 \end{bmatrix}, \mathbb{E}(b_5^{\psi_6}\eta_5 S_5) = \begin{bmatrix} 0.1208 \\ 0.0820 \\ 0.0636 \end{bmatrix},$$

$$\mathbb{E}(b_6^{\psi_7}\eta_6 S_6) = \begin{bmatrix} 0.1204 \\ 0.0818 \\ 0.0634 \end{bmatrix}, \mathbb{E}(b_7^{\psi_8}\eta_7 S_7) = \begin{bmatrix} 0.1200 \\ 0.0814 \\ 0.0632 \end{bmatrix},$$

$$\mathbb{E}(b_8^{\psi_9}\eta_8 S_8) = \begin{bmatrix} 0.1194 \\ 0.0811 \\ 0.0629 \end{bmatrix}, \mathbb{E}(b_9^{\psi_{10}}\eta_9 S_9) = \begin{bmatrix} 0.1187 \\ 0.0806 \\ 0.0625 \end{bmatrix}。$$

2.6.1 均衡策略的数值分析

在这一小节,我们分析负债和随机利率对均衡策略的影响。记第一投资者 $l_0 = 0$。

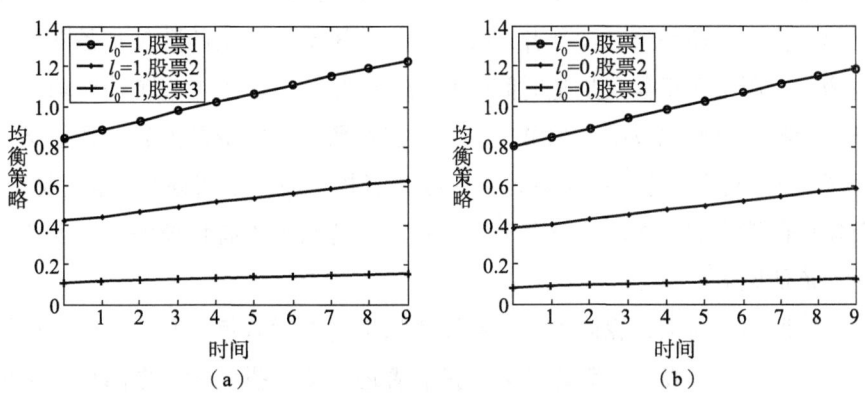

图 2.1 有负债和无负债两种情形下均衡策略的进程

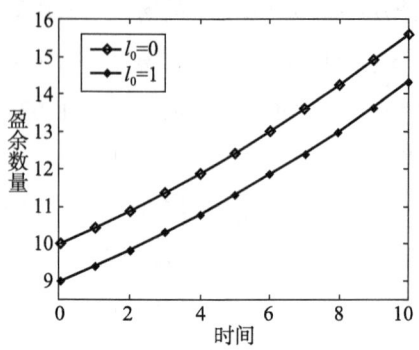

图 2.2　有负债和无负债两种情形下均衡策略的盈余过程

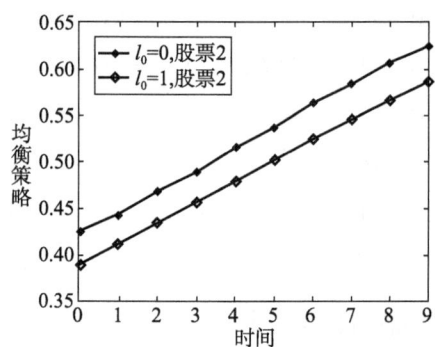

图 2.3　负债对均衡策略的影响

图 2.1 描述了无负债和有负债两种情形下的均衡策略。我们发现不管是第一投资者还是第二投资者，投资在每个风险资产上的数量都是随时间递增的。原因在于盈余是随时间递增的（见图 2.2）。为考察负债对均衡策略的影响，我们比较第一和第二投资者在股票 2 上投资的差异。数值结果见图 2.3，它表明第二投资者比第一投资者投资更多的股票 2。也就是说，负债将促使投资者更多地投资于风险资产。这是因为有负债的投资者希望对冲负债风险。

以股票 2 为例，我们用图 2.4 描述随机利率对有负债和无负债均衡策略的影响。我们发现，无论是第一投资者还是第二投资者，在随机利率情况下投资于每一种风险资产的金额都小于确定性利率情况下。理由可以陈述如下：如果两种情况下的投资策略相同，那么随机利率情况下的风险将高于确定性利率情况下的风险。因此，在随机利率的情况下，目标函数的值比在确定性利率的情况下低。因此，在随机利率的情况下，为了提高目标函数的值，投资者必须降低风险，从而减少对风险资产的投资（因为风险资产的风险通常比随机利率风险大一些）。进一步地，两种情况之间的差异随着时间接近终端时刻 T 而下降。这是因为，随机利率的不确定性随着时间接近终端时刻 T 而下降。特别地，在时刻 $T-1$ 时，随机利率的不确定性消失。

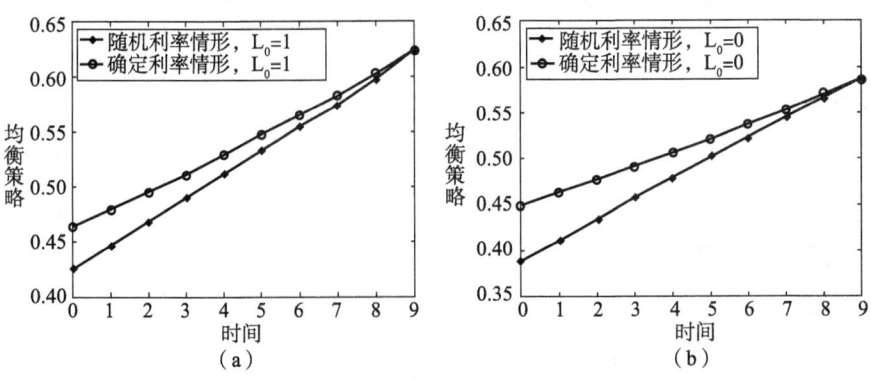

图 2.4　随机利率对均衡策略的影响

2.6.2　均衡有效前沿的数值分析

本小节阐明负债和随机利率对均衡有效前沿的影响。为方便起见，我们只考虑 0 时刻的均衡有效前沿。

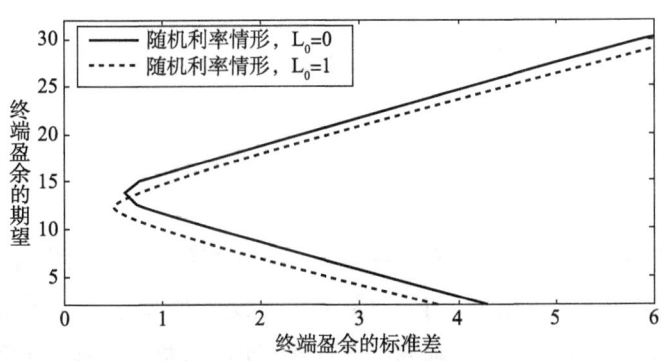

图 2.5　负债对均衡有效前沿的影响

图2.5描述了负债对均衡有效前沿的影响。我们发现，$l_0=1$对应的均衡有效前沿在$l_0=0$对应的均衡有效前沿的下方，也就是说，为获得相同的期望终端盈余，有负债的投资者需要承担比没有负债的投资者更多的风险。这与现实相符，因为负债会减少终端盈余。

随机利率对均衡有效前沿的影响在图2.6中给出。我们发现，无论是有负债情形还是无负债情形，随机利率下的均衡有效前沿均在确定性利率下的均衡有效前沿的下方。而且，图2.6(a)表明，在无负债情形下，具有确定性利率的终端盈余的全局最小标准差等于零，有效前沿在标准差-均值平面上是一条直线，而具有随机利率的终端盈余的全局最小标准差严格大于零，且有效前沿在标准差-均值平面上是一条双曲线。图2.6(b)显示，在有负债情形下，无论是确定利率还是随机利率，终端盈余的全局最小标准差均严格大于零，且有效前沿在标准差-均值平面上都为双曲线。这表明利率和负债的随机性都会增加风险。

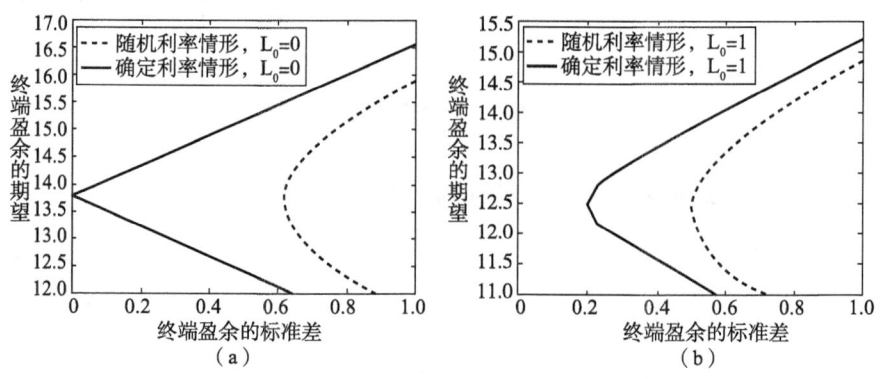

图2.6 随机利率对均衡有效前沿的影响

2.7 小结

在本章中，我们首先考察了基于随机利率风险的多阶段均值—方差准则下投资组合选择问题的时间一致策略。假设金融市场由一个无风险资产和n个风险资产组成，其中利率由Yao等(2016d)提出的离散时间Vasicek随机利率模型表示。利用扩展的Bellman方程和矩阵表示技术，我们推导出了均衡策略和均衡值函数的解析表达式，并得到了相应的均衡有效前沿，发现均衡策略与初始状态（初始财富和初始利率）无关，只与当前财富和利率有关，这与 Yao 等（2016d）得到的预先承诺策略不同。然后，我们将模型扩展到有不可控制负债的情形，并获得相应的均衡策略和有效前沿。接着，我们研究了所得均衡策略的一些性质，发现有负债和无负债的均衡策略都可以由其均衡全局最小方差策略和一个自融资投资策略线性表出。基于此，我们还得出多阶段情形的两基金分离定理。最后，利用中国市场的实际数据，给出一个数值例子进行了数值分析。我们发现具有负债（随机利率）的投资者将增加（降低）在风险资产上的投资。同时，为获得相同期望终端盈余，考虑随机利率和负债都将承担更多的风险。我们的工作可以从多个方面进行扩展。例如，我们可以在模型中进一步加入随机收入来考虑 DC 养老金的问题，并且也可以考虑随机市场风险使模型更符合实际，这将是我们下一章要研究的内容。

2.8　本章附录

附录 A.　引理 2.3.1 的证明

证明：在数学上，如果 ε_k 和 S_k 是独立的，那么 $b_k^{\psi_{k+1}} = e^{(1-\varphi_k)\bar{r}\psi_{k+1}+\sigma_k\varepsilon_k\psi_{k+1}}$ 和 S_k 也是独立的。因此，由假设 2.2.1，得

$$\mathbb{E}(b_k^{\psi_{k+1}}S_k) = \mathbb{E}(b_k^{\psi_{k+1}})\mathbb{E}(S_k),\ \mathbb{E}(b_k^{2\psi_{k+1}}S_kS_k') = \mathbb{E}(b_k^{2\psi_{k+1}})\mathbb{E}(S_kS_k') \tag{2.62}$$

又由方程（2.3），知

$$\mathbb{E}(b_k^{\psi_{k+1}}) > 0 \tag{2.63}$$

那么，由方程（2.62）、方程（2.63）和假设 2.2.2，得

$$\begin{aligned}
\mathrm{Var}(b_k^{\psi_{k+1}}S_k) &= \mathbb{E}(b_k^{2\psi_{k+1}}S_kS_k') - \mathbb{E}(b_k^{\psi_{k+1}}S_k)\mathbb{E}(b_k^{\psi_{k+1}}S_k') \\
&= \mathbb{E}(b_k^{2\psi_{k+1}})\mathbb{E}(S_kS_k') - \mathbb{E}^2(b_k^{\psi_{k+1}})\mathbb{E}(S_k)\mathbb{E}(S_k') \\
&= (\mathrm{Var}(b_k^{\psi_{k+1}}) + \mathbb{E}^2(b_k^{\psi_{k+1}}))\mathbb{E}(S_kS_k') - \mathbb{E}^2(b_k^{\psi_{k+1}}) \\
&\quad \times \mathbb{E}(S_k)\mathbb{E}(S_k')
\end{aligned}$$

$$= \text{Var}(b_k^{\psi_{k+1}}) \mathbb{E}(S_k S_k') + \mathbb{E}^2(b_k^{\psi_{k+1}}) \text{Var}(S_k)$$
$$> 0$$

证毕。

附录 B. 引理 2.3.2 的证明

证明：我们利用数学归纳法证明此引理。对于 $k = T$，因为 $W_T = 0$ 和 $\lambda_T = 1$，此引理关于 $k = T$ 成立。

假设此引理关于 $T, T-1, \cdots, k+1$ 都成立，即 $W_{k+1} \geq 0$ 和 $\lambda_{k+1} > 0$。由引理 2.3.1。知，$\text{Var}(b_k^{\psi_{k+1}} S_k)$ 是正定的。那么

$$A_k = W_{k+1} \mathbb{E}(b_k^{2\psi_{k+1}}) \mathbb{E}(S_k S_k') + \lambda_{k+1}^2 \text{Var}(b_k^{\psi_{k+1}} S_k) > 0$$

即，A_k 也是正定的。因此，$|A_k| > 0$。

接下来，我们考虑 k 时的情况。由方程(2.18)和假设 2.2.1，知

$$\mathbb{E}(\aleph_k \aleph_k') = \mathbb{E}\left[b_k^{\psi_{k+1}} \begin{pmatrix} 1 \\ S_k \end{pmatrix} b_k^{\psi_{k+1}} (1 \ S_k') \right]$$
$$= \begin{pmatrix} \mathbb{E}(b_k^{2\psi_{k+1}}) & \mathbb{E}(b_k^{2\psi_{k+1}}) \mathbb{E}(S_k') \\ \mathbb{E}(b_k^{2\psi_{k+1}}) \mathbb{E}(S_k) & \mathbb{E}(b_k^{2\psi_{k+1}}) \mathbb{E}(S_k S_k') \end{pmatrix} \quad (2.64)$$

$$\mathbb{E}(\aleph_k) \mathbb{E}(\aleph_k') = \mathbb{E}\left[b_k^{\psi_{k+1}} \begin{pmatrix} 1 \\ S_k \end{pmatrix} \right] \mathbb{E}[b_k^{\psi_{k+1}} (1 \ S_k')]$$
$$= \begin{pmatrix} \mathbb{E}^2(b_k^{\psi_{k+1}}) & \mathbb{E}^2(b_k^{\psi_{k+1}}) \mathbb{E}(S_k') \\ \mathbb{E}^2(b_k^{\psi_{k+1}}) \mathbb{E}(S_k) & \mathbb{E}^2(b_k^{\psi_{k+1}}) \mathbb{E}(S_k) \mathbb{E}(S_k') \end{pmatrix} \quad (2.65)$$

因此，

$$W_{k+1} \mathbb{E}(\aleph_k \aleph_k') + \lambda_{k+1}^2 [\mathbb{E}(\aleph_k \aleph_k') - \mathbb{E}(\aleph_k) \mathbb{E}(\aleph_k')]$$
$$= \begin{pmatrix} B_k & B_k \mathbb{E}(S_k') \\ B_k \mathbb{E}(S_k) & A_k \end{pmatrix}$$

记 $\delta_k = W_{k+1} \mathbb{E}(\aleph_k \aleph_k') + \lambda_{k+1}^2 [\mathbb{E}(\aleph_k \aleph_k') - \mathbb{E}(\aleph_k) \mathbb{E}(\aleph_k')]$。由于 $W_{k+1} \geq 0$, $\lambda_{k+1} > 0$，且由 Yao 等(2016d)中的性质 1 知 $\mathbb{E}(\aleph_k \aleph_k')$ 是正定的，由 Muirhead(1982) 知 $\text{Var}(\aleph_k) = \mathbb{E}(\aleph_k \aleph_k') - \mathbb{E}(\aleph_k) \mathbb{E}(\aleph_k')$ 是半正定的。那么，δ_k 是半正定的。因此，$|\delta_k| \geq 0$。由于 A_k 是正定的，由引理 1.5.1 知

$$|\delta_k| = |A_k||B_k - B_k^2 \mathbb{E}(S_k')A_k^{-1}\mathbb{E}(S_k)|$$

因此,

$$W_k = B_k - B_k^2 \mathbb{E}(S_k')A_k^{-1}\mathbb{E}(S_k) \geq 0 \quad (2.66)$$

设

$$N_k = \begin{pmatrix} \mathbb{E}(b_k^{\psi_{k+1}}) & (W_{k+1}\mathbb{E}(b_k^{2\psi_{k+1}}) + \lambda_{k+1}^2 \text{Var}(b_k^{\psi_{k+1}}))\mathbb{E}(S_k') \\ \mathbb{E}(b_k^{\psi_{k+1}})\mathbb{E}(S_k) & W_{k+1}\mathbb{E}(b_k^{2\psi_{k+1}})\mathbb{E}(S_kS_k') + \lambda_{k+1}^2 \text{Var}(b_k^{\psi_{k+1}}S_k) \end{pmatrix}$$

$$= \begin{pmatrix} \mathbb{E}(b_k^{\psi_{k+1}}) & B_k\mathbb{E}(S_k') \\ \mathbb{E}(b_k^{\psi_{k+1}})\mathbb{E}(S_k) & A_k \end{pmatrix} \quad (2.67)$$

由于 $\mathbb{E}(b_k^{\psi_{k+1}})\mathbb{E}(b_k^{\psi_{k+1}})\mathbb{E}(S_k) = \mathbb{E}(b_k^{\psi_{k+1}})\mathbb{E}(S_k)\mathbb{E}(b_k^{\psi_{k+1}})$,由引理 1.5.1 知

$$|N_k| = |\mathbb{E}(b_k^{\psi_{k+1}})(W_{k+1}\mathbb{E}(b_k^{2\psi_{k+1}})\mathbb{E}(S_kS_k') + \lambda_{k+1}^2 \text{Var}(b_k^{\psi_{k+1}}S_k))$$

$$- \mathbb{E}(b_k^{\psi_{k+1}})\mathbb{E}(S_k)(W_{k+1}\mathbb{E}(b_k^{2\psi_{k+1}}) + \lambda_{k+1}^2 \text{Var}(b_k^{\psi_{k+1}}))\mathbb{E}(S_k')|$$

$$= |(W_{k+1} + \lambda_{k+1}^2)\mathbb{E}(b_k^{\psi_{k+1}})\mathbb{E}(b_k^{2\psi_{k+1}})\text{Var}(S_k)|$$

由于 $W_{k+1} \geq 0$,$\lambda_{k+1} > 0$,$\mathbb{E}(b_k^{\psi_{k+1}}) > 0$,$\mathbb{E}(b_k^{2\psi_{k+1}}) > 0$,且由假设 2.2.2 知 $\text{Var}(S_k)$ 是正定的,故 $|N_k| > 0$。再一次利用引理 1.5.1,得

$$|N_k| = |A_k||\mathbb{E}(b_k^{\psi_{k+1}}) - \mathbb{E}(b_k^{\psi_{k+1}})B_k\mathbb{E}(S_k')A_k^{-1}\mathbb{E}(S_k)|$$

那么

$$\lambda_k = \lambda_{k+1}[\mathbb{E}(b_k^{\psi_{k+1}}) - \mathbb{E}(b_k^{\psi_{k+1}})B_k\mathbb{E}(S_k')A_k^{-1}\mathbb{E}(S_k)] > 0 \quad (2.68)$$

方程(2.66)和方程(2.68)表明此引理关于 k 成立。根据数学归纳法,此引理关于所有的 $k=0,1,\cdots,T$ 成立,此引理得证。

附录 C. 引理 2.3.4 的证明

证明:对于任意的 $k=0,1,\cdots,T-1$,通过递归地应用方程(2.15),可以很容易地得到

$$\alpha_k = \sum_{l=k}^{T-1} \lambda_{l+1}^2 \mathbb{E}^2(b_l^{\psi_{l+1}})\mathbb{E}(S_l')A_l^{-1}\mathbb{E}(S_l) \quad (2.69)$$

由引理 2.3.3 可知,对于所有的 $l=k,k+1,\cdots,T-1$,A_l 是正定的,所以 A_l^{-1} 也是正定的。再者,由假设 2.2.3 知 $\mathbb{E}(S_l) \neq \mathbf{0}_n$。所以,我们有 $\mathbb{E}(S_l')A_l^{-1}\mathbb{E}(S_l) > 0$。而由引理 2.3.2 和方程(2.3)分别得 $\lambda_{l+1} > 0$ 和

$E(b_l^{\psi_{l+1}}) > 0$。因此，$\alpha_k > 0$。

附录 D. 定理 2.3.1 的证明

证明： 我们利用数学归纳法证明此定理。对于 $k = T - 1$，由方程 (2.1)、方程 (2.2)、方程 (2.10) 和方程 (2.11)，有

$$\begin{aligned}
V_{T-1}(x_{T-1}, r_{T-1}) &= \max_{\pi_{T-1}} \{ \mathbb{E}_{x_{T-1}, r_{T-1}}(V_T(X_T^\pi, R_T)) \\
&\quad - \mathbb{E}_{x_{T-1}, r_{T-1}}(g_T^2(X_T^\pi, R_T)) + [\mathbb{E}_{x_{T-1}, r_{T-1}}(g_T(X_T^\pi, R_T))]^2 \} \\
&= \max_{\pi_{T-1}} \{ \mathbb{E}_{x_{T-1}, r_{T-1}}(\gamma(X_T^\pi)) - \mathbb{E}_{x_{T-1}, r_{T-1}}((X_T^\pi)^2) \\
&\quad + [\mathbb{E}_{x_{T-1}, r_{T-1}}(X_T^\pi)]^2 \} \\
&= \max_{\pi_{T-1}} \{ \gamma \mathbb{E}(x_{T-1} r_{T-1} + S'_{T-1} \pi_{T-1}) \\
&\quad - \pi'_{T-1} [\mathbb{E}(S_{T-1} S'_{T-1}) - \mathbb{E}(S_{T-1}) \mathbb{E}(S'_{T-1})] \pi_{T-1} \\
&= \gamma x_{T-1} r_{T-1} + \max_{\pi_{T-1}} \{ \gamma \mathbb{E}(S'_{T-1}) \pi_{T-1} \\
&\quad - \pi'_{T-1} \operatorname{Var}(S_{T-1}) \pi_{T-1} \}
\end{aligned} \tag{2.70}$$

由假设 2.2.2 知，$\operatorname{Var}(S_{T-1})$ 是正定的，因此，关于 π_{T-1} 利用一阶条件得最优解

$$\hat{\pi}_{T-1} = \operatorname{Var}^{-1}(S_{T-1}) \left(\frac{\gamma \mathbb{E}(S_{T-1})}{2} \right) \tag{2.71}$$

把方程 (2.71) 分别代入方程 (2.70) 和方程 (2.11)，得

$$V_{T-1}(x_{T-1}, r_{T-1}) = \gamma r_{T-1} x_{T-1} + \frac{\gamma^2}{4} \mathbb{E}(S'_{T-1}) \operatorname{Var}^{-1}(S_{T-1}) \mathbb{E}(S_{T-1}) \tag{2.72}$$

$$\begin{aligned}
g_{T-1}(x_{T-1}, r_{T-1}) &= \mathbb{E}_{x_{T-1}, r_{T-1}}(g_T(X_T^\pi, R_T)) \\
&= \mathbb{E}_{x_{T-1}, r_{T-1}}(X_T^\pi) \\
&= r_{T-1} x_{T-1} + \frac{\gamma}{2} \mathbb{E}(S'_{T-1}) \operatorname{Var}^{-1}(S_{T-1}) \mathbb{E}(S_{T-1})
\end{aligned} \tag{2.73}$$

另外，由方程 (2.12)~方程 (2.17)，有

$$\psi_{T-1} = 1, \quad B_{T-1} = 0, \quad A_{T-1} = \operatorname{Var}(S_{T-1}), \quad W_{T-1} = 0 \tag{2.74}$$

$$\lambda_{T-1} = 1, \quad \alpha_{T-1} = \mathbb{E}(S'_{T-1}) \operatorname{Var}^{-1}(S_{T-1}) \mathbb{E}(S_{T-1}) \tag{2.75}$$

因此，方程 (2.71)~方程 (2.73) 可以重新表示为

$$\hat{\pi}_{T-1} = \left(\frac{\gamma \lambda_T \, \mathbb{E}(b_{T-1}^{\psi_T})}{2 r_{T-1}^{\varphi_{T-1}\psi_T}} - B_{T-1} r_{T-1} x_{T-1} \right) A_{T-1}^{-1} \, \mathbb{E}(S_{T-1}) \qquad (2.76)$$

$$V_{T-1}(x_{T-1}, r_{T-1}) = - W_{T-1} r_{T-1}^{2\psi_{T-1}} x_{T-1}^2 + \gamma \lambda_{T-1} r_{T-1}^{\psi_{T-1}} x_{T-1} + \frac{\gamma^2}{4} \alpha_{T-1} \qquad (2.77)$$

$$g_{T-1}(x_{T-1}, r_{T-1}) = \lambda_{T-1} r_{T-1}^{\psi_{T-1}} x_{T-1} + \frac{\gamma}{2} \alpha_{T-1} \qquad (2.78)$$

方程(2.76)~方程(2.78)表明方程(2.20)~方程(2.22)关于 $k = T-1$ 成立。

现在假设方程(2.20)~方程(2.22)关于 $T-1, T-2, \cdots, k+1$ 都成立。那么，关于 k，利用扩展的 Bellman 方程(2.10)，有

$$\begin{aligned}
V_k(x_k, r_k) &= \max_{\pi_k} \{ \mathbb{E}_{x_k, r_k}(V_{k+1}(X_{k+1}^\pi, R_{k+1})) - \mathbb{E}_{x_k, r_k}(g_{k+1}^2(X_{k+1}^\pi, R_{k+1})) \\
&\quad + [\mathbb{E}_{x_k, r_k}(g_{k+1}(X_{k+1}^\pi, R_{k+1}))]^2 \} \\
&= \max_{\pi_k} \Big\{ \mathbb{E}_{x_k, r_k} \Big(-W_{k+1} R_{k+1}^{2\psi_{k+1}} (X_{k+1}^\pi)^2 + \gamma \lambda_{k+1} R_{k+1}^{\psi_{k+1}} X_{k+1}^\pi + \frac{\gamma^2}{4} \alpha_{k+1} \\
&\quad - \mathbb{E}_{x_k, r_k} \Big(\Big(\lambda_{k+1} R_{k+1}^{\psi_{k+1}} X_{k+1}^\pi + \frac{\gamma}{2} \alpha_{k+1} \Big)^2 \Big) \\
&\quad + \Big[\mathbb{E}_{x_k, r_k} \Big(\lambda_{k+1} R_{k+1}^{\psi_{k+1}} X_{k+1}^\pi + \frac{\gamma}{2} \alpha_{k+1} \Big) \Big]^2 \Big\} \\
&= \max_{\pi_k} \Big\{ \mathbb{E} \Big(-W_{k+1} b_k^{2\psi_{k+1}} r_k^{2\varphi_k \psi_{k+1}} (x_k r_k + S_k' \pi_k)^2 \\
&\quad + \gamma \lambda_{k+1} b_k^{\psi_{k+1}} r_k^{\varphi_k \psi_{k+1}} (x_k r_k + S_k' \pi_k) + \frac{\gamma^2}{4} \alpha_{k+1} \Big) \\
&\quad - \mathbb{E} \Big(\Big(\lambda_{k+1} b_k^{\psi_{k+1}} r_k^{\varphi_k \psi_{k+1}} (x_k r_k + S_k' \pi_k) + \frac{\gamma}{2} \alpha_{k+1} \Big)^2 \Big) \\
&\quad + \Big[\mathbb{E} \Big(\lambda_{k+1} b_k^{\psi_{k+1}} r_k^{\varphi_k \psi_{k+1}} (x_k r_k + S_k' \pi_k) + \frac{\gamma}{2} \alpha_{k+1} \Big) \Big]^2 \Big\} \\
&= -W_{k+1} \, \mathbb{E}(b_k^{2\psi_{k+1}}) r_k^{2\psi_k} x_k^2 + \gamma \lambda_{k+1} \, \mathbb{E}(b_k^{\psi_{k+1}}) r_k^{\psi_k} x_k + \frac{\gamma^2}{4} \alpha_{k+1} \\
&\quad - \lambda_{k+1}^2 \, \mathrm{Var}(b_k^{\psi_{k+1}}) r_k^{2\psi_k} x_k^2 + \max_{\pi_k} \{ -2 W_{k+1} r_k^{1+2\varphi_k \psi_{k+1}} \, \mathbb{E}(b_k^{2\psi_{k+1}}) \\
&\quad \times \mathbb{E}(S_k') \pi_k x_k - W_{k+1} r_k^{2\varphi_k \psi_{k+1}} \pi_k' \, \mathbb{E}(b_k^{2\psi_{k+1}}) \, \mathbb{E}(S_k S_k') \pi_k \\
&\quad + \gamma \lambda_{k+1} r_k^{\varphi_k \psi_{k+1}} \, \mathbb{E}(b_k^{\psi_{k+1}}) \, \mathbb{E}(S_k') \pi_k - 2 \lambda_{k+1}^2 r_k^{1+2\varphi_k \psi_{k+1}} \, \mathrm{Var}(b_k^{\psi_{k+1}}) \\
&\quad \times \mathbb{E}(S_k') \pi_k x_k - \lambda_{k+1}^2 r_k^{2\varphi_k \psi_{k+1}} \pi_k' \, \mathrm{Var}(b_k^{\psi_{k+1}} S_k) \pi_k \}
\end{aligned}$$

$$\begin{aligned}
&= -\left(W_{k+1}\,\mathbb{E}\,(b_k^{2\psi_{k+1}}) + \lambda_{k+1}^2\,\mathrm{Var}(b_k^{\psi_{k+1}})\right)r_k^{2\psi_k}x_k^2 + \gamma\lambda_{k+1}\,\mathbb{E}\,(b_k^{\psi_{k+1}})r_k^{\psi_k}x_k \\
&\quad + \frac{\gamma^2}{4}\alpha_{k+1} + \max_{\pi_k}\Big\{-2r_k^{1+2\varphi_k\psi_{k+1}}(W_{k+1}\,\mathbb{E}\,(b_k^{2\psi_{k+1}}) \\
&\quad + \lambda_{k+1}^2\,\mathrm{Var}(b_k^{\psi_{k+1}})) \times \mathbb{E}\,(S_k')\pi_k x_k - r_k^{2\varphi_k\psi_{k+1}}\pi_k'(W_{k+1}\,\mathbb{E}\,(b_k^{2\psi_{k+1}}) \\
&\quad \times \mathbb{E}\,(S_k S_k') + \lambda_{k+1}^2\,\mathrm{Var}(b_k^{\psi_{k+1}}S_k))\pi_k + \gamma\lambda_{k+1}r_k^{\varphi_k\psi_{k+1}}\,\mathbb{E}\,(b_k^{\psi_{k+1}}) \\
&\quad \times \mathbb{E}\,(S_k')\pi_k\Big\} = -B_k r_k^{2\psi_k}x_k^2 + \gamma\lambda_{k+1} \times \mathbb{E}\,(b_k^{\psi_{k+1}})r_k^{\psi_k}x_k + \frac{\gamma^2}{4}\alpha_{k+1} \\
&\quad + \max_{\pi_k}\Big\{-r_k^{2\varphi_k\psi_{k+1}}\pi_k'A_k\pi_k - 2r_k^{1+2\varphi_k\psi_{k+1}}B_k\,\mathbb{E}\,(S_k')\pi_k x_k \\
&\quad + \gamma\lambda_{k+1}r_k^{\varphi_k\psi_{k+1}}\,\mathbb{E}\,(b_k^{\psi_{k+1}})\,\mathbb{E}\,(S_k')\pi_k\Big\}
\end{aligned} \tag{2.79}$$

由于 $r_k = R_k > 0$, 且由引理2.3.3知, A_k 是正定的, 因此, 关于 π_k 利用一阶条件得最优解

$$\hat{\pi}_k = \left(\frac{\gamma\lambda_{k+1}\,\mathbb{E}\,(b_k^{\psi_{k+1}})}{2r_k^{\varphi_k\psi_{k+1}}} - B_k r_k x_k\right) A_k^{-1}\,\mathbb{E}\,(S_k) \tag{2.80}$$

把方程(2.80)分别代入方程(2.79)和方程(2.11), 得

$$\begin{aligned}
V_k(x_k, r_k) &= -\left[B_k - B_k^2\,\mathbb{E}\,(S_k')A_k^{-1}\,\mathbb{E}\,(S_k)\right]r_k^{2\psi_k}x_k^2 + \gamma\lambda_{k+1}\big[\mathbb{E}\,(b_k^{\psi_{k+1}}) \\
&\quad - \mathbb{E}\,(b_k^{\psi_{k+1}})B_k\,\mathbb{E}\,(S_k')A_k^{-1}\,\mathbb{E}\,(S_k)\big]r_k^{\psi_k}x_k + \frac{\gamma^2}{4}\big[\lambda_{k+1}^2\,\mathbb{E}\,^2(b_k^{\psi_{k+1}}) \\
&\quad \times \mathbb{E}\,(S_k')A_k^{-1}\,\mathbb{E}\,(S_k) + \alpha_{k+1}\big] \\
&= -W_k r_k^{2\psi_k}x_k^2 + \gamma\lambda_k r_k^{\psi_k}x_k + \frac{\gamma^2}{4}\alpha_k
\end{aligned} \tag{2.81}$$

$$\begin{aligned}
g_k(x_k, r_k) &= \mathbb{E}_{x_k, r_k}\big[g_{k+1}(X_{k+1}^\pi, R_{k+1})\big] \\
&= \mathbb{E}_{x_k, r_k}\Big[\lambda_{k+1}R_{k+1}^{\psi_{k+1}}X_{k+1}^\pi + \frac{\gamma}{2}\alpha_{k+1}\Big] \\
&= \mathbb{E}\Big[\lambda_{k+1}b_k^{\psi_{k+1}}r_k^{\varphi_k\psi_{k+1}}(x_k r_k + S_k'\pi_k) + \frac{\gamma}{2}\alpha_{k+1}\Big] \\
&= \lambda_{k+1}\,\mathbb{E}\,(b_k^{\psi_{k+1}})r_k^{\psi_k}x_k + \lambda_{k+1}r_k^{\varphi_k\psi_{k+1}}\,\mathbb{E}\,(b_k^{\psi_{k+1}})\,\mathbb{E}\,(S_k')\pi_k + \frac{\gamma}{2}\alpha_{k+1} \\
&= \lambda_{k+1}\big[\mathbb{E}\,(b_k^{\psi_{k+1}}) - \mathbb{E}\,(b_k^{\psi_{k+1}})B_k\,\mathbb{E}\,(S_k')A_k^{-1}\,\mathbb{E}\,(S_k)\big]r_k^{\psi_k}x_k \\
&\quad + \frac{\gamma}{2}\big[\lambda_{k+1}^2\,\mathbb{E}\,^2(b_k^{\psi_{k+1}})\,\mathbb{E}\,(S_k')A_k^{-1}\,\mathbb{E}\,(S_k) + \alpha_{k+1}\big] \\
&= \lambda_k r_k^{\psi_k}x_k + \frac{\gamma}{2}\alpha_k
\end{aligned} \tag{2.82}$$

方程(2.80)~方程(2.82)表明方程(2.20)~方程(2.22)关于 k 成立。因此，由数学归纳法，方程(2.20)~方程(2.22)关于所有的 $k = 0, 1, \cdots, T-1$ 成立。定理得证。

附录 E. 定理 2.4.1 的证明

证明： 同样利用数学归纳法证明此定理。对于 $k = T - 1$，利用方程(2.1)、方程(2.2)、方程(2.25)、方程(2.31)和方程(2.32)，有

$$\begin{aligned}
\tilde{V}_{T-1}(x_{T-1}, r_{T-1}, l_{T-1}) &= \max_{\pi_{T-1}} \{ \mathbb{E}_{x_{T-1}, r_{T-1}, l_{T-1}}(\tilde{V}_T(X_T^\pi, R_T, L_T)) \\
&\quad - \mathbb{E}_{x_{T-1}, r_{T-1}, l_{T-1}}(\tilde{g}_T^2(X_T^\pi, R_T, L_T)) \\
&\quad + [\mathbb{E}_{x_{T-1}, r_{T-1}, l_{T-1}}(\tilde{g}_T(X_T^\pi, R_T, L_T))]^2 \} \\
&= \max_{\pi_{T-1}} \{ \mathbb{E}_{x_{T-1}, r_{T-1}, l_{T-1}}(\gamma(X_T^\pi - L_T)) \\
&\quad - \mathbb{E}_{x_{T-1}, r_{T-1}, l_{T-1}}((X_T^\pi - L_T)^2) \\
&\quad + [\mathbb{E}_{x_{T-1}, r_{T-1}, l_{T-1}}(X_T^\pi - L_T)]^2 \} \\
&= \max_{\pi_{T-1}} \{ \gamma \mathbb{E}(x_{T-1} r_{T-1} + S'_{T-1} \pi_{T-1} - \eta_{T-1} l_{T-1}) \\
&\quad - l_{T-1}^2 [\mathbb{E}(\eta_{T-1}^2) - \mathbb{E}^2(\eta_{T-1})] - \pi'_{T-1} [\mathbb{E}(S_{T-1} S'_{T-1}) \\
&\quad - \mathbb{E}(S_{T-1}) \mathbb{E}(S'_{T-1})] \pi_{T-1} + 2 l_{T-1} [\mathbb{E}(\eta_{T-1} S'_{T-1}) \\
&\quad - \mathbb{E}(\eta_{T-1}) \mathbb{E}(S'_{T-1})] \pi_{T-1} \} \\
&= \gamma x_{T-1} r_{T-1} - \gamma \mathbb{E}(\eta_{T-1}) l_{T-1} - l_{T-1}^2 \operatorname{Var}(\eta_{T-1}) \\
&\quad + \max_{\pi_{T-1}} \{ \gamma \mathbb{E}(S'_{T-1}) \pi_{T-1} - \pi'_{T-1} \operatorname{Var}(S_{T-1}) \pi_{T-1} \\
&\quad + 2 l_{T-1} D'_{T-1} \pi_{T-1} \} \quad (2.83)
\end{aligned}$$

由假设 2.2.2 可知，$\operatorname{Var}(S_{T-1})$ 是正定的，因此，关于 π_{T-1} 利用一阶条件得最优解

$$\hat{\pi}_{T-1}^L = \operatorname{Var}^{-1}(S_{T-1}) \left(\frac{\gamma \mathbb{E}(S_{T-1})}{2} + D_{T-1} l_{T-1} \right) \quad (2.84)$$

把方程(2.84)分别代入方程(2.83)和方程(2.32)，得

$$\begin{aligned}
\tilde{V}_{T-1}(x_{T-1}, r_{T-1}, l_{T-1}) &= \gamma r_{T-1} x_{T-1} + \gamma [D'_{T-1} \operatorname{Var}^{-1}(S_{T-1}) \mathbb{E}(S_{T-1}) \\
&\quad - \mathbb{E}(\eta_{T-1})] l_{T-1} + [D'_{T-1} \operatorname{Var}^{-1}(S_{T-1}) D_{T-1} - \operatorname{Var}(\eta_{T-1})] l_{T-1}^2 \\
&\quad + \frac{\gamma^2}{4} \mathbb{E}(S'_{T-1}) \operatorname{Var}^{-1}(S_{T-1}) \mathbb{E}(S_{T-1}) \quad (2.85)
\end{aligned}$$

$$\tilde{g}_{T-1}(x_{T-1}, r_{T-1}, l_{T-1}) = \mathbb{E}_{x_{T-1}, r_{T-1}, l_{T-1}}(\tilde{g}_T(X_T^\pi, R_T, L_T))$$
$$= \mathbb{E}_{x_{T-1}, r_{T-1}, l_{T-1}}(X_T^\pi - L_T)$$
$$= r_{T-1}x_{T-1} + [D'_{T-1} \text{Var}^{-1}(S_{T-1}) \mathbb{E}(S_{T-1})$$
$$- \mathbb{E}(\eta_{T-1})]l_{T-1} + \frac{\gamma}{2}\mathbb{E}(S'_{T-1})\text{Var}^{-1}(S_{T-1})\mathbb{E}(S_{T-1})$$
$$\tag{2.86}$$

另外,由方程(2.33)~方程(2.36),有

$$H_{T-1} = 0, \ \beta_{T-1} = D'_{T-1}\text{Var}^{-1}(S_{T-1})\mathbb{E}(S_{T-1}) - \mathbb{E}(\eta_{T-1}) \quad (2.87)$$

$$C_{T-1} = D_{T-1}, \ \varsigma_{T-1} = D'_{T-1}\text{Var}^{-1}(S_{T-1})D_{T-1} - \text{Var}(\eta_{T-1}) \quad (2.88)$$

因此,方程(2.84)~方程(2.86)可以重新表示为

$$\hat{\pi}_{T-1}^L = A_{T-1}^{-1}\left(\frac{\gamma\lambda_T \mathbb{E}(b_{T-1}^{\psi_T})\mathbb{E}(S_{T-1})}{2r_{T-1}^{\varphi_{T-1}\psi_T}} - B_{T-1}\mathbb{E}(S_{T-1})r_{T-1}x_{T-1} + r_{T-1}^{-\varphi_{T-1}\psi_T}C_{T-1}l_{T-1}\right)$$
$$\tag{2.89}$$

$$\tilde{V}_{T-1}(x_{T-1}, r_{T-1}, l_{T-1}) = -W_{T-1}r_{T-1}^{2\psi_{T-1}}x_{T-1}^2 + \gamma\lambda_{T-1}r_{T-1}^{\psi_{T-1}}x_{T-1} + \frac{\gamma^2}{4}\alpha_{T-1}$$
$$+ 2H_{T-1}r_{T-1}^{\psi_{T-1}}x_{T-1}l_{T-1} + \gamma_{T-1}l_{T-1}^2 + \gamma\beta_{T-1}l_{T-1} \quad (2.90)$$

$$\tilde{g}_{T-1}(x_{T-1}, r_{T-1}, l_{T-1}) = \lambda_{T-1}r_{T-1}^{\psi_{T-1}}x_{T-1} + \beta_{T-1}l_{T-1} + \frac{\gamma}{2}\alpha_{T-1} \quad (2.91)$$

方程(2.89)~方程(2.91)表明方程(2.38)~方程(2.40)关于 $k = T-1$ 成立。

现在假设方程(2.38)~方程(2.40)关于 $T-1, T-2, \cdots, k+1$ 都成立。那么,对于 k,由扩展的 Bellman 方程(2.31),有

$$\tilde{V}_k(x_k, r_k, l_k) = \max_{\pi_k}\{\mathbb{E}_{x_k, r_k, l_k}(\tilde{V}_{k+1}(X_{k+1}^\pi, R_{k+1}, L_{k+1}))$$
$$- \mathbb{E}_{x_k, r_k, l_k}(\tilde{g}_{k+1}^2(X_{k+1}^\pi, R_{k+1}, L_{k+1}))$$
$$+ [\mathbb{E}_{x_k, r_k, l_k}(\tilde{g}_{k+1}(X_{k+1}^\pi, R_{k+1}, L_{k+1}))]^2\}$$
$$= \max_{\pi_k}\Big\{\mathbb{E}_{x_k, r_k, l_k}(-W_{k+1}R_{k+1}^{2\psi_{k+1}}(X_{k+1}^\pi)^2 + \varsigma_{k+1}L_{k+1}^2$$
$$+ 2H_{k+1}R_{k+1}^{\psi_{k+1}}X_{k+1}^\pi L_{k+1} + \gamma\beta_{k+1}L_{k+1} + \frac{\gamma^2}{4}\alpha_{k+1} + \gamma\lambda_{k+1}R_{k+1}^{\psi_{k+1}}X_{k+1}^\pi)$$

$$-\mathbb{E}_{x_k, r_k, l_k}((\lambda_{k+1}R_{k+1}^{\psi_{k+1}}X_{k+1}^{\pi}+\beta_{k+1}L_{k+1}+\frac{\gamma}{2}\alpha_{k+1})^2)$$

$$+\left[\mathbb{E}_{x_k, r_k, l_k}(\lambda_{k+1}R_{k+1}^{\psi_{k+1}}X_{k+1}^{\pi}+\beta_{k+1}L_{k+1}+\frac{\gamma}{2}\alpha_{k+1})\right]^2\Big\}$$

$$=\max_{\pi_k}\Big\{\mathbb{E}\,(-W_{k+1}b_k^{2\psi_{k+1}}r_k^{2\varphi_k\psi_{k+1}}(x_kr_k+S_k'\pi_k)^2$$

$$+\gamma\lambda_{k+1}b_k^{\psi_{k+1}}r_k^{\varphi_k\psi_{k+1}}(x_kr_k+S_k'\pi_k)+\frac{\gamma^2}{4}\alpha_{k+1}$$

$$+2H_{k+1}b_k^{\psi_{k+1}}r_k^{\varphi_k\psi_{k+1}}(x_kr_k+S_k'\pi_k)\eta_kl_k+\varsigma_{k+1}\eta_k^2l_k^2+\gamma\beta_{k+1}\eta_kl_k)$$

$$-\mathbb{E}\left(\left(\lambda_{k+1}b_k^{\psi_{k+1}}r_k^{\varphi_k\psi_{k+1}}(x_kr_k+S_k'\pi_k)+\beta_{k+1}\eta_kl_k+\frac{\gamma}{2}\alpha_{k+1}\right)^2\right)$$

$$+\left[\mathbb{E}\left(\lambda_{k+1}b_k^{\psi_{k+1}}r_k^{\varphi_k\psi_{k+1}}(x_kr_k+S_k'\pi_k)+\beta_{k+1}\eta_kl_k+\frac{\gamma}{2}\alpha_{k+1}\right)\right]^2\Big\}$$

$$=-W_{k+1}\mathbb{E}\,(b_k^{2\psi_{k+1}})r_k^{2\psi_k}x_k^2+\frac{\gamma^2}{4}\alpha_{k+1}+2H_{k+1}\mathbb{E}\,(b_k^{\psi_{k+1}}\eta_k)r_k^{\psi_k}x_kl_k$$

$$+\gamma_{k+1}\mathbb{E}\,(\eta_k^2)l_k^2+\gamma\lambda_{k+1}\mathbb{E}\,(b_k^{\psi_{k+1}})r_k^{\psi_k}x_k+\gamma\beta_{k+1}\mathbb{E}\,(\eta_k)l_k$$

$$-\lambda_{k+1}^2\,\mathrm{Var}(b_k^{\psi_{k+1}})r_k^{2\psi_k}x_k^2-\beta_{k+1}^2\,\mathrm{Var}(\eta_k)l_k^2-2\lambda_{k+1}\beta_{k+1}$$

$$\times\mathrm{cov}(b_k^{\psi_{k+1}},\,\eta_k)r_k^{\psi_k}x_kl_k+\max_{\pi_k}\{-2W_{k+1}r_k^{1+2\varphi_k\psi_{k+1}}\mathbb{E}\,(b_k^{2\psi_{k+1}})$$

$$\times\mathbb{E}\,(S_k')\pi_kx_k-W_{k+1}r_k^{2\varphi_k\psi_{k+1}}\pi_k'\mathbb{E}\,(b_k^{2\psi_{k+1}})\mathbb{E}\,(S_kS_k')\pi_k$$

$$+\gamma\lambda_{k+1}r_k^{\varphi_k\psi_{k+1}}\mathbb{E}\,(b_k^{\psi_{k+1}})\mathbb{E}\,(S_k')\pi_k+2H_{k+1}r_k^{\varphi_k\psi_{k+1}}\mathbb{E}\,(\eta_kb_k^{\psi_{k+1}}S_k')\pi_kl_k$$

$$-2\lambda_{k+1}^2r_k^{1+2\varphi_k\psi_{k+1}}\,\mathrm{Var}(b_k^{\psi_{k+1}})\mathbb{E}\,(S_k')\pi_kx_k-\lambda_{k+1}^2r_k^{2\varphi_k\psi_{k+1}}\pi_k'$$

$$\times\mathrm{Var}(b_k^{\psi_{k+1}}S_k)\pi_k-2\lambda_{k+1}\beta_{k+1}r_k^{\varphi_k\psi_{k+1}}D_k'\pi_kl_k\}$$

$$=-(W_{k+1}\mathbb{E}\,(b_k^{2\psi_{k+1}})+\lambda_{k+1}^2\,\mathrm{Var}(b_k^{\psi_{k+1}}))r_k^{2\psi_k}x_k^2+\gamma\lambda_{k+1}$$

$$\times\mathbb{E}\,(b_k^{\psi_{k+1}})r_k^{\psi_k}x_k+\gamma_{k+1}\mathbb{E}\,(\eta_k^2)l_k^2+\frac{\gamma^2}{4}\alpha_{k+1}+2H_{k+1}$$

$$\times\mathbb{E}\,(b_k^{\psi_{k+1}}\eta_k)r_k^{\psi_k}x_kl_k+\gamma\beta_{k+1}\times\mathbb{E}\,(\eta_k)l_k-2\lambda_{k+1}\beta_{k+1}$$

$$\times\mathrm{cov}(b_k^{\psi_{k+1}},\,\eta_k)r_k^{\psi_k}x_kl_k-\beta_{k+1}^2\,\mathrm{Var}(\eta_k)l_k^2$$

$$+\max_{\pi_k}\{-2r_k^{1+2\varphi_k\psi_{k+1}}(W_{k+1}\mathbb{E}\,(b_k^{2\psi_{k+1}})+\lambda_{k+1}^2\,\mathrm{Var}(b_k^{\psi_{k+1}}))$$

$$\times\mathbb{E}\,(S_k')\pi_kx_k-r_k^{2\varphi_k\psi_{k+1}}\pi_k'(W_{k+1}\mathbb{E}\,(b_k^{2\psi_{k+1}})\mathbb{E}\,(S_kS_k')$$

$$
\begin{aligned}
&\quad + \lambda_{k+1}^2 \operatorname{Var}(b_k^{\psi_{k+1}} S_k))\pi_k + \gamma\lambda_{k+1} r_k^{\varphi_k\psi_{k+1}} \mathbb{E}(b_k^{\psi_{k+1}}) \mathbb{E}(S_k')\pi_k \\
&\quad + 2 r_k^{\varphi_k\psi_{k+1}}(H_{k+1} \mathbb{E}(\eta_k b_k^{\psi_{k+1}} S_k') - \lambda_{k+1}\beta_{k+1} D_k')\pi_k l_k\} \\
&= -B_k r_k^{2\psi_k} x_k^2 + \gamma\lambda_{k+1}\mathbb{E}(b_k^{\psi_{k+1}}) r_k^{\psi_k} x_k + \frac{\gamma^2}{4}\alpha_{k+1} + 2H_{k+1} \\
&\quad \times \mathbb{E}(b_k^{\psi_{k+1}}\eta_k) r_k^{\psi_k} x_k l_k + \varsigma_{k+1}\mathbb{E}(\eta_k^2) l_k^2 + \gamma\beta_{k+1}\mathbb{E}(\eta_k) l_k \\
&\quad - 2\lambda_{k+1}\beta_{k+1}\operatorname{cov}(b_k^{\psi_{k+1}},\eta_k) r_k^{\psi_k} x_k l_k - \beta_{k+1}^2 \operatorname{Var}(\eta_k) l_k^2 \\
&\quad + \max_{\pi_k}\{ -2 r_k^{1+2\varphi_k\psi_{k+1}} B_k \mathbb{E}(S_k')\pi_k x_k - r_k^{2\varphi_k\psi_{k+1}}\pi_k' A_k \pi_k \\
&\quad + \gamma\lambda_{k+1} r_k^{\varphi_k\psi_{k+1}}\mathbb{E}(b_k^{\psi_{k+1}})\mathbb{E}(S_k')\pi_k + 2 r_k^{\varphi_k\psi_{k+1}} C_k'\pi_k l_k\} \quad (2.92)
\end{aligned}
$$

由于 $r_k = R_k > 0$, 且由引理 2.3.3 可知, A_k 是正定的, 因此, 关于 π_k 利用一阶条件得最优解

$$
\hat{\pi}_k^L = A_k^{-1}\left(\frac{\gamma\lambda_{k+1}\mathbb{E}(b_k^{\psi_{k+1}})\mathbb{E}(S_k)}{2 r_k^{\varphi_k\psi_{k+1}}} - B_k\mathbb{E}(S_k) r_k x_k + r_k^{-\varphi_k\psi_{k+1}} C_k l_k\right)
$$

(2.93)

把方程(2.93)分别代入方程(2.92)和方程(2.32), 得

$$
\begin{aligned}
\tilde{V}_k(x_k, r_k, l_k) &= -[B_k - B_k^2 \mathbb{E}(S_k') A_k^{-1}\mathbb{E}(S_k)] r_k^{2\psi_k} x_k^2 \\
&\quad + \frac{\gamma^2}{4}[\lambda_{k+1}^2 \mathbb{E}^2(b_k^{\psi_{k+1}})\mathbb{E}(S_k') A_k^{-1}\mathbb{E}(S_k) + \alpha_{k+1}] \\
&\quad + \gamma\lambda_{k+1}[\mathbb{E}(b_k^{\psi_{k+1}}) - \mathbb{E}(b_k^{\psi_{k+1}}) B_k\mathbb{E}(S_k') A_k^{-1} \\
&\quad \times \mathbb{E}(S_k)] r_k^{\psi_k} x_k + \gamma[\beta_{k+1}\mathbb{E}(\eta_k) + \lambda_{k+1}\mathbb{E}(b_k^{\psi_{k+1}}) C_k' A_k^{-1} \\
&\quad \times \mathbb{E}(S_k)] l_k + 2[H_{k+1}\mathbb{E}(b_k^{\psi_{k+1}}\eta_k) - \lambda_{k+1}\beta_{k+1} \\
&\quad \times \operatorname{cov}(b_k^{\psi_{k+1}},\eta_k) - B_k C_k' A_k^{-1}\mathbb{E}(S_k)] r_k^{\psi_k} x_k l_k \\
&\quad + [\varsigma_{k+1}\mathbb{E}(\eta_k^2) + C_k' A_k^{-1} C_k - \beta_{k+1}^2\operatorname{Var}(\eta_k)] l_k^2 \\
&= -W_k r_k^{2\psi_k} x_k^2 + \gamma\lambda_k r_k^{\psi_k} x_k + \frac{\gamma^2}{4}\alpha_k + 2 H_k r_k^{\psi_k} x_k l_k + \varsigma_k l_k^2 + \gamma\beta_k l_k
\end{aligned}
$$

(2.94)

$$
\begin{aligned}
\tilde{g}_k(x_k, r_k, l_k) &= \mathbb{E}_{x_k, r_k, l_k}[g_{k+1}(X_{k+1}^\pi, R_{k+1}, L_{k+1})] \\
&= \mathbb{E}_{x_k, r_k, l_k}\left[\lambda_{k+1} R_{k+1}^{\psi_{k+1}} X_{k+1}^\pi + \beta_{k+1} L_{k+1} + \frac{\gamma}{2}\alpha_{k+1}\right] \\
&= \mathbb{E}\left[\lambda_{k+1} b_k^{\psi_{k+1}} r_k^{\varphi_k\psi_{k+1}}(x_k r_k + S_k'\pi_k) + \beta_{k+1}\eta_k l_k + \frac{\gamma}{2}\alpha_{k+1}\right]
\end{aligned}
$$

$$= \lambda_{k+1} \mathbb{E}(b_k^{\psi_{k+1}}) r_k^{\psi_k} x_k + \lambda_{k+1} r_k^{\varphi_k \psi_{k+1}} \mathbb{E}(b_k^{\psi_{k+1}}) \mathbb{E}(S_k') \pi_k$$

$$+ \beta_{k+1} \mathbb{E}(\eta_k) l_k + \frac{\gamma}{2} \alpha_{k+1}$$

$$= \lambda_{k+1} [\mathbb{E}(b_k^{\psi_{k+1}}) - \mathbb{E}(b_k^{\psi_{k+1}}) B_k \mathbb{E}(S_k') A_k^{-1} \mathbb{E}(S_k)] r_k^{\psi_k} x_k$$

$$+ [\beta_{k+1} \mathbb{E}(\eta_k) + \lambda_{k+1} \mathbb{E}(b_k^{\psi_{k+1}}) C_k' A_k^{-1} \mathbb{E}(S_k)] l_k$$

$$+ \frac{\gamma}{2} [\lambda_{k+1}^2 \mathbb{E}^2(b_k^{\psi_{k+1}}) \mathbb{E}(S_k') A_k^{-1} \mathbb{E}(S_k) + \alpha_{k+1}]$$

$$= \lambda_k r_k^{\psi_k} x_k + \beta_k l_k + \frac{\gamma}{2} \alpha_k \qquad (2.95)$$

方程(2.93)~方程(2.95)表明方程(2.38)~方程(2.40)关于k成立。因此,由数学归纳法可知,方程(2.38)~方程(2.40)关于所有的$k = 0$, 1, $\cdots$, $T-1$都成立。证毕。

附录 F. 引理 2.4.1 的证明

证明:我们利用数学归纳法证明此引理。

第一,证明方程(2.43)成立。由方程(2.13)知$W_T = 0$,这意味着方程(2.43)关于$k = T$成立。假设方程(2.43)关于T, $T-1$, $\cdots$, $k+1$都成立。我们考虑k时的情况。由于$B_k = W_{k+1} \mathbb{E}(b_k^{2\psi_{k+1}}) + \lambda_{k+1}^2 \text{Var}(b_k^{\psi_{k+1}}) = 0$,所以,有

$$W_k = B_k - B_k^2 \mathbb{E}(S_k') A_k^{-1} \mathbb{E}(S_k) = 0 \qquad (2.96)$$

这意味着方程(2.43)关于k成立。因此,方程(2.43)关于所有的$k = 0$, 1, $\cdots$, T都成立。

第二,证明方程(2.44)成立。$\lambda_T = e^{\bar{r}(T-T-\psi_T)} = 1$表明方程(2.44)关于$k = T$成立。

假设方程(2.44)关于T, $T-1$, $\cdots$, $k+1$成立。我们考虑k时的情况。由于$B_k = 0$,所以,有

$$\lambda_k = \lambda_{k+1} [\mathbb{E}(b_k^{\psi_{k+1}}) - \mathbb{E}(b_k^{\psi_{k+1}}) B_k \mathbb{E}(S_k') A_k^{-1} \mathbb{E}(S_k)]$$

$$= \lambda_{k+1} \mathbb{E}(b_k^{\psi_{k+1}}) = e^{\bar{r}(T-(k+1)-\psi_{k+1})} e^{(1-\varphi_k)\bar{r}\psi_{k+1}} = e^{\bar{r}(T-k-\psi_k)} \qquad (2.97)$$

这表明方程(2.44)关于k成立。因此,方程(2.44)关于所有的$k = 0$, 1, $\cdots$, T都成立。

第三，证明方程(2.45)成立。对于 $k = T$，

$$\alpha_T = \sum_{j=T}^{T-1} \mathbb{E}(S_j') \operatorname{Var}^{-1}(S_j) \mathbb{E}(S_j) = 0$$

这表明方程(2.45)关于 $k = T$ 成立。假设方程(2.45)关于 T，$T - 1$，$\cdots$，$k + 1$ 成立。我们考虑 k 时的情况。由于 $W_{k+1} = 0$，所以，有

$$A_k = W_{k+1} \mathbb{E}(b_k^{2\psi_{k+1}}) \mathbb{E}(S_k S_k') + \lambda_{k+1}^2 \operatorname{Var}(b_k^{\psi_{k+1}} S_k) = \lambda_{k+1}^2 b_k^{2\psi_{k+1}} \operatorname{Var}(S_k)$$

因此

$$\begin{aligned}
\alpha_k &= \lambda_{k+1}^2 \mathbb{E}^2(b_k^{\psi_{k+1}}) \mathbb{E}(S_k') A_k^{-1} \mathbb{E}(S_k) + \alpha_{k+1} \\
&= \mathbb{E}(S_k') \operatorname{Var}^{-1}(S_k) \mathbb{E}(S_k) + \sum_{j=k+1}^{T-1} \mathbb{E}(S_j') \operatorname{Var}^{-1}(S_j) \mathbb{E}(S_j) \\
&= \sum_{j=k}^{T-1} \mathbb{E}(S_j') \operatorname{Var}^{-1}(S_j) \mathbb{E}(S_j)
\end{aligned} \quad (2.98)$$

这表明方程(2.45)关于 k 成立。因此，方程(2.45)关于所有的 $k = 0$，1，$\cdots$，T 都成立。

方程(2.46)和方程(2.47)可以很容易地证明。方程(2.48)~方程(2.51)的证明和方程(2.43)~方程(2.45)的证明类似，故省略。

附录 G. 定理 2.5.1 的证明

证明：(i) 因为 $\hat{\Pi}_k^L(\gamma_1)$ 和 $\hat{\Pi}_k^L(\gamma_2)$ 是分别对应于 γ_1 和 γ_2 的两个均衡策略，由方程(2.61)得 $\hat{\Pi}_k^L(\gamma_1) = \gamma_1 F_k + \hat{\Pi}_k^{L,\text{MIN}}$，$\hat{\Pi}_k^L(\gamma_2) = \gamma_2 F_k + \hat{\Pi}_k^{L,\text{MIN}}$。

由于 $\gamma_1 \neq \gamma_2$，设 $\delta = \dfrac{\gamma - \gamma_2}{\gamma_1 - \gamma_2}$，那么 $\gamma = \delta\gamma_1 + (1 - \delta)\gamma_2$。因此

$$\begin{aligned}
\hat{\Pi}_k^L(\gamma) &= (\delta\gamma_1 + (1 - \delta)\gamma_2) F_k + (\delta + 1 - \delta) \hat{\Pi}_k^{L,\text{MIN}} \\
&= \delta(\gamma_1 F_k + \hat{\Pi}_k^{L,\text{MIN}}) + (1 - \delta)(\gamma_2 F_k + \hat{\Pi}_k^{L,\text{MIN}}) \\
&= \delta \hat{\Pi}_k^L(\gamma_1) + (1 - \delta) \hat{\Pi}_k^L(\gamma_2)
\end{aligned} \quad (2.99)$$

(ii) 由于 $\delta\gamma_1 + (1 - \delta)\gamma_2 \geqslant 0$，且

$$\begin{aligned}
\delta \hat{\Pi}_k^L(\gamma_1) + (1 - \delta) \hat{\Pi}_k^L(\gamma_2) &= \delta(\gamma_1 F_k + \hat{\Pi}_k^{L,\text{MIN}}) + (1 - \delta)(\gamma_2 F_k + \hat{\Pi}_k^{L,\text{MIN}}) \\
&= (\delta\gamma_1 + (1 - \delta)\gamma_2) F_k + \hat{\Pi}_k^{L,\text{MIN}} \\
&= \hat{\Pi}_k^L(\delta\gamma_1 + (1 - \delta)\gamma_2)
\end{aligned} \quad (2.100)$$

所以，$\delta \hat{\Pi}_k^L(\gamma_1) + (1 - \delta) \hat{\Pi}_k^L(\gamma_2)$ 是一个均衡策略。

第3章
具有随机利率和机制转换的多阶段 DC养老金的时间一致策略

在本章，我们拟研究均值—方差准则下多阶段 DC 养老金的时间一致策略。假设金融市场由一个无风险资产和 n 个风险资产组成，利率是随机的，且由离散时间的 Ho-Lee 随机利率模型刻画，利率以及风险资产的收益都依赖于市场状态，而市场状态的演变由 Markov 链描述，转移概率矩阵是时变的。我们像第 2 章一样把这个问题看作一个非合作博弈，其均衡策略即是渴望得到的时间一致策略。利用扩展的 Bellman 方程和矩阵表示技术，推导出均衡策略、均衡值函数和均衡有效前沿的解析表达式。最后，基于来自英国市场的实际数据，对均衡策略和均衡有效前沿做数值分析。

3.1 引言

金融市场的快速发展和人口老龄化使得养老金的投资管理备受关注。与确定收益型（DB）养老金计划相比，确定缴费型（DC）养老金计划具有通过将投资风险和长寿风险从发起人转移到养老金参与者身上来缓解社会保障体系压力的优势。所以，越来越多的国家已经完全或部分地由 DB 养老金计划转移到了 DC 养老金计划。因此，近年来，DC 养老金的资产配置问题备受关注，也是本章研究的主题。

在过去几十年中，均值—方差已成为研究 DC 养老金资产配置的一个重要准则。例如，Nkeki(2013)研究了具有随机收入的均值—方差 DC 养老金计划的最优策略，并与二次效用函数下、幂效用函数下和指数效用函数下的最优投资组合进行了比较。Yao 等(2014)研究了多阶段均值—方差框架下具有随机收入和死亡风险的 DC 养老金的最优资产配置。Vigna(2014)研究了均值—方差投资组合在 DC 养老金计划中的有效性，并证明 CARA（常数绝对风险厌恶）和 CRRA（常数相对风险厌恶）最优投资组合都非均值—方差有效。更多参考文献，请参见 Vigna(2009) 和 Nkeki(2012)。上述文献得到的策略均为预先承诺策略。然而，关于 DC 养老金均衡策略的研究还较少。Wu 等(2015)研究了具有通胀风险和收入风险的 DC 养老金的均衡策略。Li 等(2016)考察了 CEV 模型下具有随机收入的 DC 养老金参与者退休前后的均衡策略。He 和 Liang(2013)获得了具有保费返还条款的 DC 养老金的均衡策略。Sun 等(2016)在跳扩散模型下研究了 DC 养老金的预先承诺策略和均衡策略。但据我们所知，关于 DC 养老金的离散时间均值—方差投资问题，只有 Wu 和 Zeng(2015)在收入风险和死亡风险下获得了均衡策略。

正如第 2 章中所言，随机利率是投资中重要的不确定性因素之一。近年来，一些文献研究了具有随机利率的最优投资组合选择问题。例如，Lioui 和 Poncet(2001)、Korn 和 Kraft(2002)、Detemple 和 Rindisbacher(2005)、Munk 和 Søensen(2010)、Shen 和 Siu(2012)、Pan 和 Xiao(2017)都考虑了连续时间情形下具有随机利率的最优投资组合选择问题。Yao 等(2016d)首次研究了离散时间情形下具有随机利率的投资组合选择问题，得到了一个预先承诺策略。当然，随机利率也应该被视为养老金投资问题的重要因素。例如，通过最大化期望效用，Deelstra 等(2003)、Battocchio 和 Menoncin(2004)考虑了具有随机利率的 DC 养老金的最优投资策略。利用勒让德变换(Legendre Transform)和对偶理论，Gao(2008)获得了具有随机利率的 DC 养老金的最优投资策略。Menoncin 和 Vigna(2013)研究了具有随机利率的 DC 养老金的基于均值—方差目标的最优化策略。Guan 和 Liang(2015)考虑了具有随机利率和均值回复收益的 DC 养老金的均值—方差有效性。上述关于具有随机利率的 DC 养老金投资策略的研究都仅限于连续时间情形。然而，在实践中，投资策略只能以离散时间的方式实施，因为投资者只能不时地重新调整其头寸，特别是在 DC 养老金投资中，缴费间隔一般为一年或一个月。但据我们所知，离散时间情形下具有随机利率的 DC 养老金的最优策略尚未得到研究。

上述文献都假设只有一个市场状态，且市场状态是确定性的。但在现实世界中，可能存在多个市场状态，且市场状态是随机的。再者，很多的投资实践和实证研究表明，宏观经济变量，如汇率、通货膨胀率、利率和GDP增长率都对风险资产的收益和波动率有显著的影响（Asprem，1989；Engle 等，2008）。另外，市场状态可以在本质上反映决定投资者决策的潜在商业周期（Gourieroux 等，2014；Honda，2003）。因此，在DC养老金投资管理研究中应考虑随机市场环境。由 Hamilton（1989）提出的 Markov 机制转换模型已被证明是描述市场状态随机演化的最好方法。具体而言，该模型使用离散时间或连续时间的有限状态的 Markov 链来描述市场状态过程。在以往文献中，一些学者考察了具有机制转换的均值—方差投资组合选择问题，比如，Zhou 和 Yin（2003）、Cakmak 和 Ozekici（2006）、Chen 等（2014）、Wu 和 Chen（2015）、Chen 等（2016）。一些学者研究了 Markov 机制转换市场中的资产负债管理问题，如 Chen 和 Yang（2011）、Yao 等（2016b）。一些学者研究了市场不确定性下的投资消费问题，例如，Li 等（2008）和 Gassiat 等（2014）。然而，却很少有学者研究具有机制转换的 DC 养老金的投资管理。Korn 等（2011）、Chen 和 Delong（2015）在连续时间情形下考虑了具有机制转换的 DC 养老金的资产配置。Yao 等（2016a）研究了具有机制转换和死亡风险的多阶段 DC 养老金的投资管理，并得到了一个预先承诺策略。但据我们所知，在多阶段均值—方差框架下，具有机制转换的 DC 养老金计划的时间一致策略尚未得到研究。

  本章内容试图填补上述文献中的这些空白。在本章中，我们将研究在多阶段均值—方差框架下 DC 养老金的最优时间一致性投资策略。假设养老金可以投资于由一个无风险资产和 n 个风险资产组成的金融市场，利率是随机的，且由离散时间的 Ho-Lee 随机利率模型刻画。利率以及风险资产的收益都依赖于市场状态，且市场状态的演变由 Markov 链描述。另外，我们考虑收入风险使模型更符合实际。与 Bjork 和 Murgoci（2014）类似，我们把问题看作一个非合作博弈，其均衡策略即是渴望得到的时间一致性策略，并利用扩展的 Bellman 方程和矩阵表示技术推导出均衡策略、均衡值函数以及均衡有效前沿的解析表达式。最后，我们提供一个基于英国市场实际数据的数值例子来进行数值分析。

本章的主要贡献如下：（i）首次研究了具有随机利率的 DC 养老金的时间一致性策略。（ii）同时考虑了随机利率、机制转换和随机收入，这使得我们的模型更符合实际。（iii）我们是首个研究多阶段均值—方差框架下具有机制转换的 DC 养老金的时间一致策略的。（iv）我们得到了所考虑问题的均衡策略和相应有效前沿的封闭形式的解。

本章的结构安排如下：3.2 介绍随机利率和机制转换下 DC 养老金的多阶段均值—方差投资问题的模型构建。3.3 得到了均衡策略及其有效前沿的解析表达式。3.4 讨论了模型的一些特殊情形。3.5 提供了一个基于英国市场实际数据的数值例子进行数值分析。3.6 对本章内容进行总结并展望将来可能的研究。3.7 为本章附录。

3.2 问题构建

本节介绍金融市场并提出最优化问题。时间区间 $[0, T]$ 表示 DC 养老金参与者的积累阶段。

3.2.1 金融市场

考虑一个金融市场，它具有有限的状态（机制）并随机地进行切换。设 $\Pi = \{1, 2, \cdots, m\}$ 是状态集，且 ξ_k 是时刻 k（$k = 0, 1, \cdots, T-1$）的状态。假设状态过程 $\{\xi_k, k = 0, 1, \cdots, T-1\}$ 服从一个 Markov 链，转移概率矩阵是时间相依的，记为 $Q(k) = (q_k(i, j))_{m \times m}$，其中 $q_k(i, j) = \Pr(\xi_{k+1} = j | \xi_k = i)$ 是从时刻 k 状态 $\xi_k = i$ 到时刻 $k+1$ 状态 $\xi_{k+1} = j$ 的转移概率，且满足 $\sum_{j=1}^{m} q_k(i, j) = 1 (i, j \in \Pi)$。

假设金融市场由一个无风险资产和 n 个风险资产组成。对于 $k = 0, 1, \cdots, T-1$，设 R_k 是无风险资产在阶段 k（即时间区间 $[k, k+1)$）的总收益，$S_k^l(\xi_k)$ 是风险资产 l（$l = 1, \cdots, n$）在阶段 k 状态 ξ_k 下超过无风险资产收益 R_k 的超额收益（风险溢价）。那么，在阶段 k，风险资产 l 的收益是 $R_k + S_k^l(\xi_k)$。此外，对于 $k = 0, 1, \cdots, T-1$，设 $S_k(\xi_k) = (S_k^1(\xi_k), S_k^2(\xi_k), \cdots, S_k^n(\xi_k))'$ 是 n 维超额收益向量。

第3章 具有随机利率和机制转换的多阶段 DC 养老金的时间一致策略

在养老金投资过程中,尽管当前利率是确定的,但未来利率会由于市场、通胀等一些因素发生改变。换句话说,未来利率是随机的。所以在 DC 养老金投资管理中考虑随机利率是非常有意义的。Yao 等(2016d)首次在离散时间模型中考虑了随机利率,但他们只考虑了投资组合选择问题,并没有考虑养老金投资问题。由 Ho 和 Lee(1986)提出的 Ho-Lee 模型是文献中最常用的随机利率模型之一。在连续时间情形下,考虑市场状态的 Ho-Lee 随机利率模型可以描述如下:

$$d\tilde{r}_k = a_k(\xi_k)dk + \bar{\sigma}_k(\xi_k)dW_k \tag{3.1}$$

其中,$\tilde{r}_k$ 是时刻 k 的瞬时利率,W_k 是一维标准布朗运动,$a_k(\xi_k)$ 和 $\bar{\sigma}_k(\xi_k) > 0$ 是与市场状态 ξ_k 相关的确定参数。

由于 R_k 是无风险资产在阶段 k 的总收益,所以假设对于所有的 $k=0, 1, \cdots, T-1, R_k > 0$。令 $\tilde{r}_k = \text{Ln}R_k$,那么,$R_k = e^{\tilde{r}_k}$。按照连续时间 Ho-Lee 随机利率模型(3.1),我们考虑离散时间(多阶段)情形的 Ho-Lee 随机利率模型如下:

$$\tilde{r}_{k+1} - \tilde{r}_k = a_k(\xi_k) + \bar{\sigma}_k(\xi_k)\varepsilon_k \tag{3.2}$$

其中,ε_k 仍是一个时刻 $-k$ 可测的随机变量,其期望和方差分别为 $\mathbb{E}[\varepsilon_k]=0$ 和 $Var[\varepsilon_k]=1$。由于 $\tilde{r}_k = \text{Ln}R_k$,由方程(3.2)可得 $\text{Ln}R_{k+1} - \text{Ln}R_k = a_k(\xi_k) + \bar{\sigma}_k(\xi_k)\varepsilon_k$。因此,

$$R_{k+1} = e^{a_k(\xi_k)+\bar{\sigma}_k(\xi_k)\varepsilon_k}R_k = \bar{b}_k(\xi_k)R_k \tag{3.3}$$

其中,

$$\bar{b}_k(\xi_k) = e^{a_k(\xi_k)+\bar{\sigma}_k(\xi_k)\varepsilon_k} > 0 \tag{3.4}$$

注 3.2.1 我们只需要假设 $R_0 = r_0 > 0$,由方程(3.3)和方程(3.4)就可以确保我们的假设:对于所有的 $k=0, 1, \cdots, T-1, R_k > 0$ 成立。

与大多数现有文献类似,我们在本章做以下假设。

假设 3.2.1 对于 $t, k=0, 1, \cdots, T-1$,任意的 $i, j \in \Pi$,随机向量 $S_t(i)$ 和 $S_k(j)$ 及随机变量 $\bar{b}_t(i)$ 和 $\bar{b}_k(j)$ 在 $t \neq k$ 时是无关的。

假设 3.2.2 对于所有的 $k=0, 1, \cdots, T-1$ 和所有的 $i \in \Pi$,$Var(S_k(i)) = \mathbb{E}[(S_k(i)-\mathbb{E}(S_k(i)))(S_k(i)-\mathbb{E}(S_k(i)))'] > 0$,即

$\mathrm{Var}(S_k(i))$ 是正定的。

对于所有的 $k = 0, 1, \cdots, T - 1$ 和所有的 $i \in \Pi$，由于 $\mathbb{E}(S_k(i)S_k'(i)) = \mathrm{Var}(S_k(i)) + \mathbb{E}(S_k(i))\mathbb{E}(S_k'(i))$，假设 3.2.2 表明，$\mathbb{E}(S_k(i)S_k'(i)) > 0$。

假设 3.2.3 对于所有的 $k = 0, 1, \cdots, T - 1$ 和所有的 $i \in \Pi$，$\mathbb{E}(S_k(i)) \ne \mathbf{0}_n$，其中 $\mathbf{0}_n$ 是 n 维零向量。

3.2.2 财富过程和最优化问题

在积累阶段（时间区间 $[0, T]$），养老金参与者需要以预定的方式在每个阶段缴纳一定数额的资金。令 Y_k 为时刻 k 的工资收入，假设工资收入是随机的，且满足以下动态过程

$$Y_{k+1} = \bar{\theta}_k(\xi_k) Y_k, \ k = 0, 1, \cdots, T - 1 \tag{3.5}$$

其中，$\bar{\theta}_k(\xi_k)$ 是一个外生的随机变量，其概率分布依赖于市场状态 ξ_k，表示工资收入在阶段 k 的随机增长率。由于工资收入不可能为负，我们假设，对于所有的 $k = 0, 1, \cdots, T - 1$ 和 $\xi_k \in \Pi$，几乎处处有 $\bar{\theta}_k(\xi_k) > 0$。为使模型更符合实际，对于任意的 $i \in \Pi$，设 $\bar{\theta}_k(i)$ 和 $\bar{b}_k(i)$ 是相关的，且 $\bar{\theta}_k(i)$ 和 $S_k(i)$ 也是相关的。假设 $c_k Y_k$ 是养老金参与者在阶段 k 的缴费，其中 c_k 是缴费比例，是一个只依赖于 k 的确定性变量。

注 3.2.2 在我们的模型中，c_k 可以依赖于 k。与 c_k 是与 k 无关的常量 c 相比，我们的模型更具适应性和灵活性，且在大多数情况下满足实际需要。例如，一般来讲，养老金参与者每月进行缴费，但养老金的投资周期是一天。显然，在这种情况下，养老金参与者不需要在每个阶段缴费。如果在阶段 k，他不需要缴费，我们可以设 $c_k = 0$；否则，我们可以设 $c_k > 0$。

注 3.2.3 以往大多数研究多阶段均值—方差模型下 DC 养老金投资策略的文献均假设在每个阶段开始时刻进行缴费。然而，在实践中，大部分缴费是在初始时刻之后的某个时刻进行的，比如中国的企业年金、职业年金等。为更好地模拟实际情形，本章设定每个阶段的缴费是在开始时刻之

后的某个时刻进行的。

对于 $k = 0, 1, \cdots, T-1$,设 $\pi_k(\xi_k) = (\pi_k^1(\xi_k), \pi_k^2(\xi_k), \cdots, \pi_k^n(\xi_k))'$ 是时刻 k、状态 ξ_k 下在 n 个风险资产上的投资数量,且 $\pi(k) = \{\pi_j(\xi_j), j=k, k+1, \cdots, T-1\}$ 表示从时刻 k 开始的投资策略。记 X_k^π 是养老金参与者在时刻 k 策略 π 下的财富,那么在时刻 k 策略 π 下,在无风险资产上的投资数量为 $X_k^\pi - \sum_{l=1}^n \pi_k^l(\xi_k)$。因此,财富过程为

$$X_{k+1}^\pi = (X_k^\pi - \sum_{l=1}^n \pi_k^l(\xi_k))R_k + \sum_{l=1}^n \pi_k^l(\xi_k)(R_k + S_k^l(\xi_k)) + c_k Y_k$$
$$= X_k^\pi R_k + S_k'(\xi_k)\pi_k(\xi_k) + c_k Y_k, \quad k = 0, 1, \cdots, T-1 \quad (3.6)$$

一个从时刻 k 开始的投资策略,$\pi(k)$,被称为时刻-k 可允许的,如果对于所有的 $j=k, k+1, \cdots, T-1$,$\pi_j(\xi_j)$ 都是关于 $\mathcal{F}_j$ 可适应的,这里 $\mathcal{F}_j$ 是滤波族,表示直到时刻 k 养老金投资者可利用的所有信息。用 Θ_k 表示所有时刻-k 可允许投资策略的集合。

假设养老金投资者的目标是最大化期望终端财富,同时最小化由终端财富的方差所衡量的投资风险,这是两个相互冲突的目标。因此,用均值—方差模型去描述。在每个时刻 k,信息 (x_k, r_k, y_k, i) 下,养老金投资者的目标函数是:

$$J_k(x_k, r_k, y_k, i, \pi(k)) = \mathbb{E}_{x_k, r_k, y_k, i}(X_T^\pi) - \omega \text{Var}_{x_k, r_k, y_k, i}(X_T^\pi) \quad (3.7)$$

需求解一系列均值—方差模型:

$$\begin{cases} \max_{\pi(k) \in \Theta_k} \{J_k(x_k, r_k, y_k, i, \pi(k))\} \\ \text{s.t. } R_k、Y_k、X_k^\pi \text{ 分别满足}(3.3)、(3.5)、(3.6) \end{cases} \quad (3.8)$$

其中,$\mathbb{E}_{x_k, r_k, y_k, i}(\cdot)$ 和 $\text{Var}_{x_k, r_k, y_k, i}(\cdot)$ 表示给定信息 $X_k^\pi = x_k$, $R_k = r_k$, $Y_k = y_k$, $\xi_k = i$ 下的条件期望和条件方差。ω 是风险厌恶系数,类似于其他文献,假设养老金投资者是风险厌恶的,即 $\omega > 0$。

在本章中,为方便起见,定义 $\prod_{i=k}^{k-1}(\cdot) = 1$, $\sum_{i=l}^{k-1}(\cdot) = 0 (l \geq k)$ 和 $\sum_{k \leq l < h \leq n}(\cdot) = 0 (k \geq n)$。

3.3 均衡策略和有效前沿

3.3.1 扩展的 Bellman 方程

在本章中,我们利用博弈论的观点来处理问题(3.8)。更确切地说,我们将决策过程看作一个非合作博弈,假设在每个时刻 k 都有一个决策者。在时刻 k,当前信息 (k, x_k, r_k, y_k, i) 下,决策者只能选择当前控制变量 $\pi_k(i)$,而未来时刻 $k+1$,$\cdots$,$T-1$ 的控制变量由未来决策者决定。因此,这个决策过程保证了在任何时刻 k 的策略都是最优的,即时间—致策略。我们把对应的策略称为(子博弈完美纳什)均衡策略。类似于 Bjork 和 Murgoci(2014),定义本章问题的均衡策略如下:

定义 3.3.1 令 π^* 是一个给定的时刻 -0 可允许策略。对于任意的点 (k, x_k, r_k, y_k, i) 和任意适应于 $\mathcal{F}_k$ 的策略 $\pi_k(i)$,定义时刻 $-k$ 可允许策略

$$\overline{\pi}(k) = (\pi_k(i), \pi^*_{k+1}(\xi_{k+1}), \cdots, \pi^*_{T-1}(\xi_{T-1}))$$

那么,π^* 被称为一个子博弈完美纳什均衡策略(简称均衡策略),如果对于任意的 k,它满足

$$\max_{\pi_k(i)} J_k(x_k, r_k, y_k, i, \overline{\pi}(k)) = J_k(x_k, r_k, y_k, i, \pi^*(k))$$

其中,$\pi^*(k) = (\pi^*_k(i), \pi^*_{k+1}(\xi_{k+1}), \cdots, \pi^*_{T-1}(\xi_{T-1}))$。

进一步地,如果均衡策略 π^* 存在,那么均衡值函数定义为

$$V_k(x_k, r_k, y_k, i) = J_k(x_k, r_k, y_k, i, \pi^*(k)) \tag{3.9}$$

从定义 3.3.1 可知,为得到均衡策略,我们只需要在任意时刻 k,在任意给定的财富 $X_k^\pi = x_k$,利率 $R_k = r_k$,工资收入 $Y_k = y_k$ 和状态 $\xi_k = i$ 下,去解决下面的问题:

$$\begin{cases} V_k(x_k, r_k, y_k, i) = J_k(x_k, r_k, y_k, i, \pi^*(k)) \\ \quad = \max_{\pi_k(i)} J_k(x_k, r_k, y_k, i, (\pi_k(i), \pi^*_{k+1}(\xi_{k+1}), \cdots, \pi^*_{T-1}(\xi_{T-1}))) \\ s.t.\ R_k、Y_k、X_k^\pi \text{ 分别满足}(3.3)、(3.5)、(3.6) \end{cases}$$

$$\tag{3.10}$$

为得到均衡策略和均衡值函数，我们对均衡值函数 $V_k(x_k, r_k, y_k, i)$ 应用后向递推法。令 π^* 是均衡策略，固定一个任意选择的初始点 (x_k, r_k, y_k, i)，记

$$g_k(x_k, r_k, y_k, i) = \mathbb{E}_{x_k, r_k, y_k, i}(X_T^{\pi^*}) \tag{3.11}$$

那么，根据 Bjork 和 Murgoci(2014)，均衡值函数 $V_k(x_k, r_k, y_k, i)$ 满足扩展的 Bellman 方程

$$\begin{aligned}V_k(x_k, r_k, y_k, i) &= \max_{\pi_k(i)} \{ \mathbb{E}_{x_k, r_k, y_k, i}(V_{k+1}(X_{k+1}^\pi, R_{k+1}, Y_{k+1}, \xi_{k+1})) \\ &\quad - \omega \mathbb{E}_{x_k, r_k, y_k, i}(g_{k+1}^2(X_{k+1}^\pi, R_{k+1}, Y_{k+1}, \xi_{k+1})) \\ &\quad + \omega [\mathbb{E}_{x_k, r_k, y_k, i}(g_{k+1}(X_{k+1}^\pi, R_{k+1}, Y_{k+1}, \xi_{k+1}))]^2 \} \\ &= \max_{\pi_k(i)} \Big\{ \sum_{j=1}^m q_k(i,j) \mathbb{E}(V_{k+1}(x_k r_k + S_k'(i)\pi_k(i) \\ &\quad + c_k y_k, \bar{b}_k(i)r_k, \bar{\theta}_k(i)y_k, j)) - \omega \sum_{j=1}^m q_k(i,j) \\ &\quad \times \mathbb{E}(g_{k+1}^2(x_k r_k + S_k'(i)\pi_k(i) + c_k y_k, \bar{b}_k(i)r_k, \bar{\theta}_k(i)y_k, j)) \\ &\quad + \omega \Big[\sum_{j=1}^m q_k(i,j) \mathbb{E}(g_{k+1}(x_k r_k + S_k'(i)\pi_k(i) \\ &\quad + c_k y_k, \bar{b}_k(i)r_k, \bar{\theta}_k(i)y_k, j))\Big]^2 \Big\}, V_T(x, r, y, i) \\ &= x \end{aligned} \tag{3.12}$$

其中，

$$\begin{aligned}g_k(x_k, r_k, y_k, i) &= \mathbb{E}_{x_k, r_k, y_k, i}[g_{k+1}(X_{k+1}^\pi, R_{k+1}, Y_{k+1}, \xi_{k+1})] \\ &= \sum_{j=1}^m q_k(i,j) \mathbb{E}[g_{k+1}(x_k r_k + S_k'(i)\pi_k(i) \\ &\quad + c_k y_k, \bar{b}_k(i)r_k, \bar{\theta}_k(i)y_k, j)], g_T(x, r, y, i) \\ &= x\end{aligned} \tag{3.13}$$

3.3.2 均衡策略

为得到封闭形式的均衡策略和均衡值函数，我们构造下面的后向时间序列。对于所有的 $i \in \Pi$ 和 $k = T, T-1, \cdots, 0$，我们定义

$$\begin{aligned}\bar{A}_k(i) &= w_k(i) - w_k^2(i) \mathbb{E}(S_k'(i))\lambda_k^{-1}(i) \mathbb{E}(S_k(i)), \bar{A}_T(i) \\ &= 0\end{aligned} \tag{3.14}$$

$$\bar{B}_k(i) = \eta_k(i)\,\mathbb{E}\,((\bar{b}_k(i))^{T-k-1})[1 - w_k(i)\,\mathbb{E}\,(S'_k(i))\lambda_k^{-1}(i) \times \mathbb{E}\,(S_k(i))],\ \bar{B}_T(i) = 1 \tag{3.15}$$

$$f_k(i) = \eta_k^2(i)\,\mathbb{E}^2((\bar{b}_k(i))^{T-k-1})\,\mathbb{E}\,(S'_k(i))\lambda_k^{-1}(i)\,\mathbb{E}\,(S_k(i)) + \sum_{j=1}^m q_k(i,j)f_{k+1}(j)$$
$$- \sum_{j=1}^m q_k(i,j)h_{k+1}^2(j) + \left(\sum_{j=1}^m q_k(i,j)h_{k+1}(j)\right)^2,\ f_T(i) = 0 \tag{3.16}$$

$$\phi_k(i) = \mathbb{E}\,((\bar{b}_k(i))^{T-k-1})[1 - w_k(i)\,\mathbb{E}\,(S'_k(i))\lambda_k^{-1}(i)\,\mathbb{E}\,(S_k(i))]$$
$$\times \sum_{j=1}^m q_k(i,j)\phi_{k+1}(j),\ \phi_T(i) = 1 \tag{3.17}$$

$$h_k(i) = \eta_k(i)\,\mathbb{E}^2((\bar{b}_k(i))^{T-k-1})\,\mathbb{E}\,(S'_k(i))\lambda_k^{-1}(i)\,\mathbb{E}\,(S_k(i))$$
$$\times \sum_{j=1}^m q_k(i,j)\phi_{k+1}(j) + \sum_{j=1}^m q_k(i,j)h_{k+1}(j),\ h_T(i) = 0 \tag{3.18}$$

其中,

$$\bar{\lambda}_k(i) = \mathbb{E}\,((\bar{b}_k(i))^{2(T-k-1)})\,\mathbb{E}\,(S_k(i)S'_k(i))$$
$$\times \left[\sum_{j=1}^m q_k(i,j)\bar{A}_{k+1}(j) + \sum_{j=1}^m q_k(i,j)\phi_{k+1}^2(j)\right]$$
$$- \mathbb{E}^2((\bar{b}_k(i))^{T-k-1})\,\mathbb{E}\,(S_k(i))\,\mathbb{E}\,(S'_k(i))\left(\sum_{j=1}^m q_k(i,j)\phi_{k+1}(j)\right)^2 \tag{3.19}$$

$$w_k(i) = \mathbb{E}\,((\bar{b}_k(i))^{2(T-k-1)})\left[\sum_{j=1}^m q_k(i,j)\bar{A}_{k+1}(j) + \sum_{j=1}^m q_k(i,j)\phi_{k+1}^2(j)\right]$$
$$- \mathbb{E}^2((\bar{b}_k(i))^{T-k-1})\left(\sum_{j=1}^m q_k(i,j)\phi_{k+1}(j)\right)^2 \tag{3.20}$$

$$O_k(i) = \sum_{j=1}^m q_k(i,j)\bar{B}_{k+1}(j) - \sum_{j=1}^m q_k(i,j)\phi_{k+1}(j)h_{k+1}(j)$$
$$+ \sum_{j=1}^m q_k(i,j)h_{k+1}(j)\sum_{j=1}^m q_k(i,j)\phi_{k+1}(j) \tag{3.21}$$

且对所有的 $i \in \Pi$, $k = T-1, T-2, \cdots, 0$ 和 $l, h = T-1, T-2, \cdots, k+1(l < h)$, 设

$$\delta_{k,l}(i) = \mathbb{E}\,((\bar{b}_k(i))^{2T-(k+l)-2}\bar{\theta}_k(i)S_k(i))$$
$$\times \left[\sum_{j=1}^m q_k(i,j)U_{k+1,l}(j) + \sum_{j=1}^m q_k(i,j)\phi_{k+1}(j)\gamma_{k+1,l}(j)\right]$$
$$- \mathbb{E}\,((\bar{b}_k(i))^{T-k-1}S_k(i))\,\mathbb{E}\,((\bar{b}_k(i))^{T-l-1}\bar{\theta}_k(i))$$
$$\times \sum_{j=1}^m q_k(i,j)\phi_{k+1}(j)\sum_{j=1}^m q_k(i,j)\gamma_{k+1,l}(j),\ \delta_{k,k}(i)$$

$$= w_k(i)\,\mathbb{E}(S_k(i)) \tag{3.22}$$

$$U_{k,l}(i) = \Phi_{k,l}(i) - w_k(i)(\delta_{k,l}(i))'\bar{\lambda}_k^{-1}(i)\,\mathbb{E}(S_k(i)),\quad U_{k,k}(i) = \bar{A}_k(i) \tag{3.23}$$

$$\beta_{k,l}(i) = \Psi_{k,l}(i) - O_k(i)\,\mathbb{E}((\bar{b}_k(i))^{T-k-1}) \times (\delta_{k,l}(i))'\bar{\lambda}_k^{-1}(i)$$
$$\times \mathbb{E}(S_k(i)),\quad \beta_{k,k}(i)$$
$$= \bar{B}_k(i) \tag{3.24}$$

$$\alpha_{k,l}(i) = M_{k,l}(i) - (\delta_{k,l}(i))'\bar{\lambda}_k^{-1}(i)\delta_{k,l}(i),\quad \alpha_{k,k}(i) = \bar{A}_k(i) \tag{3.25}$$

$$S_{k,l,h}(i) = N_{k,l,h}(i) - (\delta_{k,l}(i))'\bar{\lambda}_k^{-1}(i)\delta_{k,h}(i),\quad S_{k,k,h}(i) = U_{k,h}(i) \tag{3.26}$$

$$\gamma_{k,l}(i) = \mathbb{E}((\bar{b}_k(i))^{T-l-1}\bar{\theta}_k(i))\sum_{j=1}^{m}q_k(i,j)\gamma_{k+1,l}(j) - \mathbb{E}((\bar{b}_k(i))^{T-k-1})$$
$$\mathbb{E}(S_k'(i))\bar{\lambda}_k^{-1}(i)\delta_{k,l}(i)\sum_{j=1}^{m}q_k(i,j)\phi_{k+1}(j),\quad \gamma_{k,k}(i)$$
$$= \phi_k(i) \tag{3.27}$$

其中，

$$\Phi_{k,l}(i) = \mathbb{E}((\bar{b}_k(i))^{2T-(k+l)-2}\bar{\theta}_k(i))$$
$$\times \left[\sum_{j=1}^{m}q_k(i,j)U_{k+1,l}(j) + \sum_{j=1}^{m}q_k(i,j)\phi_{k+1}(j)\gamma_{k+1,l}(j)\right]$$
$$- \mathbb{E}((\bar{b}_k(i))^{T-k-1})\mathbb{E}((\bar{b}_k(i))^{T-l-1}\bar{\theta}_k(i))$$
$$\times \sum_{j=1}^{m}q_k(i,j)\phi_{k+1}(j)\sum_{j=1}^{m}q_k(i,j)\gamma_{k+1,l}(j) \tag{3.28}$$

$$\Psi_{k,l}(i) = \left[\sum_{j=1}^{m}q_k(i,j)\beta_{k+1,l}(j) - \sum_{j=1}^{m}q_k(i,j)h_{k+1}(j)\gamma_{k+1,l}(j)\right.$$
$$\left.+ \sum_{j=1}^{m}q_k(i,j)h_{k+1}(j)\sum_{j=1}^{m}q_k(i,j)\gamma_{k+1,l}(j)\right]\mathbb{E}((\bar{b}_k(i))^{T-l-1}\bar{\theta}_k(i)) \tag{3.29}$$

$$M_{k,l}(i) = \mathbb{E}((\bar{b}_k(i))^{2(T-l-1)}\bar{\theta}_k^2(i))$$
$$\times \left[\sum_{j=1}^{m}q_k(i,j)\alpha_{k+1,l}(j) + \sum_{j=1}^{m}q_k(i,j)(\gamma_{k+1,l}(j))^2\right]$$
$$- \mathbb{E}^2((\bar{b}_k(i))^{T-l-1}\bar{\theta}_k(i))\left(\sum_{j=1}^{m}q_k(i,j)\gamma_{k+1,l}(j)\right)^2 \tag{3.30}$$

$$N_{k,l,h}(i) = \mathbb{E}((\bar{b}_k(i))^{2T-(l+h)-2}\bar{\theta}_k^2(i))\left[\sum_{j=1}^{m}q_k(i,j)\gamma_{k+1,l}(j)\gamma_{k+1,h}(j)\right.$$

$$+ \sum_{j=1}^{m} q_k(i, j) S_{k+1, l, h}(j) \Big] - \mathbb{E}((\bar{b}_k(i))^{T-l-1} \bar{\theta}_k(i))$$

$$\times \mathbb{E}((\bar{b}_k(i))^{T-h-1} \bar{\theta}_k(i)) \times \sum_{j=1}^{m} q_k(i, j) \gamma_{k+1, l}(j)$$

$$\times \sum_{j=1}^{m} q_k(i, j) \gamma_{k+1, h}(j) \tag{3.31}$$

现在给出几个引理，它们将有助于我们获得本章的主要结果。

引理 3.3.1 对于 $i = 1, 2, \cdots, m$，假设 τ_i 是一个非负常数满足 $0 \leq \tau_i \leq 1$ 且 $\sum_{i=1}^{m} \tau_i = 1$，$\varrho_i$ 是另一个常数。那么有

$$\sum_{i=1}^{m} \tau_i \varrho_i^2 \geq \left(\sum_{i=1}^{m} \tau_i \varrho_i \right)^2 \tag{3.32}$$

证明：参见本章附录 A。

引理 3.3.2 对于所有的 $k = 0, 1, \cdots, T-1$ 和 $i \in \Pi$，$\text{Var}((\bar{b}_k(i))^{T-k-1} S_k(i)) > 0$。

证明：参见本章附录 B。

令

$$\mathfrak{D}_k(i) = (\bar{b}_k(i))^{T-k-1} \begin{pmatrix} 1 \\ S_k(i) \end{pmatrix} \tag{3.33}$$

引理 3.3.3 对于所有的 $k = 0, 1, \cdots, T$ 和 $i \in \Pi$，有 $\bar{A}_k(i) \geq 0$，$\phi_k(i) > 0$。

证明：参见本章附录 C。

由方程(3.4)，引理 3.3.1、引理 3.3.2 和引理 3.3.3，可以很容易地得到下面的引理。

引理 3.3.4 对于所有的 $k = 0, 1, \cdots, T-1$ 和 $i \in \Pi$，$\bar{\lambda}_k(i)$ 是正定的。

利用上面的引理，我们给出问题(3.10)的均衡策略和均衡值函数。

定理 3.3.1 对于任意的 $k = 0, 1, \cdots, T-1$，$X_k^\pi = x_k$，$R_k = r_k$，$Y_k = y_k$ 和 $\xi_k = i \in \Pi$，问题(3.10)的均衡策略为

$$\pi_k^*(i) = \bar{\lambda}_k^{-1}(i) \left(\frac{O_k(i) \mathbb{E}((\bar{b}_k(i))^{T-k-1}) \mathbb{E}(S_k(i))}{2\omega r_k^{T-k-1}} - w_k(i) r_k x_k \mathbb{E}(S_k(i)) \right.$$

$$\left. - \sum_{l=k}^{T-1} \delta_{k, l}(i) r_k^{k-l} c_l y_k \right) \tag{3.34}$$

均衡值函数为

$$V_k(x_k, r_k, y_k, i) = -\omega \bar{A}_k(i) r_k^{2(T-k)} x_k^2 + \bar{B}_k(i) r_k^{T-k} x_k$$
$$- 2\omega \sum_{l=k}^{T-1} U_{k,l}(i) r_k^{2T-(k+l)-1} c_l y_k x_k + \frac{1}{4\omega} f_k(i)$$
$$+ \sum_{l=k}^{T-1} \beta_{k,l}(i) r_k^{T-l-1} c_l y_k - \omega \sum_{l=k}^{T-1} \alpha_{k,l}(i) r_k^{2(T-l-1)} c_l^2 y_k^2$$
$$- 2\omega \sum_{k \leq l < h \leq T-1} S_{k,l,h}(i) r_k^{2T-(l+h)-2} c_l c_h y_k^2 \quad (3.35)$$

且

$$g_k(x_k, r_k, y_k, i) = \phi_k(i) r_k^{T-k} x_k + \frac{1}{2\omega} h_k(i) + \sum_{l=k}^{T-1} \gamma_{k,l}(i) r_k^{T-l-1} c_l y_k$$
$$(3.36)$$

其中,$\bar{A}_k(i)$,$\bar{B}_k(i)$,$f_k(i)$,$\phi_k(i)$,$h_k(i)$,$\bar{\lambda}_k(i)$,$w_k(i)$,$O_k(i)$,$\delta_{k,l}(i)$,$U_{k,l}(i)$,$\beta_{k,l}(i)$,$\alpha_{k,l}(i)$,$S_{k,l,h}(i)$ 和 $\gamma_{k,l}(i)$ 由方程(3.14)~方程(3.27)定义。

证明:参见本章附录 D。

由方程(3.34),我们发现投资组合 $\pi_k^*(i)$ 在任意时刻 k 都与当前财富 x_k,当前工资收入 y_k,当前利率 r_k 和当前市场状态 i 相关。进一步地,在状态 i 下,由 $\bar{b}_k(i)$ 描述的利率的随机性,由 $S_k(i)$ 描述的股票的随机性和由 $\bar{\theta}_k(i)$ 刻画的工资收入的随机性,共同影响策略 $\pi_k^*(i)$。

3.3.3 均衡有效前沿

考虑从任意初始点 (k, x_k, r_k, y_k, i)($k \in \{0, 1, \cdots, T-1\}$)开始的有效前沿,其中财富 $X_k^\pi = x_k$,利率 $R_k = r_k$,工资收入 $Y_k = y_k$ 和状态 $\xi_k = i \in \Pi$。由方程(3.7)、方程(3.9)、方程(3.11)、方程(3.35)和方程(3.36)有

$$\text{Var}_{x_k, r_k, y_k, i}(X_T^{\pi^*}) = \bar{A}_k(i) r_k^{2(T-k)} x_k^2 + 2 \sum_{l=k}^{T-1} U_{k,l}(i) r_k^{2T-(k+l)-1} c_l y_k x_k$$
$$+ \sum_{l=k}^{T-1} \alpha_{k,l}(i) r_k^{2(T-l-1)} c_l^2 y_k^2$$
$$+ 2 \sum_{k \leq l < h \leq T-1} S_{k,l,h}(i) r_k^{2T-(l+h)-2} c_l c_h y_k^2$$
$$+ \frac{1}{4\omega^2}(2h_k(i) - f_k(i)) + \frac{1}{\omega}\Big[(\phi_k(i) - \bar{B}_k(i)) r_k^{T-k} x_k$$

$$+ \sum_{l=k}^{T-1}(\gamma_{k,l}(i) - \beta_{k,l}(i))r_k^{T-l-1}c_l y_k] \qquad (3.37)$$

在方程(3.36)和方程(3.37)中消除 ω，我们得到问题(3.10)的均衡有效前沿。

定理3.3.2 对于任意的 $k = 0, 1, \cdots, T-1$，$X_k^\pi = x_k$，$R_k = r_k$，$Y_k = y_k$ 和 $\xi_k = i \in \Pi$，问题(3.10)的均衡有效前沿是

$$\operatorname{Var}_{x_k, r_k, y_k, i}(X_T^{\pi^*}) =$$

$$\begin{cases}
\dfrac{2h_k(i) - f_k(i)}{h_k^2(i)}\left[\mathbb{E}_{x_k, r_k, y_k, i}(X_T^{\pi^*}) - \phi_k(i)r_k^{T-k}x_k - \sum_{l=k}^{T-1}\gamma_{k,l}(i)r_k^{T-l-1}c_l y_k\right.\\
\left. + \dfrac{h_k(i)((\phi_k(i) - \bar{B}_k(i))r_k^{T-k}x_k + \sum_{l=k}^{T-1}(\gamma_{k,l}(i) - \beta_{k,l}(i))r_k^{T-l-1}c_l y_k)}{2h_k(i) - f_k(i)}\right]^2\\
+ \bar{A}_k(i)r_k^{2(T-k)}x_k^2 + 2\sum_{l=k}^{T-1}U_{k,l}(i)r_k^{2T-(k+l)-1}c_l y_k x_k + \sum_{l=k}^{T-1}\alpha_{k,l}(i)r_k^{2(T-l-1)}c_l^2 y_k^2\\
- \dfrac{((\phi_k(i) - \bar{B}_k(i))r_k^{T-k}x_k + \sum_{l=k}^{T-1}(\gamma_{k,l}(i) - \beta_{k,l}(i))r_k^{T-l-1}c_l y_k)^2}{2h_k(i) - f_k(i)}\\
+ 2\sum_{k \leq l < h \leq T-1}S_{k,l,h}(i)r_k^{2T-(l+h)-2}c_l c_h y_k^2, \quad 2h_k(i) - f_k(i) \neq 0\\
\dfrac{2((\phi_k(i) - \bar{B}_k(i))r_k^{T-k}x_k + \sum_{l=k}^{T-1}(\gamma_{k,l}(i) - \beta_{k,l}(i))r_k^{T-l-1}c_l y_k)}{h_k(i)}\\
\times \left[\mathbb{E}_{x_k, r_k, y_k, i}(X_T^{\pi^*}) - \phi_k(i)r_k^{T-k}x_k - \sum_{l=k}^{T-1}\gamma_{k,l}(i)r_k^{T-l-1}c_l y_k\right]\\
+ \bar{A}_k(i)r_k^{2(T-k)}x_k^2 + 2\sum_{l=k}^{T-1}U_{k,l}(i)r_k^{2T-(k+l)-1}c_l y_k x_k + \sum_{l=k}^{T-1}\alpha_{k,l}(i)r_k^{2(T-l-1)}c_l^2 y_k^2\\
+ 2\sum_{k \leq l < h \leq T-1}S_{k,l,h}(i)r_k^{2T-(l+h)-2}c_l c_h y_k^2, \quad 2h_k(i) - f_k(i) = 0
\end{cases}$$

$$(3.38)$$

3.4 特殊情形

本章 3.2 中的模型被称为一般情形,在本节中,我们讨论该模型的一些特殊情形,并给出相应的简单结果。

情形 1:不考虑机制转换的情形。在这种情形下,只有一个市场状态,资产收益率不再随市场状态改变,即对于任意变量 $\mathbf{a}_{k+1}(j)$,$\sum_{j=1}^{n} q_k(i,j) \mathbf{a}_{k+1}(j) = \mathbf{a}_{k+1}$。那么,后向时间序列方程(3.14)~方程(3.27)变为

$$\bar{A}_k = w_k - w_k^2 \mathbb{E}(S_k') \bar{\lambda}_k^{-1} \mathbb{E}(S_k), \quad \bar{A}_T = 0 \tag{3.39}$$

$$\bar{B}_k = \bar{B}_{k+1} \mathbb{E}(\bar{b}_k^{T-k-1})[1 - w_k \mathbb{E}(S_k') \bar{\lambda}_k^{-1} \mathbb{E}(S_k)], \quad \bar{B}_T = 1 \tag{3.40}$$

$$f_k = \bar{B}_{k+1}^2 \mathbb{E}^2(\bar{b}_k^{T-k-1}) \mathbb{E}(S_k') \bar{\lambda}_k^{-1} \mathbb{E}(S_k) + f_{k+1}, \quad f_T = 0 \tag{3.41}$$

$$\phi_k = \bar{B}_k, \quad h_k = f_k, \quad O_k = \bar{B}_{k+1} \tag{3.42}$$

$$\bar{\lambda}_k = \bar{A}_{k+1} \mathbb{E}(\bar{b}_k^{2(T-k-1)}) \mathbb{E}(S_k S_k') + \bar{B}_{k+1}^2 \mathrm{Var}(\bar{b}_k^{T-k-1} S_k) \tag{3.43}$$

$$w_k = \bar{A}_{k+1} \mathbb{E}(\bar{b}_k^{2(T-k-1)}) + \bar{B}_{k+1}^2 \mathrm{Var}(\bar{b}_k^{T-k-1}) \tag{3.44}$$

$$\delta_{k,l} = U_{k+1,l} \mathbb{E}(\bar{b}_k^{2T-(k+l)-2} \bar{\theta}_k S_k) + \gamma_{k+1,l} \bar{B}_{k+1} \mathrm{cov}(\bar{b}_k^{T-k-1} S_k, \bar{b}_k^{T-l-1} \bar{\theta}_k), \quad \delta_{k,k}$$
$$= w_k \mathbb{E}(S_k) \tag{3.45}$$

$$U_{k,l} = U_{k+1,l} \mathbb{E}(\bar{b}_k^{2T-(k+l)-2} \bar{\theta}_k) + \gamma_{k+1,l} \bar{B}_{k+1} \mathrm{cov}(\bar{b}_k^{T-k-1}, \bar{b}_k^{T-l-1} \bar{\theta}_k)$$
$$- w_k (\delta_{k,l})' \bar{\lambda}_k^{-1} \mathbb{E}(S_k), \quad U_{k,k}$$
$$= \bar{A}_k \tag{3.46}$$

$$\beta_{k,l} = \beta_{k+1,l} \mathbb{E}(\bar{b}_k^{T-l-1} \bar{\theta}_k) - \bar{B}_{k+1} \mathbb{E}(\bar{b}_k^{T-k-1})(\delta_{k,l})' \bar{\lambda}_k^{-1} \mathbb{E}(S_k), \quad \beta_{k,k} = \bar{B}_k \tag{3.47}$$

$$\alpha_{k,l} = \alpha_{k+1,l} \mathbb{E}(\bar{b}_k^{2(T-l-1)} \bar{\theta}_k^2) + (\gamma_{k+1,l})^2 \mathrm{Var}(\bar{b}_k^{T-l-1} \bar{\theta}_k) - (\delta_{k,l})' \bar{\lambda}_k^{-1} \delta_{k,l}, \quad \alpha_{k,k}$$
$$= \bar{A}_k \tag{3.48}$$

$$S_{k,l,h} = S_{k+1,l,h} \mathbb{E}(\bar{b}_k^{2T-(l+h)-2} \bar{\theta}_k^2) + \gamma_{k+1,l} \gamma_{k+1,h}$$
$$\times \mathrm{cov}(\bar{b}_k^{T-l-1} \bar{\theta}_k, \bar{b}_k^{T-h-1} \bar{\theta}_k) - (\delta_{k,l})' \bar{\lambda}_k^{-1} \delta_{k,h}, \quad S_{k,k,h}$$
$$= U_{k,h} \tag{3.49}$$

$$\gamma_{k,l} = \beta_{k,l} \tag{3.50}$$

因此，均衡策略和对应的有效前沿变为

$$\pi_k^* = \bar{\lambda}_k^{-1}\left(\frac{\bar{B}_{k+1}\,\mathbb{E}(\bar{b}_k^{T-k-1})\,\mathbb{E}(S_k)}{2\omega r_k^{T-k-1}} - w_k r_k x_k\,\mathbb{E}(S_k) - \sum_{l=k}^{T-1}\delta_{k,l} r_k^{k-l} c_l y_k\right)$$
(3.51)

$$\mathrm{Var}_{x_k, r_k, y_k}(X_T^{\pi^*}) = \frac{\left(\mathbb{E}_{x_k, r_k, y_k}(X_T^{\pi^*}) - \bar{B}_k r_k^{T-k} x_k - \sum_{l=k}^{T-1}\beta_{k,l} r_k^{T-l-1} c_l y_k\right)^2}{f_k}$$

$$+ \bar{A}_k r_k^{2(T-k)} x_k^2 + 2\sum_{l=k}^{T-1} U_{k,l} r_k^{2T-(k+l)-1} c_l y_k x_k + \sum_{l=k}^{T-1} \alpha_{k,l} r_k^{2(T-l-1)} c_l^2 y_k^2$$

$$+ 2\sum_{k \leq l < h \leq T-1} S_{k,l,h} r_k^{2T-(l+h)-2} c_l c_h y_k^2.$$
(3.52)

情形 2：没有养老金缴费的情形。在这种情形下，对于所有的 $k=0$, $1, \cdots, T-1$，设 $c_k = 0$。我们的模型退化成具有随机利率和机制转换的一般多阶段均值—方差投资组合选择模型。那么，均衡策略和对应的均衡有效前沿简化为

$$\pi_k^*(i) = \left(\frac{O_k(i)\,\mathbb{E}((\bar{b}_k(i))^{T-k-1})}{2\omega r_k^{T-k-1}} - w_k(i) r_k x_k\right)\bar{\lambda}_k^{-1}(i)\,\mathbb{E}(S_k(i))$$
(3.53)

$\mathrm{Var}_{x_k, r_k, i}(X_T^{\pi^*}) =$

$$\begin{cases}\dfrac{2h_k(i) - f_k(i)}{h_k^2(i)}\left[\mathbb{E}_{x_k, r_k, i}(X_T^{\pi^*}) - \phi_k(i) r_k^{T-k} x_k + \dfrac{h_k(i)(\phi_k(i) - \bar{B}_k(i)) r_k^{T-k} x_k}{2h_k(i) - f_k(i)}\right]^2 \\ + \bar{A}_k(i) r_k^{2(T-k)} x_k^2 - \dfrac{[(\phi_k(i) - \bar{B}_k(i)) r_k^{T-k} x_k]^2}{2h_k(i) - f_k(i)},\quad 2h_k(i) - f_k(i) \neq 0 \\ \dfrac{2(\phi_k(i) - \bar{B}_k(i)) r_k^{T-k} x_k}{h_k(i)}[\mathbb{E}_{x_k, r_k, i}(X_T^{\pi^*}) - \phi_k(i) r_k^{T-k} x_k] \\ + \bar{A}_k(i) r_k^{2(T-k)} x_k^2,\quad 2h_k(i) - f_k(i) = 0\end{cases}$$

情形 3：确定利率的情形。在这种情形下，对于所有的 $i \in \Pi$ 和 $k=0$, $1, \cdots, T-1$，假设 $\bar{\sigma}_k(i) = a_k(i) = 0$，那么 $\bar{b}_k(i) \equiv 1$ 和 $R_k \equiv r$，其中 r 是一个固定的常数。因此，

$$\mathrm{Var}((\bar{b}_k(i))^{T-k-1}) = 0,\quad \mathbb{E}((\bar{b}_k(i))^{T-k-1}) = 1$$

$$\mathbb{E}((\bar{b}_k(i))^{2(T-k-1)}) = 1,\quad \mathrm{Var}((\bar{b}_k(i))^{T-k-1} S_k(i)) = \mathrm{Var}(S_k(i))$$

那么, 有

$w_k(i) = 0$, $\bar{A}_k(i) = 0$, $\phi_k(i) = \bar{B}_k(i) = O_k(i) = 1$, $\bar{\lambda}_k(i) = \text{Var}(S_k(i))$, $h_k(i)$
$= \mathbb{E}(S_k'(i)) \text{Var}^{-1}(S_k(i)) \mathbb{E}(S_k(i)) + \sum_{j=1}^{m} q_k(i,j) h_{k+1}(j)$, $h_T(i)$
$= 0$

$f_k(i) = \mathbb{E}(S_k'(i)) \text{Var}^{-1}(S_k(i)) \mathbb{E}(S_k(i)) + \sum_{j=1}^{m} q_k(i,j) f_{k+1}(j)$
$\quad - \sum_{j=1}^{m} q_k(i,j) h_{k+1}^2(j) + \left(\sum_{j=1}^{m} q_k(i,j) h_{k+1}(j) \right)^2$, $f_T(i)$
$= 0$

$$U_{k,l}(i) = 0, \quad U_{k,k}(i) = 0$$

$\delta_{k,l}(i) = \text{cov}(S_k(i), \bar{\theta}_k(i)) \sum_{j=1}^{m} q_k(i,j) \gamma_{k+1,l}(j)$, $\delta_{k,k}(i) = 0$

$\gamma_{k,l}(i) = \mathbb{E}(\bar{\theta}_k(i)) \sum_{j=1}^{m} q_k(i,j) \gamma_{k+1,l}(j)$
$\quad - \mathbb{E}(S_k'(i)) \text{Var}^{-1}(S_k(i)) \delta_{k,l}(i)$, $\gamma_{k,k}(i)$
$= 1$,

$\beta_{k,l}(i) = \mathbb{E}(\bar{\theta}_k(i)) \Big[\sum_{j=1}^{m} q_k(i,j) \beta_{k+1,l}(j) + \sum_{j=1}^{m} q_k(i,j) h_{k+1}(j)$
$\quad \sum_{j=1}^{m} q_k(i,j) \gamma_{k+1,l}(j) - \sum_{j=1}^{m} q_k(i,j) h_{k+1}(j) \gamma_{k+1,l}(j) \Big]$
$\quad - \mathbb{E}(S_k'(i)) \text{Var}^{-1}(S_k(i)) \delta_{k,l}(i)$, $\beta_{k,k}(i)$
$= 1$

$\alpha_{k,l}(i) = \mathbb{E}(\bar{\theta}_k^2(i)) \Big[\sum_{j=1}^{m} q_k(i,j) \alpha_{k+1,l}(j) + \sum_{j=1}^{m} q_k(i,j) \gamma_{k+1,l}^2(j) \Big]$
$\quad - \mathbb{E}^2(\bar{\theta}_k(i)) \left(\sum_{j=1}^{m} q_k(i,j) \gamma_{k+1,l}(j) \right)^2$
$\quad - (\delta_{k,l}(i))' \text{Var}^{-1}(S_k(i)) \delta_{k,l}(i) \alpha_{k,k}(i)$
$= 0$

$S_{k,l,h}(i) = \mathbb{E}(\bar{\theta}_k^2(i)) \Big[\sum_{j=1}^{m} q_k(i,j) S_{k+1,l,h}(j) + \sum_{j=1}^{m} q_k(i,j) \gamma_{k+1,l}(j) \gamma_{k+1,h}(j) \Big]$
$\quad - \mathbb{E}^2(\bar{\theta}_k(i)) \sum_{j=1}^{m} q_k(i,j) \gamma_{k+1,l}(j) \sum_{j=1}^{m} q_k(i,j) \gamma_{k+1,h}(j)$
$\quad - (\delta_{k,l}(i))' \text{Var}^{-1}(S_k(i)) \delta_{k,h}(i)$, $S_{k,k,h}(i) = U_{k,h}(i)$
$= 0$

引理 3.4.1 对于所有的 $i \in \Pi$ 和 $k = 0, 1, \cdots, T-1$，当 $\bar{\sigma}_k(i) = a_k(i) = 0$ 时，有 $2h_k(i) - f_k(i) > 0$。

证明：参见本章附录 E。

因此，在这种情形下，均衡策略及其有效前沿变为

$$\pi_k^*(i) = \operatorname{Var}^{-1}(S_k(i))\left(\frac{\mathbb{E}(S_k(i))}{2\omega r^{T-k-1}} - \sum_{l=k}^{T-1}\delta_{k,l}(i)r^{k-l}c_l y_k\right) \quad (3.54)$$

$$\operatorname{Var}_{x_k,r,y_k,i}(X_T^{\pi^*}) = \frac{2h_k(i) - f_k(i)}{h_k^2(i)} \times \Big[\mathbb{E}_{x_k,r,y_k,i}(X_T^{\pi^*}) - r^{T-k}x_k$$

$$+ \frac{h_k(i)\sum_{l=k}^{T-1}(\gamma_{k,l}(i) - \beta_{k,l}(i))r^{T-l-1}c_l y_k}{2h_k(i) - f_k(i)}$$

$$- \sum_{l=k}^{T-1}\gamma_{k,l}(i)r^{T-l-1}c_l y_k\Big]^2 + 2\sum_{k \leq l < h \leq T-1}$$

$$S_{k,l,h}(i)r^{2T-(l+h)-2}c_l c_h y_k^2 + \sum_{l=k}^{T-1}\alpha_{k,l}(i)r^{2(T-l-1)}c_l^2 y_k^2$$

$$- \frac{\left(\sum_{l=k}^{T-1}(\gamma_{k,l}(i) - \beta_{k,l}(i))r^{T-l-1}c_l y_k\right)^2}{2h_k(i) - f_k(i)} \quad (3.55)$$

从方程(3.54)我们发现，一方面，均衡策略在这种情形下是与当前财富 x_k 无关的。此结论与考虑了具有确定性利率的多阶段投资组合选择问题的 Wu 和 Chen(2015) 的结论相同，但不同于随机利率下的结论。另一方面，这种情形下的均衡策略与工资收入 y_k 相关。原因可能是，对于所有的 $i \in \Pi$，风险资产的风险溢价 $S_k(i)$ 是与工资收入的随机增长率 $\bar{\theta}_k(i)$ 相关的。如果假设 $S_k(i)$ 和 $\bar{\theta}_k(i)$ 是相互独立的，我们惊奇地发现 $\delta_{k,l}(i) = 0$，那么，均衡策略将与工资收入 y_k 无关。事实上，为达到时间一致性，均衡策略有时会忽略关键的影响因素，这使策略不符合实际。从本章结论可以看出，考虑变量的随机性如随机利率和随机变量之间的相关性，风险溢价 $S_k(i)$ 和工资收入的随机增长率 $\bar{\theta}_k$ 之间的相关性，可以使均衡策略变得更符合实际。

3.5 数值算例

利用来自英国市场的实际数据,本节给出一个数值例子来对均衡策略和均衡有效前沿做数值分析。

假设一个工资收入者在时刻 0 进入 DC 养老金计划,初始基金账户 $x_0 = 3$,初始工资收入 $y_0 = 1$。他在每个阶段上交他工资收入的 20%,进入养老金账户,即 $c = 0.2$。他计划动态缴费 4 个阶段($T = 4$),并在时刻 4 退休。假设养老金可以投资于一个无风险资产和三个风险资产。同时,他可以用模型(3.3)支配的随机利率借贷现金。

我们以英国英镑 Libor(伦敦银行同业拆借利率)的月利率作为利率,并选择伦敦证券交易所的三只股票作为风险资产,它们是汇丰控股有限公司(540528)、联合利华有限公司(B10RZP7)、英联食品有限公司(673123)(标记为股票 1、股票 2、股票 3)。收集从 2000 年 1 月到 2017 年 12 月英国英镑(Libor)月利率,英国平均月收入和三只股票月收益的历史数据,样本为 216 个。为计算利率的市场参数,我们将英国英镑 Libor 月利率的历史数据转换为对数。与 Chen 和 Yang(2011)、Yao 等(2016a,2016b)一样,我们将市场状态粗略地分为两类:$i = 1$ 是熊市,$i = 2$ 是牛市。Markov 链的状态根据三只股票的平均月收益率进行分类,如果平均月收益率低于平均月收益率的经验中位数(基于上述历史数据),则称 Markov 链的状态为状态 1,否则为状态 2。

假设初始利率 $r_0 = 1.0350$,养老金投资者的风险厌恶系数是 $\omega = 2$。为方便起见,假设市场参数与时刻 k 无关且 $\varepsilon_k \sim N(0, 1)$(标准正态分布)。基于上面的数据集,对于 $k = 0, 1, 2, 3$ 和 $i = 1, 2$,我们得到如下相关参数:

$a_k(1) = -0.0002$, $a_k(2) = -0.0003$, $\bar{\sigma}_k(1) = 0.0023$, $\bar{\sigma}_k(2) = 0.0025$,

$\mathbb{E}(\bar{\theta}_k(1)) = 1.0005$, $\mathbb{E}(\bar{\theta}_k(2)) = 1.0063$, $\mathbb{E}(\bar{\theta}_k^2(1)) = 1.0033$,

$\mathbb{E}(\bar{\theta}_k^2(2)) = 1.0138$, $\mathbb{E}(S_k(1)) = (-0.0612, -0.0561, -0.0592)'$,

$\mathbb{E}(S_k(2)) = (0.0648, 0.0540, 0.0626)'$,

$$\mathrm{Var}(S_k(1)) = \begin{pmatrix} 0.0032 & 0.0005 & -0.0001 \\ 0.0005 & 0.0027 & 0.0004 \\ -0.0001 & 0.0004 & 0.0023 \end{pmatrix},$$

$$\mathrm{Var}(S_k(2)) = \begin{pmatrix} 0.0034 & -0.0001 & -0.0003 \\ -0.0001 & 0.0023 & 0.0006 \\ -0.0003 & 0.0006 & 0.0033 \end{pmatrix}.$$

基于上面的数据集，我们可以进一步计算相关的市场参数如下：

$\mathbb{E}(\bar{b}_k(1)) = 0.9998$, $\mathbb{E}(\bar{b}_k^2(1)) = 0.9997$, $\mathbb{E}(\bar{b}_k^3(1)) = 0.9995$,

$\mathbb{E}(\bar{b}_k^4(1)) = 0.9994$, $\mathbb{E}(\bar{b}_k^5(1)) = 0.9993$, $\mathbb{E}(\bar{b}_k^6(1)) = 0.9992$,

$\mathbb{E}(\bar{b}_k(2)) = 0.9997$, $\mathbb{E}(\bar{b}_k^2(2)) = 0.9995$, $\mathbb{E}(\bar{b}_k^3(2)) = 0.9992$,

$\mathbb{E}(\bar{b}_k^4(2)) = 0.9990$, $\mathbb{E}(\bar{b}_k^5(2)) = 0.9989$, $\mathbb{E}(\bar{b}_k^6(2)) = 0.9986$,

$\mathbb{E}(\bar{b}_k(1)\bar{\theta}_k(1)) = 1.0004$, $\mathbb{E}(\bar{b}_k^2(1)\bar{\theta}_k(1)) = 1.0003$,

$\mathbb{E}(\bar{b}_k^3(1)\bar{\theta}_k(1)) = 1.0002$, $\mathbb{E}(\bar{b}_k^4(1)\bar{\theta}_k(1)) = 1.0001$,

$\mathbb{E}(\bar{b}_k^5(1)\bar{\theta}_k(1)) = 0.9999$, $\mathbb{E}(\bar{b}_k(2)\bar{\theta}_k(2)) = 1.0061$,

$\mathbb{E}(\bar{b}_k^2(2)\bar{\theta}_k(2)) = 1.0059$, $\mathbb{E}(\bar{b}_k^3(2)\bar{\theta}_k(2)) = 1.0056$,

$\mathbb{E}(\bar{b}_k^4(2)\bar{\theta}_k(2)) = 1.0054$, $\mathbb{E}(\bar{b}_k^5(2)\bar{\theta}_k(2)) = 1.0053$,

$\mathbb{E}(\bar{b}_k(1)\bar{\theta}_k^2(1)) = 1.0008$, $\mathbb{E}(\bar{b}_k^2(1)\bar{\theta}_k^2(1)) = 1.0007$,

$\mathbb{E}(\bar{b}_k^3(1)\bar{\theta}_k^2(1)) = 1.0005$, $\mathbb{E}(\bar{b}_k^4(1)\bar{\theta}_k^2(1)) = 1.0004$,

$\mathbb{E}(\bar{b}_k(2)\bar{\theta}_k^2(2)) = 1.0123$, $\mathbb{E}(\bar{b}_k^2(2)\bar{\theta}_k^2(2)) = 1.0121$,

$\mathbb{E}(\bar{b}_k^3(2)\bar{\theta}_k^2(2)) = 1.0118$, $\mathbb{E}(\bar{b}_k^4(2)\bar{\theta}_k^2(2)) = 1.0116$,

$$\mathbb{E}(\bar{b}_k(1)S_k(1)) = \begin{pmatrix} -0.0611 \\ -0.0561 \\ -0.0591 \end{pmatrix}, \quad \mathbb{E}(\bar{b}_k^2(1)S_k(1)) = \begin{pmatrix} -0.0611 \\ -0.0560 \\ -0.0590 \end{pmatrix},$$

$$\mathbb{E}(\bar{b}_k^3(1)S_k(1)) = \begin{pmatrix} -0.0610 \\ -0.0560 \\ -0.0589 \end{pmatrix}, \quad \mathbb{E}(\bar{b}_k(2)S_k(2)) = \begin{pmatrix} 0.0650 \\ 0.0542 \\ 0.0628 \end{pmatrix},$$

$$\mathbb{E}(\bar{b}_k^2(2)S_k(2)) = \begin{pmatrix} 0.0649 \\ 0.0541 \\ 0.0627 \end{pmatrix}, \quad \mathbb{E}(\bar{b}_k^3(2)S_k(2)) = \begin{pmatrix} 0.0648 \\ 0.0541 \\ 0.0626 \end{pmatrix},$$

$$\mathbb{E}(\bar{b}_k(1)\bar{\theta}_k(1)S_k(1)) = \begin{pmatrix} -0.0611 \\ -0.0560 \\ -0.0591 \end{pmatrix}, \quad \mathbb{E}(\bar{b}_k^2(1)\bar{\theta}_k(1)S_k(1)) = \begin{pmatrix} -0.0611 \\ -0.0560 \\ -0.0591 \end{pmatrix},$$

$$\mathbb{E}(\bar{b}_k^3(1)\bar{\theta}_k(1)S_k(1)) = \begin{pmatrix} -0.0610 \\ -0.0559 \\ -0.0590 \end{pmatrix}, \quad \mathbb{E}(\bar{b}_k^4(1)\bar{\theta}_k(1)S_k(1)) = \begin{pmatrix} -0.0609 \\ -0.0559 \\ -0.0590 \end{pmatrix},$$

$$\mathbb{E}(\bar{b}_k^5(1)\bar{\theta}_k(1)S_k(1)) = \begin{pmatrix} -0.0609 \\ -0.0559 \\ -0.0589 \end{pmatrix}, \quad \mathbb{E}(\bar{b}_k(2)\bar{\theta}_k(2)S_k(2)) = \begin{pmatrix} 0.0653 \\ 0.0545 \\ 0.0631 \end{pmatrix},$$

$$\mathbb{E}(\bar{b}_k^2(2)\bar{\theta}_k(2)S_k(2)) = \begin{pmatrix} 0.0653 \\ 0.0544 \\ 0.0630 \end{pmatrix}, \quad \mathbb{E}(\bar{b}_k^3(2)\bar{\theta}_k(2)S_k(2)) = \begin{pmatrix} 0.0652 \\ 0.0544 \\ 0.0630 \end{pmatrix},$$

$$\mathbb{E}(\bar{b}_k^4(2)\bar{\theta}_k(2)S_k(2)) = \begin{pmatrix} 0.0652 \\ 0.0543 \\ 0.0629 \end{pmatrix}, \quad \mathbb{E}(\bar{b}_k^5(2)\bar{\theta}_k(2)S_k(2)) = \begin{pmatrix} 0.0651 \\ 0.0543 \\ 0.0629 \end{pmatrix}.$$

利用上面的历史数据，我们推导 Markov 链的状态转移概率矩阵 $Q(k)$。根据市场状态的分类，有 108 个月在状态 1。在状态 1 的这 108 个月里，我们发现下个月仍是状态 1 的个数是 58，而下个月是状态 2 的个数是 50。因此，我们计算经验状态转移概率 $q_k(1,1)$ 和 $q_k(1,2)$ 如下：

$$q_k(1,1) = 58/108 \approx 0.5370, \quad q_k(1,2) = 50/108 \approx 0.4630.$$

类似地，我们计算其他经验状态转移概率 $q_k(2,1) = 50/108 \approx 0.4630$ 和 $q_k(2,2) = 58/108 \approx 0.5370$。因此，状态转移概率矩阵为

$$Q(k) = \begin{pmatrix} q_k(1,1) & q_k(1,2) \\ q_k(2,1) & q_k(2,2) \end{pmatrix} = \begin{pmatrix} 0.5370 & 0.4630 \\ 0.4630 & 0.5370 \end{pmatrix}.$$

为方便起见，假设市场状态按照 $\xi_0 = 2, \xi_1 = 1, \xi_2 = 2, \xi_3 = 1$ 演变。将上述数据代入方程(3.34)可得每个阶段开始时的均衡策略。

$$\pi_0^*(2) = 0.25 r_0^{-3} \begin{pmatrix} 21.3120 \\ 19.9065 \\ 17.5966 \end{pmatrix} - r_0 x_0 \begin{pmatrix} 0.0075 \\ 0.0070 \\ 0.0062 \end{pmatrix} - 0.2 y_0 \begin{pmatrix} 0.0075 \\ 0.0070 \\ 0.0062 \end{pmatrix}$$

$$-0.2r_0^{-1}y_0\begin{pmatrix}-0.0256\\-0.0048\\-0.0020\end{pmatrix}-0.2r_0^{-2}y_0\begin{pmatrix}-0.0278\\0.0023\\-0.0002\end{pmatrix}-0.2r_0^{-3}y_0\begin{pmatrix}0.0063\\0.0418\\0.0279\end{pmatrix},$$

$$\pi_1^*(1)=0.25r_1^{-2}\begin{pmatrix}-17.4443\\-13.6704\\-24.0538\end{pmatrix}-r_1x_1\begin{pmatrix}-0.0026\\-0.0021\\-0.0036\end{pmatrix}-0.2y_1\begin{pmatrix}-0.0026\\-0.0021\\-0.0036\end{pmatrix}$$

$$-0.2r_1^{-1}y_1\begin{pmatrix}0.0243\\0.0314\\0.0521\end{pmatrix}-0.2r_1^{-2}y_1\begin{pmatrix}0.0073\\0.0024\\0.0104\end{pmatrix},$$

$$\pi_2^*(2)=0.25r_2^{-1}\begin{pmatrix}21.3006\\19.8958\\17.5871\end{pmatrix}-r_2x_2\begin{pmatrix}0.0011\\0.0010\\0.0009\end{pmatrix}-0.2y_2\begin{pmatrix}0.0011\\0.0010\\0.0009\end{pmatrix}$$

$$-0.2r_2^{-1}y_2\begin{pmatrix}-0.0316\\0.0421\\-0.0011\end{pmatrix},\quad \pi_3^*(1)=0.25\begin{pmatrix}-17.4421\\-13.6687\\-24.0508\end{pmatrix}.$$

为说明市场状态对均衡策略的影响，我们将上述投资过程绘制在图3.1中。我们发现，牛市时每种风险资产的投资数量都大于熊市时的。这符合常识。此外，在市场状态相同的阶段，每个风险资产的投资数量相对稳定。原因在于均衡策略可以在每个阶段开始时更新，这使得养老金投资者能够对市场状态有一个清晰的认识。

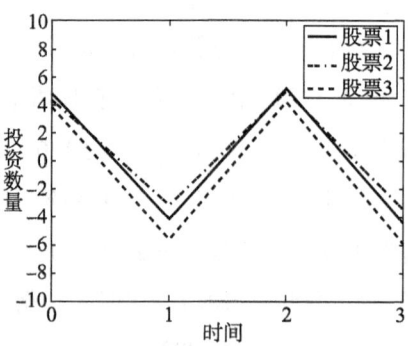

图3.1 均衡策略的进程

将上述数据代入方程(3.38)，可得每个初始状态的有效前沿如下：

$$\mathrm{Var}_{x_0, r_0, y_0, i}(X_T^{\pi^*}) = \begin{cases} 0.0747[\mathbb{E}_{x_0, r_0, y_0, i}(X_T^{\pi^*}) - 4.2797]^2 + 0.0065, & i=1 \\ 0.0730[\mathbb{E}_{x_0, r_0, y_0, i}(X_T^{\pi^*}) - 4.2899]^2 + 0.0063, & i=2 \end{cases}$$

(3.56)

图 3.2 描述了不同初始市场状态对均衡有效前沿的影响。我们发现，初始市场状态为状态 2 对应的有效前沿在状态 1 对应的有效前沿的上方。也就是说，对于相同的期望终端财富，养老金投资者在牛市时进入市场承担的风险较小。这一观察结果与 Chen 等（2008）（连续时间情形）和 Yao 等（2016a）（离散时间情形）均一致。

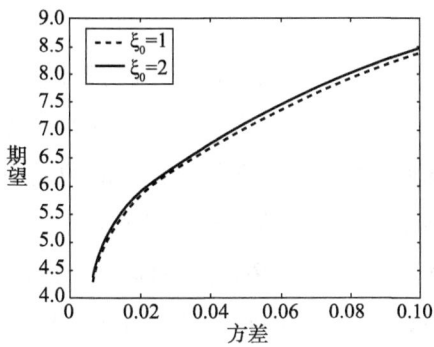

图 3.2 不同初始市场状态下的有效前沿

随机利率对均衡有效前沿的影响在图 3.3 中呈现。我们发现，不管初始市场状态是 1 还是 2，具有随机利率的均衡有效前沿都在具有确定利率的均衡有效前沿的下方。这清楚地表明利率的随机性使均值—方差表现恶化。

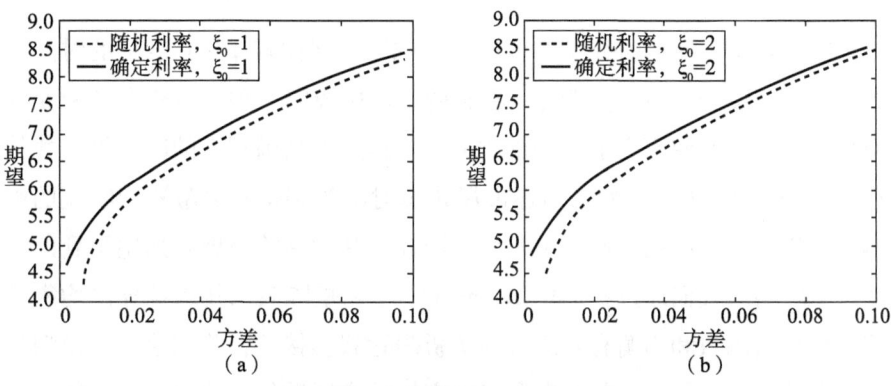

图 3.3 随机利率对有效前沿的影响

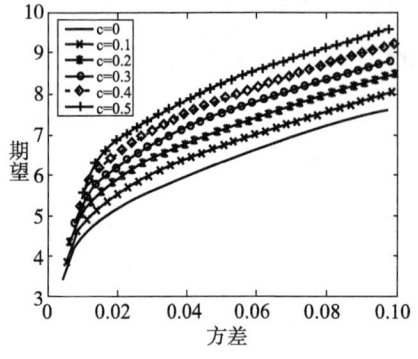
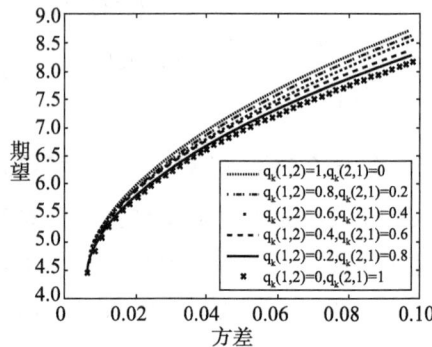

图 3.4　缴费率对有效前沿的影响　　图 3.5　状态转移概率矩阵对有效前沿的影响

图 3.4 描述不同缴费比例下的均衡有效前沿，其中 $c = 0$，0.1，0.2，0.3，0.4 和 0.5。我们发现当 c 从 0 增长到 0.5 时，有效前沿向右上方移动，也就是说，c 越大，全局最小方差及其对应的期望终端财富越大。此结果是合理的，因为高的 c 值对应更多的养老金。

最后，我们研究状态转移概率矩阵 $Q(k)$ 对有效前沿的影响。图 3.5 显示了当 $q_k(1,2)$ 从 1 减小到 0，$q_k(2,1)$ 从 0 增加到 1，我们看到，随着市场状态变得越来越熊市，有效前沿向左下方移动。这表明，相同投资风险水平的预期收益率在下降，这是符合常理的。

3.6　小结

在本章中，我们研究了均值—方差框架下多阶段 DC 养老金的时间一致策略。假设养老金投资者可以在金融市场中投资一种无风险资产和 n 种风险资产。我们使用离散时间的 Ho-Lee 模型来刻画利率的随机性，并使用 Markov 机制转换模型来描述市场状态对随机利率和风险资产收益的影响。我们把这个问题看作一个非合作博弈，其均衡策略即是期望得到的时间一致策略。我们通过扩展的 Bellman 方程和矩阵表示技术推导出均衡策略、均衡值函数和均衡有效前沿的解析表达式。接着，我们给出了模型的一些特殊情形。最后，基于来自英国市场的实际数据，给出了一个数值例子对均衡策略及其有效前沿进行了数值分析。

在本章中，我们忽略了一个事实——养老金参与者可能会在退休之前死亡，即我们应考虑死亡风险。另外，本章和上一章都考虑了均衡策略，然而，预先承诺策略虽不是时间一致策略，但却是全局最优策略，两种策略之间有什么不同点，分别有什么优缺点呢？这是我们下一章要研究的内容。

3.7　本章附录

附录 A. 引理 3.3.1 的证明

证明：因为 $\sum_{i=1}^{m}\tau_i = 1$，所以

$$\sum_{i=1}^{m}\tau_i \varrho_i^2 = \sum_{i=1}^{m}\tau_i \cdot \sum_{i=1}^{m}\tau_i \varrho_i^2 = \sum_{i=1}^{m}\tau_i^2 \varrho_i^2 + \frac{1}{2}\left[\sum_{i\neq l}\tau_i\tau_l(\varrho_i^2 + \varrho_l^2)\right]$$

$$\geq \sum_{i=1}^{m}\tau_i^2 \varrho_i^2 + \sum_{i\neq l}\tau_i\tau_l \varrho_i \varrho_l = \left(\sum_{i=1}^{m}\tau_i \varrho_i\right)^2 \qquad (3.57)$$

证毕。

附录 B. 引理 3.3.2 的证明

证明：由假设 3.2.1，有

$$\mathbb{E}\left((\bar{b}_k(i))^{T-k-1}S_k(i)\right) = \mathbb{E}\left((\bar{b}_k(i))^{T-k-1}\right)\mathbb{E}(S_k(i)) \qquad (3.58)$$

$$\mathbb{E}\left((\bar{b}_k(i))^{2(T-k-1)}S_k(i)S_k'(i)\right) = \mathbb{E}\left((\bar{b}_k(i))^{2(T-k-1)}\right)\mathbb{E}(S_k(i)S_k'(i)) \qquad (3.59)$$

因此，由方程(3.4)、方程(3.58)、方程(3.59)和假设 3.2.2，得

$\mathrm{Var}((\bar{b}_k(i))^{T-k-1}S_k(i))$

$= \mathbb{E}((\bar{b}_k(i))^{2(T-k-1)}S_k(i)S_k'(i)) - \mathbb{E}((\bar{b}_k(i))^{T-k-1}S_k(i))\mathbb{E}((\bar{b}_k(i))^{T-k-1}S_k'(i))$

$= \mathbb{E}((\bar{b}_k(i))^{2(T-k-1)})\mathbb{E}(S_k(i)S_k'(i)) - \mathbb{E}^2((\bar{b}_k(i))^{T-k-1})\mathbb{E}(S_i(i))\mathbb{E}(S_k'(i))$

$= (\mathrm{Var}((\bar{b}_k(i))^{T-k-1}) + \mathbb{E}^2((\bar{b}_k(i))^{T-k-1}))\mathbb{E}(S_k(i)S_k'(i))$

$\quad - \mathbb{E}^2((\bar{b}_k(i))^{T-k-1})\mathbb{E}(S_k(i))\mathbb{E}(S_k'(i))$

$= \mathrm{Var}((\bar{b}_k(i))^{T-k-1})\mathbb{E}(S_k(i)S_k'(i)) + \mathbb{E}^2((\bar{b}_k(i))^{T-k-1})\mathrm{Var}(S_k(i)) > 0$

证毕。

附录 C. 引理 3.3.3 的证明

证明. 我们利用数学归纳法证明此引理。对于 $k = T$ 和所有的 $i \in \Pi$，因为 $A_T(i) = 0$ 和 $\phi_T(i) = 1$，因此，此引理关于 $k = T$ 成立。

假设此引理关于 T，$T-1$，$\cdots$，$k+1$ 和所有的 $i \in \Pi$ 成立，即，$A_{k+1}(i) \geq 0$ 和 $\phi_{k+1}(i) > 0$。由于

$$\begin{aligned}
\bar{\lambda}_k(i) &= \mathbb{E}((\bar{b}_k(i))^{2(T-k-1)}) \mathbb{E}(S_k(i)S_k'(i)) \times \Big[\sum_{j=1}^m q_k(i, j) \bar{A}_{k+1}(j) \\
&\quad + \sum_{j=1}^m q_k(i, j)\phi_{k+1}^2(j) \Big] - \mathbb{E}^2((\bar{b}_k(i))^{T-k-1}) \mathbb{E}(S_k(i)) \mathbb{E}(S_k'(i)) \\
&\quad \Big(\sum_{j=1}^m q_k(i, j)\phi_{k+1}(j)\Big)^2 \\
&= \mathbb{E}((\bar{b}_k(i))^{2(T-k-1)}) \mathbb{E}(S_k(i)S_k'(i)) \sum_{j=1}^m q_k(i, j) \bar{A}_{k+1}(j) \\
&\quad + \mathbb{E}((\bar{b}_k(i))^{2(T-k-1)}) \mathbb{E}(S_k(i)S_k'(i)) \\
&\quad \times \Big[\sum_{j=1}^m q_k(i, j)\phi_{k+1}^2(j) - \Big(\sum_{j=1}^m q_k(i, j)\phi_{k+1}(j)\Big)^2 \Big] \\
&\quad + \Big(\sum_{j=1}^m q_k(i, j)\phi_{k+1}(j)\Big)^2 \operatorname{Var}((\bar{b}_k(i))^{T-k-1} S_k(i)) \quad (3.60)
\end{aligned}$$

由方程(3.4)、引理 3.3.1 和引理 3.3.2 可知，$\bar{\lambda}_k(i)$ 是正定的。因此，

$$|\bar{\lambda}_k(i)| > 0 \text{。}$$

接下来，我们考虑 k 时的情况。由方程(3.33)和假设 3.2.1，我们知道，
$\mathbb{E}(\mathfrak{D}_k(i) \mathfrak{D}_k'(i))$

$$= \mathbb{E}\left[(\bar{b}_k(i))^{T-k-1} \begin{pmatrix} 1 \\ S_k(i) \end{pmatrix} (\bar{b}_k(i))^{T-k-1} \begin{pmatrix} 1 \\ S_k'(i) \end{pmatrix} \right]$$

$$= \begin{pmatrix} \mathbb{E}((\bar{b}_k(i))^{2(T-k-1)}) & \mathbb{E}((\bar{b}_k(i))^{2(T-k-1)}) \mathbb{E}(S_k'(i)) \\ \mathbb{E}((\bar{b}_k(i))^{2(T-k-1)}) \mathbb{E}(S_k(i)) & \mathbb{E}((\bar{b}_k(i))^{2(T-k-1)}) \mathbb{E}(S_k(i)S_k'(i)) \end{pmatrix}$$

$\mathbb{E}(\mathfrak{D}_k(i)) \mathbb{E}(\mathfrak{D}_k'(i))$

$$= \mathbb{E}\left[(\bar{b}_k(i))^{T-k-1} \begin{pmatrix} 1 \\ S_k(i) \end{pmatrix} \right] \mathbb{E}\left[(\bar{b}_k(i))^{T-k-1} \begin{pmatrix} 1 & S_k'(i) \end{pmatrix} \right]$$

$$= \begin{pmatrix} \mathbb{E}^2((\bar{b}_k(i))^{T-k-1}) & \mathbb{E}^2((\bar{b}_k(i))^{T-k-1}) \mathbb{E}(S_k'(i)) \\ \mathbb{E}^2((\bar{b}_k(i))^{T-k-1}) \mathbb{E}(S_k(i)) & \mathbb{E}^2((\bar{b}_k(i))^{T-k-1}) \mathbb{E}(S_k(i)) \mathbb{E}(S_k'(i)) \end{pmatrix}$$

因此

$$\mathbb{F}_k(i) := \mathbb{E}(\mathfrak{D}_k(i)\mathfrak{D}'_k(i))\left[\sum_{j=1}^m q_k(i,j)\bar{A}_{k+1}(j) + \sum_{j=1}^m q_k(i,j)\phi_{k+1}^2(j)\right]$$
$$- \mathbb{E}(\mathfrak{D}_k(i))\mathbb{E}(\mathfrak{D}'_k(i))\left(\sum_{j=1}^m q_k(i,j)\phi_{k+1}(j)\right)^2$$
$$= \begin{pmatrix} w_k(i) & w_k(i)\mathbb{E}(S'_k(i)) \\ w_k(i)\mathbb{E}(S_k(i)) & \bar{\lambda}_k(i) \end{pmatrix} \quad (3.61)$$

另外,

$$\mathbb{F}_k(i) = \mathbb{E}(\mathfrak{D}_k(i)\mathfrak{D}'_k(i))\sum_{j=1}^m q_k(i,j)\bar{A}_{k+1}(j)$$
$$+ \mathbb{E}(\mathfrak{D}_k(i)\mathfrak{D}'_k(i))\left[\sum_{j=1}^m q_k(i,j)\phi_{k+1}^2(j) - \left(\sum_{j=1}^m q_k(i,j)\phi_{k+1}(j)\right)^2\right]$$
$$+ \left[\mathbb{E}(\mathfrak{D}_k(i)\mathfrak{D}'_k(i)) - \mathbb{E}(\mathfrak{D}_k(i))\mathbb{E}(\mathfrak{D}'_k(i))\right]\left(\sum_{j=1}^m q_k(i,j)\phi_{k+1}(j)\right)^2$$
$$(3.62)$$

对于任意的 $i \in \Pi$, 由于 $\bar{A}_{k+1}(i) \geq 0$, $\phi_{k+1}(i) > 0$, 且由 Yao 等 (2016d) 中的性质 1 知 $\mathbb{E}(\mathfrak{D}_k(i)\mathfrak{D}'_k(i))$ 是正定的, 由 Muirhead(1982) 知 $\mathrm{Var}(\mathfrak{D}_k(i)) = \mathbb{E}(\mathfrak{D}_k(i)\mathfrak{D}'_k(i)) - \mathbb{E}(\mathfrak{D}_k(i))\mathbb{E}(\mathfrak{D}'_k(i))$ 是半正定的, 那么, 由引理 3.3.1 知, $\mathbb{F}_k(i)$ 是半正定的。因此, $|\mathbb{F}_k(i)| \geq 0$。又由于 $\bar{\lambda}_k(i)$ 是正定的, 由方程(3.61)和引理 1.5.1, 得

$$|\mathbb{F}_k(i)| = |\bar{\lambda}_k(i)||w_k(i) - w_k^2(i)\mathbb{E}(S'_k(i))\bar{\lambda}_k^{-1}(i)\mathbb{E}(S_k(i))|$$

因此

$$\bar{A}_k(i) = w_k(i) - w_k^2(i)\mathbb{E}(S'_k(i))\bar{\lambda}_k^{-1}(i)\mathbb{E}(S_k(i)) \geq 0 \quad (3.63)$$

设

$$\mathbb{N}_k(i) = \begin{pmatrix} \mathbb{E}((\bar{b}_k(i))^{T-k-1}) & w_k(i)\mathbb{E}(S'_k(i)) \\ \mathbb{E}((\bar{b}_k(i))^{T-k-1})\mathbb{E}(S_k(i)) & \bar{\lambda}_k(i) \end{pmatrix} \quad (3.64)$$

由引理 1.5.1 知,

$$|\mathbb{N}_k(i)| = \left|\mathbb{E}((\bar{b}_k(i))^{T-k-1})\bar{\lambda}_k(i) - \mathbb{E}((\bar{b}_k(i))^{T-k-1})\mathbb{E}(S_k(i))w_k(i)\mathbb{E}(S'_k(i))\right|$$
$$= \left|\mathbb{E}((\bar{b}_k(i))^{T-k-1})\mathbb{E}((\bar{b}_k(i))^{2(T-k-1)})\left[\sum_{j=1}^m q_k(i,j)\bar{A}_{k+1}(j) \right.\right.$$
$$\left.\left. + \sum_{j=1}^m q_k(i,j)\phi_{k+1}^2(j)\right]\mathrm{Var}(S_k(i))\right|$$

由于 $\mathbb{E}((\bar{b}_k(i))^{T-k-1}) > 0$，$\mathbb{E}((\bar{b}_k(i))^{2(T-k-1)}) > 0$，且由假设 3.2.2 知，$\mathrm{Var}(S_k(i))$ 是正定的，因此，有 $|\mathbb{N}_k(i)| > 0$。再一次利用引理 1.5.1，有

$$|\mathbb{N}_k(i)| = |\bar{\lambda}_k(i)| |\mathbb{E}((\bar{b}_k(i))^{T-k-1}) - \mathbb{E}((\bar{b}_k(i))^{T-k-1}) w_k(i)$$
$$\times \mathbb{E}(S_k'(i)) \bar{\lambda}_k^{-1}(i) \mathbb{E}(S_k(i))|$$

那么

$$\phi_k(i) = \mathbb{E}((\bar{b}_k(i))^{T-k-1})[1 - w_k(i) \mathbb{E}(S_k'(i)) \bar{\lambda}_k^{-1}(i) \mathbb{E}(S_k(i))]$$
$$\times \sum_{j=1}^{m} q_k(i, j) \phi_{k+1}(j) > 0 \tag{3.65}$$

方程(3.63)和方程(3.65)表明此引理关于 k 和所有的 $i \in \Pi$ 成立。利用数学归纳法，此引理对于所有的 $k = 0, 1, \cdots, T$ 和 $i \in \Pi$ 成立。引理得证。

附录 D. 定理 3.3.1 的证明

证明： 我们利用数学归纳法证明此定理。当 $k = T - 1$ 时，由方程(3.3)、方程(3.5)、方程(3.6)、方程(3.12)和方程(3.13)，得

$$V_{T-1}(x_{T-1}, r_{T-1}, y_{T-1}, i)$$
$$= \max_{\pi_{T-1}(i)} \{ \mathbb{E}_{x_{T-1}, r_{T-1}, y_{T-1}, i}(V_T(X_T^\pi, R_T, Y_T, \xi_T))$$
$$\quad - \omega \mathbb{E}_{x_{T-1}, r_{T-1}, y_{T-1}, i}(g_T^2(X_T^\pi, R_T, Y_T, \xi_T))$$
$$\quad + \omega [\mathbb{E}_{x_{T-1}, r_{T-1}, y_{T-1}, i}(g_T(X_T^\pi, R_T, Y_T, \xi_T))]^2 \}$$
$$= \max_{\pi_{T-1}(i)} \{ \mathbb{E}_{x_{T-1}, r_{T-1}, y_{T-1}, i}(X_T^\pi) - \omega \mathbb{E}_{x_{T-1}, r_{T-1}, y_{T-1}, i}((X_T^\pi)^2)$$
$$\quad + \omega [\mathbb{E}_{x_{T-1}, r_{T-1}, y_{T-1}, i}(X_T^\pi)]^2 \}$$
$$= \max_{\pi_{T-1}(i)} \{ \mathbb{E}(x_{T-1} r_{T-1} + S_{T-1}'(i) \pi_{T-1}(i) + c_{T-1} y_{T-1})$$
$$\quad - \omega \pi_{T-1}'(i) [\mathbb{E}(S_{T-1}(i) S_{T-1}'(i)) - \mathbb{E}(S_{T-1}(i)) \mathbb{E}(S_{T-1}'(i))] \pi_{T-1}(i) \}$$
$$= \max_{\pi_{T-1}(i)} \{ x_{T-1} r_{T-1} + \mathbb{E}(S_{T-1}'(i)) \pi_{T-1}(i) + c_{T-1} y_{T-1}$$
$$\quad - \omega \pi_{T-1}'(i) \mathrm{Var}(S_{T-1}(i)) \pi_{T-1}(i) \} \tag{3.66}$$

由于 $\omega > 0$，且由假设 3.2.2 知 $\mathrm{Var}(S_{T-1}(i))$ 是正定的，因此，关于 $\pi_{T-1}(i)$ 利用一阶条件得最优解

$$\pi_{T-1}^*(i) = \frac{1}{2\omega} \mathrm{Var}^{-1}(S_{T-1}(i)) \mathbb{E}(S_{T-1}(i)) \tag{3.67}$$

把方程(3.67)分别代入方程(3.66)和方程(3.13)，得

$$V_{T-1}(x_{T-1}, r_{T-1}, y_{T-1}, i) = r_{T-1}x_{T-1} + c_{T-1}y_{T-1} + \frac{1}{4\omega}\mathbb{E}(S'_{T-1}(i))$$
$$\times \text{Var}^{-1}(S_{T-1}(i))\,\mathbb{E}(S_{T-1}(i)) \quad (3.68)$$

$$g_{T-1}(x_{T-1}, r_{T-1}, y_{T-1}, i)$$
$$= \mathbb{E}_{x_{T-1}, r_{T-1}, y_{T-1}, i}(g_T(X_T^\pi, R_T, Y_T, \xi_T))$$
$$= \mathbb{E}(x_{T-1}r_{T-1} + S'_{T-1}(i)\pi_{T-1}(i) + c_{T-1}y_{T-1})$$
$$= r_{T-1}x_{T-1} + c_{T-1}y_{T-1} + \frac{1}{2\omega}\mathbb{E}(S'_{T-1}(i))\,\text{Var}^{-1}(S_{T-1}(i))\,\mathbb{E}(S_{T-1}(i))$$
$$(3.69)$$

另外，由方程(3.14)~方程(3.27)，有
$$w_{T-1}(i) = 0, \bar{\lambda}_{T-1}(i) = \text{Var}(S_{T-1}(i)), \bar{A}_{T-1}(i) = 0, O_{T-1}(i) = 1, \bar{B}_{T-1}(i) = 1$$
$$(3.70)$$
$$\delta_{T-1, T-1}(i) = 0, f_{T-1}(i) = h_{T-1}(i) = \mathbb{E}(S'_{T-1}(i))\,\text{Var}^{-1}(S_{T-1}(i))\,\mathbb{E}(S_{T-1}(i))$$
$$(3.71)$$
$$\phi_{T-1}(i) = 1, U_{T-1, T-1}(i) = 0, \beta_{T-1, T-1}(i) = 1, \alpha_{T-1, T-1}(i) = 0, \gamma_{T-1, T-1}(i) = 1$$
$$(3.72)$$

因此，方程(3.67)~方程(3.69)可以重新表示为

$$\pi^*_{T-1}(i) = \bar{\lambda}^{-1}_{T-1}(i)\left(\frac{O_{T-1}(i)\,\mathbb{E}((\bar{b}_{T-1}(i))^0)\,\mathbb{E}(S_{T-1}(i))}{2\omega r^0_{T-1}} - w_{T-1}(i)r_{T-1}x_{T-1}\,\mathbb{E}(S_{T-1}(i))\right.$$
$$\left. - \delta_{T-1, T-1}(i)r^0_{T-1}c_{T-1}y_{T-1}\right) \quad (3.73)$$

$$V_{T-1}(x_{T-1}, r_{T-1}, y_{T-1}, i) = -\omega\bar{A}_{T-1}(i)r^2_{T-1}x^2_{T-1} + \bar{B}_{T-1}(i)r_{T-1}x_{T-1}$$
$$+ \frac{1}{4\omega}f_{T-1}(i) + \beta_{T-1, T-1}(i)r^0_{T-1}c_{T-1}y_{T-1} -$$
$$2\omega U_{T-1, T-1}(i)r_{T-1}c_{T-1}y_{T-1}x_{T-1}$$
$$- \omega\alpha_{T-1, T-1}(i)r^0_{T-1}c^2_{T-1}y^2_{T-1}$$
$$- 2\omega\sum_{T-1\leqslant l<h\leqslant T-1}S_{T-1, l, h}(i)r_{T-1}^{2T-(l+h)-2}c_l c_h y^2_{T-1}$$
$$(3.74)$$

$$g_{T-1}(x_{T-1}, r_{T-1}, y_{T-1}, i) = \phi_{T-1}(i)r_{T-1}x_{T-1} + \frac{1}{2\omega}h_{T-1}(i)$$
$$+ \gamma_{T-1, T-1}(i)r_{T-1}^0 c_{T-1}y_{T-1} \qquad (3.75)$$

方程(3.73)~方程(3.75)表明方程(3.34)~方程(3.36)关于 $k = T - 1$ 成立。

现在假设方程(3.34)~方程(3.36)关于 $T-1, T-2, \cdots, k+1$ 成立。那么，关于 k，利用扩展的 Bellman 方程(3.12)，得

$V_k(x_k, r_k, y_k, i)$

$= \max_{\pi_k(i)} \Big\{ \sum_{j=1}^m q_k(i, j) \, \mathbb{E}(V_{k+1}(x_k r_k + S'_k(i)\pi_k(i) + c_k y_k, \bar{b}_k(i) r_k,$
$\bar{\theta}_k(i) y_k, j)) - \omega \sum_{j=1}^m q_k(i, j) \, \mathbb{E}(g_{k+1}^2(x_k r_k + S'_k(i)\pi_k(i)$
$+ c_k y_k, \bar{b}_k(i) r_k, \bar{\theta}_k(i) y_k, j)) + \omega \Big[\sum_{j=1}^m q_k(i, j) \, \mathbb{E}(g_{k+1}(x_k r_k + S'_k(i)\pi_k(i)$
$+ c_k y_k, \bar{b}_k(i) r_k, \bar{\theta}_k(i) y_k, j)) \Big]^2 \Big\}$

$= \max_{\pi_k(i)} \Big\{ \sum_{j=1}^m q_k(i, j) \, \mathbb{E}(-\omega \bar{A}_{k+1}(j)(\bar{b}_k(i))^{2(T-k-1)} r_k^{2(T-k-1)}(x_k r_k$
$+ S'_k(i)\pi_k(i) + c_k y_k)^2 + \bar{B}_{k+1}(j)(\bar{b}_k(i))^{T-k-1} r_k^{T-k-1}(x_k r_k + S'_k(i)\pi_k(i)$
$+ c_k y_k) + \frac{1}{4\omega} f_{k+1}(j) + \sum_{l=k+1}^{T-1} \beta_{k+1, l}(j)(\bar{b}_k(i))^{T-l-1} r_k^{T-l-1} c_l \bar{\theta}_k(i) y_k$
$- 2\omega \sum_{l=k+1}^{T-1} U_{k+1, l}(j)(\bar{b}_k(i))^{2T-(k+l)-2} r_k^{2T-(k+l)-2} c_l \bar{\theta}_k(i) y_k (x_k r_k + S'_k(i)$
$\pi_k(i) + c_k y_k) - \omega \sum_{l=k+1}^{T-1} \alpha_{k+1, l}(j)(\bar{b}_k(i))^{2(T-l-1)} r_k^{2(T-l-1)} c_l^2 \times \bar{\theta}_k^2(i) y_k^2$
$- 2\omega \sum_{k+1 \leq l < h \leq T-1} S_{k+1, l, h}(j)(\bar{b}_k(i))^{2T-(l+h)-2} r_k^{2T-(l+h)-2} c_l c_h \times \bar{\theta}_k^2(i) y_k^2)$
$- \omega \sum_{j=1}^m q_k(i, j) \, \mathbb{E}((\phi_{k+1}(j)(\bar{b}_k(i))^{T-k-1} r_k^{T-k-1}(x_k r_k + S'_k(i)\pi_k(i)$
$+ c_k y_k) + \frac{1}{2\omega} h_{k+1}(j) + \sum_{l=k+1}^{T-1} \gamma_{k+1, l}(j)(\bar{b}_k(i))^{T-l-1} r_k^{T-l-1} c_l \times \bar{\theta}_k(i) y_k)^2)$
$+ \omega \Big[\sum_{j=1}^m q_k(i, j) \, \mathbb{E}(\phi_{k+1}(j)(\bar{b}_k(i))^{T-k-1} r_k^{T-k-1}(x_k r_k + S'_k(i)\pi_k(i)$
$+ c_k y_k) + \frac{1}{2\omega} h_{k+1}(j) + \sum_{l=k+1}^{T-1} \gamma_{k+1, l}(j)(\bar{b}_k(i))^{T-l-1} r_k^{T-l-1} c_l \bar{\theta}_k(i) y_k) \Big]^2 \Big\}$

$$= -\omega(\mathbb{E}((\bar{b}_k(i))^{2(T-k-1)})\Big(\sum_{j=1}^m q_k(i,j)\bar{A}_{k+1}(j) + \sum_{j=1}^m q_k(i,j)\phi_{k+1}^2(j)\Big)$$

$$- \mathbb{E}^2((\bar{b}_k(i))^{T-k-1})\Big(\sum_{j=1}^m q_k(i,j)\phi_{k+1}(j)\Big)^2\Big)r_k^{2(T-k)}x_k^2$$

$$+ \Big(\sum_{j=1}^m q_k(i,j)\bar{B}_{k+1}(j) - \sum_{j=1}^m q_k(i,j)\phi_{k+1}(j)h_{k+1}(j)$$

$$+ \sum_{j=1}^m q_k(i,j)h_{k+1}(j)\sum_{j=1}^m q_k(i,j) \times \phi_{k+1}(j)\Big)\mathbb{E}\Big((\bar{b}_k(i))^{T-k-1}\Big)r_k^{T-k}x_k$$

$$+ \frac{1}{4\omega}\Big[\sum_{j=1}^m q_k(i,j)f_{k+1}(j) - \sum_{j=1}^m q_k(i,j)h_{k+1}^2(j)$$

$$+ \Big(\sum_{j=1}^m q_k(i,j)h_{k+1}(j)\Big)^2\Big] + \Big(\sum_{j=1}^m q_k(i,j) \times \bar{B}_{k+1}(j)$$

$$- \sum_{j=1}^m q_k(i,j)\phi_{k+1}(j)h_{k+1}(j) + \sum_{j=1}^m q_k(i,j)h_{k+1}(j)$$

$$\times \sum_{j=1}^m q_k(i,j)\phi_{k+1}(j)\Big)\mathbb{E}((\bar{b}_k(i))^{T-k-1})r_k^{T-k-1}c_ky_k$$

$$- \omega(\mathbb{E}((\bar{b}_k(i))^{2(T-k-1)})\Big(\sum_{j=1}^m q_k(i,j)\bar{A}_{k+1}(j) + \sum_{j=1}^m q_k(i,j)\phi_{k+1}^2(j)\Big)$$

$$- \mathbb{E}^2((\bar{b}_k(i))^{T-k-1})\Big(\sum_{j=1}^m q_k(i,j)\phi_{k+1}(j)\Big)^2\Big)r_k^{2(T-k-1)}c_k^2y_k^2$$

$$- 2\omega(\mathbb{E}((\bar{b}_k(i))^{2(T-k-1)})\Big(\sum_{j=1}^m q_k(i,j)\bar{A}_{k+1}(j) + \sum_{j=1}^m q_k(i,j)\phi_{k+1}^2(j)\Big)$$

$$- \mathbb{E}^2((\bar{b}_k(i))^{T-k-1})\Big(\sum_{j=1}^m q_k(i,j)\phi_{k+1}(j)\Big)^2\Big)r_k^{1+2(T-k-1)}c_ky_kx_k - 2\omega$$

$$\times \sum_{l=k+1}^{T-1}(\mathbb{E}((\bar{b}_k(i))^{2T-(k+l)-2}\bar{\theta}_k(i))\Big(\sum_{j=1}^m q_k(i,j)U_{k+1,l}(j)$$

$$+ \sum_{j=1}^m q_k(i,j)\phi_{k+1}(j)\gamma_{k+1,l}(j)\Big) - \mathbb{E}((\bar{b}_k(i))^{T-k-1})\mathbb{E}((\bar{b}_k(i))^{T-l-1}\bar{\theta}_k(i))$$

$$\times \sum_{j=1}^m q_k(i,j)\phi_{k+1}(j)\sum_{j=1}^m q_k(i,j)\gamma_{k+1,l}(j)\Big)r_k^{2T-(k+l)-1}c_ly_kx_k$$

$$+ \sum_{l=k+1}^{T-1}\Big(\sum_{j=1}^m q_k(i,j)\beta_{k+1,l}(j) - \sum_{j=1}^m q_k(i,j)h_{k+1}(j)\gamma_{k+1,l}(j)$$

$$+ \sum_{j=1}^m q_k(i,j)h_{k+1}(j)\sum_{j=1}^m q_k(i,j)\gamma_{k+1,l}(j)\Big)\mathbb{E}((\bar{b}_k(i))^{T-l-1}\bar{\theta}_k(i))r_k^{T-l-1}c_ly_k$$

$$- 2\omega\sum_{l=k+1}^{T-1}(\mathbb{E}((\bar{b}_k(i))^{2T-(k+l)-2}\bar{\theta}_k(i))\Big(\sum_{j=1}^m q_k(i,j)U_{k+1,l}(j)$$

$$+ \sum_{j=1}^m q_k(i,j)\phi_{k+1}(j)\gamma_{k+1,l}(j)\Big) - \mathbb{E}((\bar{b}_k(i))^{T-k-1})\mathbb{E}((\bar{b}_k(i))^{T-l-1}\bar{\theta}_k(i))$$

$$\times \sum_{j=1}^m q_k(i,j)\phi_{k+1}(j)\sum_{j=1}^m q_k(i,j)\gamma_{k+1,l}(j)\Big)r_k^{2T-(k+l)-2}c_lc_ky_k^2 -$$

$$\omega \sum_{l=k+1}^{T-1} (\mathbb{E}((\bar{b}_k(i))^{2(T-l-1)} \bar{\theta}_k^2(i)) \Big(\sum_{j=1}^{m} q_k(i,j) \alpha_{k+1,l}(j)$$

$$+ \sum_{j=1}^{m} q_k(i,j)(\gamma_{k+1,l}(j))^2 \Big) - \mathbb{E}^2((\bar{b}_k(i))^{T-l-1} \bar{\theta}_k(i))$$

$$\times \Big(\sum_{j=1}^{m} q_k(i,j) \gamma_{k+1,l}(j) \Big)^2 \Big) r_k^{2(T-l-1)} c_l^2 y_k^2$$

$$- 2\omega \sum_{k+1 \leq l < h \leq T-1} (\mathbb{E}((\bar{b}_k(i))^{2T-(l+h)-2} \bar{\theta}_k^2(i)) \Big(\sum_{j=1}^{m} q_k(i,j) S_{k+1,l,h}(j)$$

$$\times \sum_{j=1}^{m} q_k(i,j) \gamma_{k+1,l}(j) \gamma_{k+1,h}(j) \Big) - \mathbb{E}((\bar{b}_k(i))^{T-l-1} \bar{\theta}_k(i))$$

$$\times \mathbb{E}((\bar{b}_k(i))^{T-h-1} \bar{\theta}_k(i)) \sum_{j=1}^{m} q_k(i,j) \gamma_{k+1,l}(j)$$

$$\times \sum_{j=1}^{m} q_k(i,j) \gamma_{k+1,h}(j) \Big) r_k^{2T-(l+h)-2} c_l c_h y_k^2$$

$$+ \max_{\pi_k(i)} \Big\{ -2\omega r_k^{1+2(T-k-1)} \Big(\mathbb{E}((\bar{b}_k(i))^{2(T-k-1)}) \Big(\sum_{j=1}^{m} q_k(i,j) \bar{A}_{k+1}(j)$$

$$+ \sum_{j=1}^{m} q_k(i,j) \phi_{k+1}^2(j) \Big) - \mathbb{E}^2(\bar{b}_k(i))^{T-k-1} \Big(\sum_{j=1}^{m} q_k(i,j) \phi_{k+1}(j) \Big)^2 \Big)$$

$$\times \mathbb{E}(S_k'(i)) \pi_k(i) x_k - 2\omega r_k^{2(T-k-1)} \Big(\mathbb{E}((\bar{b}_k(i))^{2(T-k-1)}) \Big(\sum_{j=1}^{m} q_k(i,j) \bar{A}_{k+1}(j)$$

$$+ \sum_{j=1}^{m} q_k(i,j) \phi_{k+1}^2(j) \Big) - \mathbb{E}^2((\bar{b}_k(i))^{T-k-1}) \Big(\sum_{j=1}^{m} q_k(i,j) \phi_{k+1}(j) \Big)^2 \Big)$$

$$\times \mathbb{E}(S_k'(i)) \pi_k(i) c_k y_k + r_k^{T-k-1} \Big(\sum_{j=1}^{m} q_k(i,j) \bar{B}_{k+1}(j)$$

$$- \sum_{j=1}^{m} q_k(i,j) \phi_{k+1}(j) h_{k+1}(j) + \sum_{j=1}^{m} q_k(i,j) h_{k+1}(j)$$

$$\times \sum_{j=1}^{m} q_k(i,j) \phi_{k+1}(j) \Big) \times \mathbb{E}((\bar{b}_k(i))^{T-k-1}) \mathbb{E}(S_k'(i)) \pi_k(i)$$

$$- \omega r_k^{2(T-k-1)} \pi_k'(i) \Big(\mathbb{E}((\bar{b}_k(i))^{2(T-k-1)}) \mathbb{E}(S_k(i) S_k'(i)) \Big(\sum_{j=1}^{m} q_k(i,j) \bar{A}_{k+1}(j)$$

$$+ \sum_{j=1}^{m} q_k(i,j) \phi_{k+1}^2(j) \Big) - \mathbb{E}^2((\bar{b}_k(i))^{T-k-1}) \mathbb{E}(S_k(i)) \mathbb{E}(S_k'(i))$$

$$\times \Big(\sum_{j=1}^{m} q_k(i,j) \phi_{k+1}(j) \Big)^2 \Big) \pi_k(i) - 2\omega \sum_{l=k+1}^{T-1} (\mathbb{E}((\bar{b}_k(i))^{2T-(k+l)-2}$$

$$\times \bar{\theta}_k(i) S_k'(i)) \Big(\sum_{j=1}^{m} q_k(i,j) U_{k+1,l}(j) + \sum_{j=1}^{m} q_k(i,j) \phi_{k+1}(j) \gamma_{k+1,l}(j) \Big)$$

$$- \mathbb{E}((\bar{b}_k(i))^{T-k-1} S_k'(i)) \mathbb{E}((\bar{b}_k(i))^{T-l-1} \bar{\theta}_k(i))$$

$$\times \sum_{j=1}^{m} q_k(i,j) \phi_{k+1}(j) \sum_{j=1}^{m} q_k(i,j) \gamma_{k+1,l}(j) \pi_k(i) r_k^{2T-(k+l)-2} c_l y_k \Big\}$$

$$= O_k(i)\,\mathbb{E}\,((\bar{b}_k(i))^{T-k-1})r_k^{T-k}x_k + O_k(i)\,\mathbb{E}\,((\bar{b}_k(i))^{T-k-1})r_k^{T-k-1}c_k y_k$$

$$+ \frac{1}{4\omega}\Big[\sum_{j=1}^m q_k(i,j)f_{k+1}(j) - \sum_{j=1}^m q_k(i,j)h_{k+1}^2(j) + \Big(\sum_{j=1}^m q_k(i,j)h_{k+1}(j)\Big)^2\Big]$$

$$- 2\omega w_k(i)r_k^{1+2(T-k-1)}c_k y_k x_k - \omega \sum_{l=k+1}^{T-1} M_{k,l}(i) r_k^{2(T-l-1)} c_l^2 y_k^2$$

$$+ \sum_{l=k+1}^{T-1} \Psi_{k,l}(i) r_k^{T-l-1} c_l y_k - 2\omega \sum_{l=k+1}^{T-1} \Phi_{k,l}(i) r_k^{2T-(k+l)-1} c_l y_k x_k$$

$$- 2\omega \sum_{l=k+1}^{T-1} \Phi_{k,l}(i) r_k^{2T-(k+l)-2} c_l c_k y_k^2 - \omega w_k(i) r_k^{2(T-k)} x_k^2 - \omega w_k(i) r_k^{2(T-k-1)} c_k^2 y_k^2$$

$$- 2\omega \sum_{k+1 \le l < h \le T-1} N_{k,l,h}(i) r_k^{2T-(l+h)-2} c_l c_h y_k^2 + \max_{\pi_k(i)} \Big\{ -2\omega r_k^{1+2(T-k-1)} w_k(i)$$

$$\times \mathbb{E}\,(S_k'(i)) \pi_k(i) x_k - 2\omega r_k^{2(T-k-1)} w_k(i)\,\mathbb{E}\,(S_k'(i))\pi_k(i)c_k y_k$$

$$+ O_k(i) r_k^{T-k-1}\,\mathbb{E}\,((\bar{b}_k(i))^{T-k-1})\,\mathbb{E}\,(S_k'(i))\pi_k(i) - \omega r_k^{2(T-k-1)}$$

$$\times \pi_k'(i)\bar{\lambda}_k(i)\pi_k(i) - 2\omega \sum_{l=k+1}^{T-1} r_k^{2T-(k+l)-2} c_l y_k (\delta_{k,l}(i))' \pi_k(i)\Big\} \quad (3.76)$$

由于 $\omega > 0$, $r_k = R_k > 0$, 且由引理3.3.4知 $\bar{\lambda}_k(i)$ ($i \in \Pi$) 是正定的, 因此, 关于 $\pi_k(i)$ 利用一阶条件得最优解

$$\pi_k^*(i) = \bar{\lambda}_k^{-1}(i)\Big(\frac{O_k(i)\,\mathbb{E}\,((\bar{b}_k(i))^{T-k-1})\,\mathbb{E}\,(S_k(i))}{2\omega r_k^{T-k-1}} - w_k(i) r_k x_k$$

$$\times \mathbb{E}\,(S_k(i)) - \sum_{l=k}^{T-1} \delta_{k,l}(i) r_k^{k-l} c_l y_k\Big) \quad (3.77)$$

把方程(3.77)分别代入方程(3.76)和方程(3.13), 得

$$V_k(x_k, r_k, y_k, i)$$

$$= -\omega(w_k(i) - w_k^2(i)\,\mathbb{E}\,(S_k'(i))\bar{\lambda}_k^{-1}(i) \times \mathbb{E}\,(S_k(i))) r_k^{2(T-k)} x_k^2$$

$$+ O_k(i)\,\mathbb{E}\,((\bar{b}_k(i))^{T-k-1}) + [1 - w_k(i)\,\mathbb{E}\,(S_k'(i))\bar{\lambda}_k^{-1}(i)\,\mathbb{E}\,(S_k(i))] r_k^{T-k} x_k$$

$$+ \frac{1}{4\omega}\Big(O_k^2(i)\,\mathbb{E}^2((\bar{b}_k(i))^{T-k-1})\,\mathbb{E}\,(S_k'(i))\bar{\lambda}_k^{-1}(i)\,\mathbb{E}\,(S_k(i))$$

$$+ \sum_{j=1}^m q_k(i,j)f_{k+1}(j) + \Big(\sum_{j=1}^m q_k(i,j)h_{k+1}(j)\Big)^2 - \sum_{j=1}^m q_k(i,j)h_{k+1}^2(j)$$

$$- 2\omega(w_k(i) - w_k^2(i)\,\mathbb{E}\,(S_k'(i))\bar{\lambda}_k^{-1}(i)\,\mathbb{E}\,(S_k(i))) r_k^{2T-2k-1} c_k y_k x_k$$

$$- 2\omega \sum_{l=k+1}^{T-1} (\Phi_{k,l}(i) - w_k(i)(\delta_{k,l}(i))' \bar{\lambda}_k^{-1}(i)\,\mathbb{E}\,(S_k(i))) r_k^{2T-(k+l)-1} c_l y_k x_k$$

$$+ O_k(i)\,\mathbb{E}\,((\bar{b}_k(i))^{T-k-1})[1 - w_k(i)\,\mathbb{E}\,(S_k'(i))\bar{\lambda}_k^{-1}(i)\,\mathbb{E}\,(S_k(i))] r_k^{T-k-1} c_k y_k$$

$$+ \sum_{l=k+1}^{T-1}(\Psi_{k,l}(i) - O_k(i)\,\mathbb{E}((\bar{b}_k(i))^{T-k-1})(\delta_{k,l}(i))'\bar{\lambda}_k^{-1}(i)$$

$$\times \mathbb{E}(S_k(i)))r_k^{T-l-1}c_l y_k - \omega(w_k(i) - w_k^2(i)\,\mathbb{E}(S_k'(i))\,\bar{\lambda}_k^{-1}(i)$$

$$\times \mathbb{E}(S_k(i)))r_k^{2(T-k-1)}c_k^2 y_k^2 - \omega \sum_{l=k+1}^{T-1}(M_{k,l}(i) - (\delta_{k,l}(i))'$$

$$\times \bar{\lambda}_k^{-1}(i)\delta_{k,l}(i))r_k^{2(T-l-1)}c_l^2 y_k^2 - 2\omega \sum_{l=k+1}^{T-1}(\Phi_{k,l}(i) - w_k(i)(\delta_{k,l}(i))'$$

$$\times \bar{\lambda}_k^{-1}(i)\,\mathbb{E}(S_k(i)))r_k^{2T-(k+l)-2}c_l c_k y_k^2 - 2\omega \sum_{k+1\leq l<h\leq T-1}(N_{k,l,h}(i)$$

$$- (\delta_{k,l}(i))'\bar{\lambda}_k^{-1}(i)\delta_{k,h}(i))r_k^{2T-(l+h)-2}c_l c_h y_k^2$$

$$= -\omega \bar{A}_k(i)r_k^{2(T-k)}x_k^2 + \bar{B}_k(i)r_k^{T-k}x_k + \frac{1}{4\omega}f_k(i) - 2\omega \sum_{l=k}^{T-1}U_{k,l}(i)r_k^{2T-(k+l)-1}c_l y_k x_k$$

$$+ \sum_{l=k}^{T-1}\beta_{k,l}(i)r_k^{T-l-1}c_l y_k - \omega \sum_{l=k}^{T-1}\alpha_{k,l}(i)r_k^{2(T-l-1)}c_l^2 y_k^2$$

$$- 2\omega \sum_{k\leq l<h\leq T-1}S_{k,l,h}(i)r_k^{2T-(l+h)-2}c_l c_h y_k^2 \tag{3.78}$$

$g_k(x_k, r_k, y_k, i)$

$$= \sum_{j=1}^{m}q_k(i,j)\,\mathbb{E}[g_{k+1}(x_k r_k + S_k'(i)\pi_k(i) + c_k y_k, \bar{b}_k(i)r_k, \bar{\theta}_k(i)y_k, j)]$$

$$= \sum_{j=1}^{m}q_k(i,j)\,\mathbb{E}\Big[\phi_{k+1}(j)(\bar{b}_k(i))^{T-k-1}r_k^{T-k-1}(x_k r_k + S_k'(i)\pi_k(i)$$

$$+ c_k y_k) + \frac{1}{2\omega}h_{k+1}(j) + \sum_{l=k+1}^{T-1}\gamma_{k+1,l}(j)(\bar{b}_k(i))^{T-l-1}r_k^{T-l-1}c_l \bar{\theta}_k(i)y_k\Big]$$

$$= \mathbb{E}((\bar{b}_k(i))^{T-k-1})\sum_{j=1}^{m}q_k(i,j)\phi_{k+1}(j)r_k^{T-k}x_k + r_k^{T-k-1}\,\mathbb{E}((\bar{b}_k(i))^{T-k-1})$$

$$\sum_{j=1}^{m}q_k(i,j)\phi_{k+1}(j)\,\mathbb{E}(S_k'(i))\pi_k(i) + \frac{1}{2\omega}\sum_{j=1}^{m}q_k(i,j)h_{k+1}(j)$$

$$+ \mathbb{E}((\bar{b}_k(i))^{T-k-1})\sum_{j=1}^{m}q_k(i,j)\times\phi_{k+1}(j)r_k^{T-k-1}c_k y_k$$

$$+ \sum_{l=k+1}^{T-1}\mathbb{E}((\bar{b}_k(i))^{T-l-1}\bar{\theta}_k(i))\times\sum_{j=1}^{m}q_k(i,j)\gamma_{k+1,l}(j)r_k^{T-l-1}c_l y_k$$

$$= \mathbb{E}((\bar{b}_k(i))^{T-k-1})[1 - w_k(i)\,\mathbb{E}(S_k'(i))\,\bar{\lambda}_k^{-1}(i)\,\mathbb{E}(S_k(i))]$$

$$\times \sum_{j=1}^{m}q_k(i,j)\phi_{k+1}(j)r_k^{T-k}x_k + \mathbb{E}((\bar{b}_k(i))^{T-k-1})[1 - w_k(i)$$

$$\times \mathbb{E}(S_k'(i))\,\bar{\lambda}_k^{-1}(i)\,\mathbb{E}(S_k(i))]\sum_{j=1}^{m}q_k(i,j)\phi_{k+1}(j)r_k^{T-k-1}c_k y_k$$

$$+ \frac{1}{2\omega}\Big(O_k(i)\,\mathbb{E}^2((\bar{b}_k(i))^{T-k-1})\,\mathbb{E}(S_k'(i))\,\bar{\lambda}_k^{-1}(i)\,\mathbb{E}(S_k(i))$$

$$\times \sum_{j=1}^{m} q_k(i,j)\phi_{k+1}(j) + \sum_{j=1}^{m} q_k(i,j)h_{k+1}(j) \Big)$$

$$+ \sum_{l=k+1}^{T-1} \Big(\mathbb{E}\left((\bar{b}_k(i))^{T-l-1} \bar{\theta}_k(i) \right) \sum_{j=1}^{m} q_k(i,j)\gamma_{k+1,l}(j)$$

$$- \mathbb{E}\left((\bar{b}_k(i))^{T-k-1} \right) \mathbb{E}(S_k'(i)) \bar{\lambda}_k^{-1}(i)\delta_{k,l}(i) \times \sum_{j=1}^{m} q_k(i,j)\phi_{k+1}(j) \Big) r_k^{T-l-1} c_l y_k$$

$$= \phi_k(i) r_k^{T-k} x_k + \frac{1}{2\omega} h_k(i) + \sum_{l=k}^{T-1} \gamma_{k,l}(i) r_k^{T-l-1} c_l y_k \tag{3.79}$$

方程(3.77) ~ 方程(3.79)表明方程(3.34) ~ 方程(3.36)关于 k 成立。利用数学归纳法，方程(3.34) ~ 方程(3.36)关于所有的 $k = 0, 1, \cdots, T-1$ 都成立。定理得证。

附录 E. 引理 3.4.1 的证明

证明： 我们利用数学归纳法证明此引理。由假设 3.2.2 知，对于所有的 $i \in \Pi$ 和 $k = 0, 1, \cdots, T-1$，$\mathrm{Var}(S_k(i))$ 是正定的，所以 $\mathrm{Var}^{-1}(S_k(i))$ 也是正定的。假设 3.2.3 表明 $\mathbb{E}(S_k(i)) \neq \mathbf{0}_n$。那么，有

$$2h_{T-1}(i) - f_{T-1}(i) = \mathbb{E}(S_{T-1}'(i)) \mathrm{Var}^{-1}(S_{T-1}(i)) \mathbb{E}(S_{T-1}(i)) > 0 \tag{3.80}$$

这意味着此引理关于 $k = T-1$ 成立。

假设此引理关于所有的 $i \in \Pi$ 和 $T-1, \cdots, k+1$ 都成立，即，$2h_{k+1}(i) - f_{k+1}(i) > 0$。根据假设 3.2.2、假设 3.2.3 和引理 3.3.1，有

$$2h_k(i) - f_k(i) = \mathbb{E}(S_k'(i)) \mathrm{Var}^{-1}(S_k(i)) \mathbb{E}(S_k(i))$$

$$+ \sum_{j=1}^{m} q_k(i,j)(2h_{k+1}(j) - f_{k+1}(j)) + \sum_{j=1}^{m} q_k(i,j)h_{k+1}^2(j)$$

$$- \Big(\sum_{j=1}^{m} q_k(i,j)h_{k+1}(j) \Big)^2 > 0 \tag{3.81}$$

这意味着此引理关于 k 成立。由数学归纳法可得，此引理关于所有的 $i \in \Pi$ 和 $k = 0, 1, \cdots, T-1$ 成立。引理得证。

第4章
具有机制转换和保费返还条款的DC养老金的预先承诺策略和均衡策略

本章研究 DC 养老金计划在积累阶段的最优投资问题。在积累阶段，养老金参与者缴纳预先确定数量的钱作为保费，养老金管理者在金融市场中投资这些保费来增加积累值。为保护那些在退休前死亡的参与者的权益，我们引入保费返还条款，规定退休前死亡的参与者可以取回他之前缴纳的所有保费。假设金融市场由一个无风险资产和 n 个风险资产组成，风险资产的收益与市场状态有关，市场状态的演变由 Markov 链描述，且转移矩阵是时变的。养老金管理者的目标是最大化每个退休时幸存参与者的期望终端财富，同时最小化由终端财富的方差测算的风险，这是两个相互冲突的目标。我们建立离散时间的均值—方差模型来构建此投资问题。由于均值—方差模型是时间不一致的，我们寻找它的预先承诺策略和均衡策略，并比较两种策略的不同特点。利用嵌入技术和动态规划方法，我们获得封闭形式的预先承诺策略及其有效前沿。利用博弈论和扩展的 Bellman 方程，我们得到均衡策略及其有效前沿的解析表达式。对于获得的两种投资策略及其对应的有效前沿，以及机制转换和保费返还条款对它们的影响，我们发现了一些有趣的理论和数值结果。

4.1 引言

正如第 3 章中所言，人口老龄化的日益严重使得养老金的投资管理变得越来越重要。而 DC 养老金计划由于可以将投资风险和长寿风险转移给养老金计划参与者而具有缓解社会保障体系压力的优势。因此，DC 养老金计划在世界各国的社会保障体系中发挥着重要的作用。近年来，DC 养老金计划的动态资产配置问题备受关注。而均值—方差准则是研究 DC 养老金计划动态资产配置的重要准则。但由于方差算子的不可分性使得以均值—方差为准则的动态投资问题是时间不一致的。根据 Strotz(1955)提出的两种处理时间不一致性问题的方法，可以得到两种策略：预先承诺策略和均衡策略。一些学者研究了 DC 养老金计划的预先承诺策略。例如，Menoncin 和 Vigna(2013)研究了具有随机利率的 DC 养老金计划的均值—方差目标最优化问题。Guan 和 Liang(2015)考虑了具有随机利率和均值回复收益的 DC 养老金计划的均值—方差有效性。Nkeki(2013)研究了具有随机收入的 DC 养老金计划的均值—方差组合，并将其与二次效用函数、幂效用函数和指数效用函数下的最优组合进行了比较。对这个问题的其他研究，参见 Højgaard 和 Vigna(2007)、Vigna(2014)、Yao 等(2016a)。关于 DC 养老金计划均衡策略的研究还较少。Wu 等(2015)研究了具有通胀风险和收入风险的 DC 养老金计划的均衡策略，而且，他们将均衡策略与预先承诺策略进行了比较，得到了两种策略的一些不同性质。Li 等(2016)考察了 CEV 模型下具有随机收入的 DC 养老金计划的均衡策略。He 和 Liang(2013)、Wu 和 Zeng(2015)也考虑了 DC 养老金计划的均衡策略。另外，一些学者同时研究了 DC 养老金计划的预先承诺策略和均衡策略。例如，Sun 等(2016)研究了跳扩散模型下 DC 养老金计划的预先承诺策略和均衡策略，得到了它们的几个不同特点。

在上述提到的文献中，都假定风险资产的收益与经济状态无关。然而，许多的投资实践和实证研究都表明，一些宏观经济变量，诸如汇率、通货膨胀率、利率和 GDP 增长率等，对风险资产的收益和波动率都具有显著的影响，参见 Asprem(1989)和 Engle 等(2008)。而且，市场状态可以从本质上反映决定投资者决策的潜在商业周期，参见 Gourieroux 等(2014)和 Honda(2003)。因此，正如上一章中所述，在 DC 养老金投资管理研究中应考虑经济状态对投资决策的影响。但只有少数研究涉及具有机制转换的 DC 养老金的投资管理，例如，Korn 等(2011)、Chen 和 Delong(2015)在连续时间情形下考虑了具有机制转换的 DC 养老金的资产配置。Yao 等(2016a)研究了具有机制转换和死亡风险的多阶段 DC 养老金的投资管理，并得到预先承诺策略。但据我们所知，在多阶段均值—方差框架下，具有机制转换的 DC 养老金计划的时间一致策略尚未得到研究。

在 DC 养老金计划中，由于参与者可能在积累阶段死亡，所以在 DC 养老金投资管理中应考虑死亡风险。在多阶段均值—方差框架下，Yao 等（2014，2016a）考虑了具有死亡风险的 DC 养老金计划，并得到预先承诺策略。Wu 和 Zeng（2015）在拓展的均值—方差准则下考察了具有死亡风险的 DC 养老金计划的均衡策略。上述三篇文献中所考虑的死亡风险都是站在养老金参与者的角度去考虑的。然而，在现实中，很多的养老金计划都委托给专门的管理机构去管理，比如中国的企业年金、职业年金等。因此，养老金管理者也应该考虑死亡风险。事实上，为了保护在退休前死亡的参与者的权益，大多数的养老金计划都具有保费返还条款。在这种精算条款中，死亡的参与者可以拿回他们已经缴纳的所有保费或按预定利率累计的保费。He 和 Liang（2013）首次将保费返还条款纳入养老金计划资产配置中。Li 等（2017）、Sun 等（2016）、Sheng 和 Rong（2014）也考虑了养老金计划的保费返还条款。然而，所有这些文献都是在连续时间的框架下进行的。据我们所知，具有保费返还条款的 DC 养老金计划的多阶段均值—方差投资管理还未有学者研究过。

基于以上考虑，本章研究多阶段均值—方差框架下具有机制转换和保费返还条款的 DC 养老金计划的预先承诺策略和均衡策略。利用嵌入技术和动态规划方法，得到封闭形式的预先承诺策略及其有效前沿。运用博弈论和扩展的 Bellman 方程，推导出均衡策略及其有效前沿的解析表达式。此外，对两种策略和两种有效前沿，以及机制转换和保费返还条款对它们的影响进行了数值分析。

本章的主要贡献如下：(i)我们同时考虑了具有机制转换和保费返还条款的 DC 养老金计划的多阶段均值—方差投资问题，这在以往的文献中从未考虑过。(ii)在 DC 养老金计划的积累阶段，与 Yao 等（2014，2016a）、Wu 和 Zeng（2015）不同，本章从养老金管理者角度考虑死亡风险。(iii)我们得到了所考虑问题的预先承诺策略和均衡策略的解析表达式。(iv)我们推导的方法相当具有技术性，可以为其他相关动态优化问题的研究提供帮助。

本章的结构安排如下：4.2 构建具有机制转换和保费返还条款的 DC 养老金计划的多阶段均值—方差投资问题的模型。4.3 和 4.4 分别得到预先承诺策略和均衡策略及它们对应的有效前沿。4.5 简要讨论了模型的几个特殊情形。基于实际数据的数值分析在 4.6 中进行。4.7 对本章内容进行总结并展望将来可能的研究。4.8 为本章附录。

4.2 问题构建

我们关注的 DC 养老金计划是，养老金参与者的积累过程从 0 年或年龄 y 开始，并在退休年份 T 或年龄 $y+T$ 结束。在积累阶段，只要参与者还活着，他就需要在每年初缴纳预定金额的保费。我们假设第 k 年缴纳的保费为 $\bar{C}_k$。

为保护在退休前死亡的养老金参与者的权益，我们引入保费返还条款：退休前死亡者可以拿回他们所缴纳的全部保费。也就是说，当一个参与者在时间区间 $(k, k+1]$ ($k=0, 1, \cdots, T-1$) 死亡的话，他之前缴纳的所有保费 $\sum_{l=0}^{k} \bar{C}_l$ 将在时刻 $k+1$ 全部返还给他，但是积累的投资增值（即积累和返还的差）将平均分配给幸存的参与者。假设一个人在年龄 $k+y$ 活着，记 q_{k+y} 为他在年龄 $k+y$ 到 $k+y+1$ 期间死亡的概率，$p_{k+y} = 1 - q_{k+y}$ 为他在年龄 $k+y+1$ 仍存活的概率。

4.2.1 金融市场

假设我们考虑的金融市场有有限个状态（机制），且在它们之间随机切换。设 $\Pi = \{1, 2, \cdots, J\}$ 是状态集，ξ_k 是时刻 k ($k=0, 1, \cdots, T-1$) 的状态。假设状态过程 $\{\xi_k, k=0, 1, \cdots, T-1\}$ 服从一个 Markov 链，具有时间相依的转移概率矩阵 $Q(k) = (q_k(i, j))_{J \times J}$，其中 $q_k(i, j) = \Pr(\xi_{k+1} = j \mid \xi_k = i)$ 是从时刻 k 状态 $\xi_k = i$ 到时刻 $k+1$ 状态 $\xi_{k+1} = j$ ($i, j \in \Pi$) 的转移概率，且满足 $\sum_{j=1}^{J} q_k(i, j) = 1$。

养老金管理者可以将保费投资于金融市场来增加积累值。假设金融市场由一个无风险资产和 n 个风险资产组成。对于 $k = 0, 1, \cdots, T-1$，令

$r_k(>0)$ 为第 k 年无风险资产的收益,$S_k^l(\xi_k)$ 为风险资产 $l(l=1,2,\cdots,n)$ 在第 k 年状态 ξ_k 下超过无风险资产收益的超额收益。那么风险资产 l 在第 k 年的收益为 $r_k+S_k^l(\xi_k)$。对于 $k=0,1,\cdots,T-1$,$m,l=1,2,\cdots,n$ 和 $i\in\Pi$,令 $S_k(i)=(S_k^1(i),S_k^2(i),\cdots,S_k^n(i))'$ 是超额收益向量,$s_k(i)=\mathbb{E}[S_k(i)]$ 是期望超额收益向量,$\mathrm{cov}_k(i)=(\sigma_k^{m,l}(i))_{n\times n}$ 是协方差矩阵,其中 $\sigma_k^{m,l}(i)=\mathrm{cov}(S_k^m(i),S_k^l(i))$ 表示 $S_k^m(i)$ 和 $S_k^l(i)$ 之间的协方差。

与大多数现有文献类似,我们在本章做以下假设。

假设 4.2.1 对于 $k,m=0,1,\cdots,T-1$,$i,j\in\Pi$,当 $k\neq m$ 时,随机向量 $S_k(i)$ 和 $S_m(j)$ 是统计无关的。

假设 4.2.2 对于所有的 $k=0,1,\cdots,T-1$ 和 $i\in\Pi$,$\mathrm{cov}_k(i)$ 是正定的。

假设 4.2.3 对于所有的 $k=0,1,\cdots,T-1$ 和 $i\in\Pi$,$s_k(i)\neq\mathbf{0}_n$,其中 $\mathbf{0}_n$ 是 n 维零向量。

4.2.2 财富过程和最优化问题

我们现在按照精算准则给出养老金参与者的财富过程。对于 $k=0,1,\cdots,T-1$,设 $\pi_k(\xi_k)=(\pi_k^1(\xi_k),\pi_k^2(\xi_k),\cdots,\pi_k^n(\xi_k))'$ 是时刻 k 状态 ξ_k 下在 n 个风险资产上的投资数量,而 $\pi(k):=\{\pi_j(\xi_j),j=k,k+1,\cdots,T-1\}$ 表示开始于时刻 k 的投资策略。记 X_k^π 是时刻 k 策略 π 下参与者的财富,结合时刻 k 的缴费 $\overline{C}_k$ 可得,时刻 k 在无风险资产上的投资数量是 $X_k^\pi+\overline{C}_k-\sum_{l=1}^n\pi_k^l(\xi_k)$。按照保费返还条款,如果养老金参与者在时间区间 $(k,k+1]$ 死亡,那么,所有他已经缴纳的保费 $\sum_{l=0}^k\overline{C}_l$ 将在时刻 $k+1$ 全部返还给他;如果参与者在时刻 $k+1$ 还活着,养老金管理者将把在时间区间 $(k,k+1]$ 死亡的参与者的累积和返还的差额平均分配给幸存的参与者,

$$\mathfrak{F}_{k+1}=\frac{q_{k+y}\left[\left(X_k^\pi+\overline{C}_k-\sum_{l=1}^n\pi_k^l(\xi_k)\right)r_k+\sum_{l=1}^n\pi_k^l(\xi_k)(r_k+S_k^l(\xi_k))-\beta\sum_{l=0}^k\overline{C}_l\right]}{p_{k+y}}$$

这是一个精算值,其中 β 是一个值为 0 和 1 的参数。显然,当 $\beta=0$

时，不考虑保费返还条款，也就是说，养老金计划参与者如果在积累阶段死亡，他什么也得不到。而当 $\beta = 1$ 时，养老金参与者死亡时可以得到他之前缴纳的所有保费。

因此，时刻 $k+1$ 幸存的参与者的财富为

$$X_{k+1}^\pi = (X_k^\pi + \overline{C}_k - \sum_{l=1}^n \pi_k^l(\xi_k)) r_k + \sum_{l=1}^n \pi_k^l(\xi_k)(r_k + S_k^l(\xi_k)) + \mathfrak{F}_{k+1}$$

$$= \frac{(X_k^\pi + \overline{C}_k) r_k + S_k'(\xi_k) \pi_k(\xi_k) - \beta q_{k+y} \sum_{l=0}^k \overline{C}_l}{p_{k+y}}$$

$$= A_{k,k} X_k^\pi + \overline{\varphi}_k(\beta) + \frac{S_k'(\xi_k) \pi_k(\xi_k)}{p_{k+y}} \tag{4.1}$$

其中，$A_{k,m} = \prod_{l=k}^m \frac{r_l}{p_{l+y}} > 0 (m = k, k+1, \cdots, T-1)$，$\overline{\varphi}_k(\beta) = \frac{\overline{C}_k r_k - \beta q_{k+y} \sum_{l=0}^k \overline{C}_l}{p_{k+y}}$。

令 $\mathcal{F}_k$ 为滤波族，表示直到时刻 k 养老金管理者可利用的所有信息。即，$\mathcal{F}_k := \sigma\{(X_s^\pi, \xi_s) \mid 0 \leq s \leq k\}$，它是一个 σ-域。一个开始于时刻 k 的投资策略，$\pi(k) = \{\pi_j(\xi_j), j = k, k+1, \cdots, T-1\}$，被称为时刻-$k$ 可允许的，如果对于所有的 $j = k, k+1, \cdots, T-1$，$\pi_j(\xi_j)$ 都是关于 $\mathcal{F}_j$ 可适应的。用 Θ_k 表示所有时刻-k 可允许投资策略的集合。

养老金管理者的目标是最大化每个退休时幸存参与者的期望终端财富，同时最小化由终端财富的方差测算的风险，这是两个相互冲突的目标。因此，我们将投资问题构建为以下均值—方差模型：

$$\max_\pi \{\mathbb{E}(X_T^\pi) - \omega \operatorname{Var}(X_T^\pi)\}, \text{ s.t. } X_k^\pi \text{ 满足}(4.1) \tag{4.2}$$

其中，$\omega > 0$ 是管理者的风险厌恶水平。

正如本章引言所述，问题(4.2)是时间不一致的，有两种主要的方法来处理它。

第一种，固定一个初始点 $(k, X_k^\pi, \xi_k) = (0, x_0, i_0)$，然后尝试找到问题(4.2)的最优策略 $\hat{\pi}(0)$，不管此策略在以后的时刻是否还是最优的，都承诺以后时刻严格按照初始时刻得到的策略执行，这种策略被称为预先

承诺策略，它是一个时间不一致的策略，但是是一个全局最优策略。在这种情形下，均值—方差模型可以重写为

$$\mathbb{P}(\omega): \max_{\pi(0) \in \Theta_0} \{\mathbb{E}_{0, x_0, i_0}(X_T^\pi) - \omega \operatorname{Var}_{0, x_0, i_0}(X_T^\pi)\},$$
$$\text{s.t. } X_k^\pi \text{ 满足}(4.1) \tag{4.3}$$

其中，$\mathbb{E}_{k, x_k, i}(\cdot) = \mathbb{E}(\cdot \mid X_k^\pi = x_k, \xi_k = i)$，$\operatorname{Var}_{k, x_k, i}(\cdot) = \operatorname{Var}(\cdot \mid X_k^\pi = x_k, \xi_k = i)$，$X_0 = x_0$，$\xi_0 = i_0$。

第二种，把决策过程看作一个非合作博弈，且假设在每个时刻 $k(k = 0, 1, \cdots, T-1)$ 都有一个决策者。在时刻 k，当前信息 (x_k, i) 下，决策者只能选择当前控制 $\pi_k(i)$，而未来时刻 $k+1, \cdots, T-1$ 的控制由未来决策者决定。这个决策过程保证了从任意时刻 k 开始的策略都是最优的，即策略是时间一致的。由于决策者只能选择当前控制，因此无法获得全局最优策略。我们把对应的策略称为均衡策略。在这种情形下，养老金管理者在每个时刻 k 都依据信息 (x_k, i) 更新其目标，目标函数为

$$J_k(x_k, i, \pi(k)) = \mathbb{E}_{k, x_k, i}(X_T^\pi) - \omega \operatorname{Var}_{k, x_k, i}(X_T^\pi) \tag{4.4}$$

且需解决一系列均值—方差模型：

$$\max_{\pi(k) \in \Theta_k} J_k(x_k, i, \pi(k)), \text{ s.t. } X_k^\pi \text{ 满足}(4.1) \tag{4.5}$$

为方便起见，对于 $k = 0, 1, \cdots, T-1$，任意时间相依的 J 维向量 $\mathbf{H}_l$，定义 $\sum_{l=t}^{k-1} \mathbf{H}_l = \mathbf{0}$ $(t \geq k)$，其中 $\mathbf{0}$ 是一个 J 维零向量；任意时间相依的 $J \times J$ 矩阵 $\mathbf{N}_l$，定义 $\prod_{l=k}^{k-1} \mathbf{N}_l = \mathbf{I}$，其中 $\mathbf{I}$ 是 $J \times J$ 单位矩阵。特别地，如果 $J = 1$，那么，$\sum_{l=t}^{k-1} \mathbf{H}_l = 0$，$\prod_{l=k}^{k-1} \mathbf{N}_l = 1$。

4.3 预先承诺策略和有效前沿

在本节，我们的目标是获得问题 $\mathbb{P}(\omega)$ 的最优策略和有效前沿。由于方差算子的不可分性，问题 $\mathbb{P}(\omega)$ 不能直接利用动态规划方法去求解。幸运的是，利用 Li 和 Ng(2000) 的嵌入技术，问题 $\mathbb{P}(\omega)$ 可以嵌入到下面的可分辅助问题中：

$$A(\lambda, \omega): \max_{\pi(0) \in \Theta_0} \{\mathbb{E}_{0, x_0, i_0}(-\omega(X_T^\pi)^2 + \lambda X_T^\pi)\}, \text{ s.t. } X_k^\pi \text{ 满足}(4.1) \tag{4.6}$$

其中，λ 是一个辅助参数。

正如 Li 和 Ng(2000) 所表明的那样，我们可以断言问题 $\mathrm{P}(\omega)$ 的最优策略存在于问题 $A(\lambda, \omega)$ 的最优解中。特别地，问题 $\mathrm{P}(\omega)$ 的最优解，如果存在的话，可以通过选择 $\lambda = 1 + 2\omega \mathbb{E}_{0, x_0, i_0}(X_T^{\hat{\pi}^A})$ 找到，其中 $\mathbb{E}_{0, x_0, i_0}(X_T^{\hat{\pi}^A})$ 是 $A(\lambda, \omega)$ 的最优解 $\hat{\pi}^A$ 下的终端财富期望值。因此，获得问题 $\mathrm{P}(\omega)$ 的最优策略归结为求解问题 $A(\lambda, \omega)$。

4.3.1 辅助问题 $A(\lambda, \omega)$ 的解

由于辅助问题 $A(\lambda, \omega)$ 具有可分性，我们可以采用动态规划方法求其最优解。对于 $k = 0, 1, \cdots, T-1$ 和 $\xi_k = i \in \Pi$，定义值函数

$$\begin{aligned} v_k(x_k, i) &= \max_{\pi(k) \in \Theta_k} \{\mathbb{E}_{k, x_k, i}(-\omega(X_T^\pi)^2 + \lambda X_T^\pi)\} \\ &= \max_{\pi(k) \in \Theta_k} \{\mathbb{E}(-\omega(X_T^\pi)^2 + \lambda X_T^\pi \mid X_k^\pi = x_k, \xi_k = i)\} \end{aligned}$$

那么，我们有 Bellman 方程

$$v_k(x_k, i) = \max_{\pi_k(i)} \{\mathbb{E}(v_{k+1}(X_{k+1}^\pi, \xi_{k+1}) \mid X_k^\pi = x_k, \xi_k = i)\} \tag{4.7}$$

根据 Markov 状态转移矩阵，方程(4.7)可以重写为

$$\begin{aligned} v_k(x_k, i) &= \max_{\pi_k(i)} \left\{ \sum_{j=1}^J q_k(i, j) \mathbb{E}(v_{k+1}(X_{k+1}^\pi, j) \mid X_k^\pi = x_k, \xi_k = i) \right\} \\ &= \max_{\pi_k(i)} \left\{ \sum_{j=1}^J q_k(i, j) \mathbb{E}\left(v_{k+1}\left(A_{k,k} x_k + \bar{\varphi}_k(\beta) + \frac{S_k'(i)\pi_k(i)}{p_{k+y}}, j\right)\right) \right\} \end{aligned} \tag{4.8}$$

对于所有的 $i \in \Pi$，具有终端条件

$$v_T(x, i) = -\omega x^2 + \lambda x \tag{4.9}$$

为求解递推方程(4.8)，我们引入一些符号和后向时间序列。对于 $k = 0, 1, \cdots, T-1$ 和 $i \in \Pi$，定义符号：

$$\Upsilon_k(i) = \mathbb{E}(S_k(i) S_k'(i)) = \text{cov}_k(i) + s_k(i) s_k'(i) \tag{4.10}$$

$$\bar{h}_k(i) = s_k'(i) \Upsilon_k^{-1}(i) s_k(i) \tag{4.11}$$

$$\bar{f}_k(i) = 1 - \bar{h}_k(i) \tag{4.12}$$

且构造后向时间序列：

$$M_k = (M_{k+1} - 2\omega A_{k+1,T-1}^2 \overline{\varphi}_k(\beta))A_{k,k}, \quad M_T = \lambda \quad (4.13)$$

$$\overline{\eta}_k(i) = \overline{f}_k(i) \sum_{j=1}^{J} q_k(i,j) \overline{\eta}_{k+1}(j), \quad \overline{\eta}_T(i) = 1 \quad (4.14)$$

$$\overline{D}_k(i) = \frac{M_{k+1}^2}{4\omega A_{k+1,T-1}^2} \overline{h}_k(i) \sum_{j=1}^{J} q_k(i,j) \overline{\eta}_{k+1}(j) + \sum_{j=1}^{J} q_k(i,j) \overline{D}_{k+1}(j)$$

$$+ (M_{k+1} \overline{\varphi}_k(\beta) - \omega A_{k+1,T-1}^2 \overline{\varphi}_k^2(\beta)) \overline{\eta}_k(i), \quad \overline{D}_T(i) = 0 \quad (4.15)$$

注 4.3.1 对于 $k = 0, 1, \cdots, T-1$ 和 $i \in \Pi$，由假设 4.2.2 知 $\text{cov}_k(i)$ 是正定的，显然，$\Upsilon_k(i)$ 也是正定的。再者，根据 Cakmark 和 Ozekici(2006) 中的引理 2，有 $0 < \overline{h}_k(i) < 1$ 和 $0 < \overline{f}_k(i) < 1$。

根据递推公式(4.13)，我们得到 M_k 的表达式。

引理 4.3.1 对于所有的 $k = 0, 1, \cdots, T$，

$$M_k = \lambda A_{k,T-1} - 2\omega \sum_{l=k}^{T-1} \overline{\varphi}_l(\beta) A_{k,l} A_{l+1,T-1}^2 \quad (4.16)$$

证明： 参见本章附录 A。

接下来，我们推导表达式 $\overline{\eta}_k(i)$ 和 $\overline{D}_k(i)$。

对于所有的 $k = 0, 1, \cdots, T$，令

$\overline{\boldsymbol{\eta}}_{\mathbf{k}} = (\overline{\eta}_k(1), \overline{\eta}_k(2), \cdots, \overline{\eta}_k(J))'$, $\overline{\mathbf{D}}_{\mathbf{k}} = (\overline{D}_k(1), \overline{D}_k(2), \cdots, \overline{D}_k(J))'$,

$\overline{\mathbf{f}}_{\mathbf{k}} = \text{diag}(\overline{f}_k(1), \overline{f}_k(2), \cdots, \overline{f}_k(J))$, $\overline{\mathbf{h}}_{\mathbf{k}} = \text{diag}(\overline{h}_k(1), \overline{h}_k(2), \cdots, \overline{h}_k(J))$,

其中，$\text{diag}(a_1, a_2, \cdots, a_J)$ 是一个元素为 $a_1, a_2, \cdots, a_J$ 的 $J \times J$ 对角矩阵。那么递推公式(4.14)和递推公式(4.15)可以重写为

$$\overline{\boldsymbol{\eta}}_{\mathbf{k}} = \overline{\mathbf{f}}_{\mathbf{k}} Q(k) \overline{\boldsymbol{\eta}}_{\mathbf{k+1}}, \quad \overline{\boldsymbol{\eta}}_{\mathbf{T}} = \mathbb{I} \quad (4.17)$$

$$\overline{\mathbf{D}}_{\mathbf{k}} = \frac{M_{k+1}^2}{4\omega A_{k+1,T-1}^2} \overline{\mathbf{h}}_{\mathbf{k}} Q(k) \overline{\boldsymbol{\eta}}_{\mathbf{k+1}} + Q(k) \overline{\mathbf{D}}_{\mathbf{k+1}}$$

$$+ (M_{k+1} \overline{\varphi}_k(\beta) - \omega A_{k+1,T-1}^2 \overline{\varphi}_k^2(\beta)) \overline{\boldsymbol{\eta}}_{\mathbf{k}}, \quad \overline{\mathbf{D}}_{\mathbf{T}} = \mathbf{0}$$

$$(4.18)$$

其中，$\mathbb{I} = (1, 1, \cdots, 1)'$ 是 J 维向量，$\mathbf{0}$ 是 J 维零向量。

引理 4.3.2 对于所有的 $k = 0, 1, \cdots, T$，

$$\overline{\boldsymbol{\eta}}_{\mathbf{k}} = \left(\prod_{m=k}^{T-1} \overline{\mathbf{f}}_{\mathbf{m}} Q(m) \right) \mathbb{I} \quad (4.19)$$

$$\overline{D}_k = \sum_{m=k}^{T-1} \frac{M_{m+1}^2}{4\omega A_{m+1,T-1}^2} \left(\prod_{l=k}^{m-1} Q(l) \right) \overline{h}_m Q(m) \overline{\eta}_{m+1}$$

$$+ \sum_{m=k}^{T-1} (M_{m+1}\overline{\varphi}_m(\beta) - \omega A_{m+1,T-1}^2 \overline{\varphi}_m^2(\beta)) \left(\prod_{l=k}^{m-1} Q(l) \right) \overline{\eta}_m \quad (4.20)$$

证明：参见本章附录 B。

引理 4.3.3 对于所有的 $k = 0, 1, \cdots, T-1$ 和 $i \in \Pi$，

$$0 < \overline{\eta}_k(i) < 1 \quad (4.21)$$

证明：参见本章附录 C。

基于上述初步结果，现在我们可以求解辅助问题 $A(\lambda, \omega)$。

定理 4.3.1 对于 $k = 0, 1, \cdots, T-1$，辅助问题 $A(\lambda, \omega)$ 的最优值函数是

$$v_k(x_k, i) = -\omega A_{k,T-1}^2 \overline{\eta}_k(i) x_k^2 + M_k \overline{\eta}_k(i) x_k + \overline{D}_k(i) \quad (4.22)$$

对应的最优策略是

$$\hat{\pi}_k^A(i) = \left(\frac{M_{k+1}}{2\omega A_{k+1,T-1}^2} - A_{k,k} x_k - \overline{\varphi}_k(\beta) \right) p_{k+y} Y_k^{-1}(i) s_k(i)$$

$$= \left(-\sum_{l=k}^{T-1} \frac{\overline{\varphi}_l(\beta)}{A_{k+1,l}} + \frac{\lambda}{2\omega A_{k+1,T-1}} - A_{k,k} x_k \right) p_{k+y} Y_k^{-1}(i) s_k(i)$$

$$(4.23)$$

其中，M_k，$\overline{\eta}_k(i)$ 和 $\overline{D}_k(i)$ 由引理 4.3.1 和引理 4.3.2 给出。

证明：参见本章附录 D。

4.3.2 原始问题 $P(\omega)$ 的解和有效前沿

在继续求解问题 $P(\omega)$ 的解和有效前沿之前，我们首先定义一些符号。对于 $k, t = 0, 1, \cdots, T-1$，定义

$$\chi_k(\beta) = \overline{\varphi}_k(\beta) A_{k+1,T-1} \quad (4.24)$$

$$\zeta(\beta) = A_{0,T-1} \sum_{l=0}^{T-1} \chi_l(\beta) \quad (4.25)$$

$$\wp_k(i_t) = \mathbb{E}\left(\prod_{l=k}^{T-1} f_l(\xi_l) \mid \xi_t = i_t, t \leq k \right) \quad (4.26)$$

$$\overline{\phi}_k(i_t) = \mathbb{E}\left(\overline{h}_k(\xi_k) \prod_{l=k+1}^{T-1} f_l(\xi_l) \mid \xi_t = i_t, t \leq k \right) \quad (4.27)$$

$$\overline{a}_t(i_t) = \sum_{l=t}^{T-1} \overline{\phi}_l(i_t) \quad (4.28)$$

$$\nu_k(\beta, i_0) = \sum_{l=0}^{k} \wp_l(i_0)\chi_l(\beta) - \sum_{l=0}^{k} \overline{\phi}_l(i_0) \sum_{m=l+1}^{T-1}\chi_m(\beta) \quad (4.29)$$

$$\psi(\beta, i_0) = \sum_{l=0}^{T-1}\chi_l^2(\beta)\wp_l(i_0) + \sum_{l=0}^{T-1}\Big(\sum_{m=l+1}^{T-1}\chi_m(\beta)\Big)^2 \overline{\phi}_l(i_0)$$
$$+ 2\sum_{l=0}^{T-1}\chi_l(\beta)\nu_{l-1}(\beta, i_0) \quad (4.30)$$

下面的引理给出 $\wp_k(i_t)$ 和 $\overline{\phi}_k(i_t)$ 的表达式。

引理 4.3.4 对于 $t, k = 0, 1, \cdots, T-1, t \leq k$ 和 $\xi_t = i_t \in \Pi$，有

$$\wp_k(i_t) = \Big(\Big(\prod_{l=t}^{k-1}Q(l)\Big)\overline{\boldsymbol{\eta}_k}\Big)(i_t) \quad (4.31)$$

$$\overline{\phi}_k(i_t) = \Big(\Big(\prod_{l=t}^{k-1}Q(l)\Big)\overline{\mathbf{h}_k}Q(k)\overline{\boldsymbol{\eta}_{k+1}}\Big)(i_t) \quad (4.32)$$

证明：参见本章附录 E。

注 4.3.2 由引理 4.3.4 可知，$\wp_0(i_0) = \overline{\eta}_0(i_0)$。由 Chen 等(2016)中的引理 2.1 知，$\overline{a}_0(i_0) = 1 - \wp_0(i_0)$。那么，由引理 4.3.3 得 $0 < \overline{a}_0(i_0) < 1$。

利用与 Chen 等(2016)中引理 2.1 相似的方法，可以很容易地得到下面的引理。

引理 4.3.5 对于 $k = 0, 1, \cdots, T-1$ 和 $\xi_0 = i_0 \in \Pi$，有

$$\overline{\phi}_k(i_0) = \wp_{k+1}(i_0) - \wp_k(i_0)$$

进一步地，由引理 4.3.5，可以得到下面的引理。

引理 4.3.6 对于 $k = 0, 1, \cdots, T-1$ 和 $\xi_0 = i_0 \in \Pi$，有

$$\nu_k(\beta, i_0) = \wp_0(i_0)\sum_{m=0}^{T-1}\chi_m(\beta) - \wp_{k+1}(i_0)\sum_{m=k+1}^{T-1}\chi_m(\beta)$$

特别地，$\nu_{T-1}(\beta, i_0) = \wp_0(i_0)\sum_{m=0}^{T-1}\chi_m(\beta)$。

证明：参见本章附录 F。

为获得问题 $\mathbb{P}(\omega)$ 的解和有效前沿，我们需计算 $\mathbb{E}_{0, x_0, i_0}(X_T^{\tilde{\pi}^A})$ 和 $\mathbb{E}_{0, x_0, i_0}((X_T^{\tilde{\pi}^A})^2)$。

定理 4.3.2 对于给定的初始状态 $\xi_0 = i_0$ 和初始财富 $X_0 = x_0$，有

$$\mathbb{E}_{0, x_0, i_0}(X_T^{\tilde{\pi}^A}) = A_{0, T-1}\wp_0(i_0)x_0 + \nu_{T-1}(\beta, i_0) + \frac{\lambda}{2\omega}\overline{a}_0(i_0) \quad (4.33)$$

$$\mathbb{E}_{0, x_0, i_0}((X_T^{\tilde{\pi}^A})^2) = A_{0, T-1}^2\wp_0(i_0)x_0^2 + 2\zeta(\beta)$$
$$\times \wp_0(i_0)x_0 + \frac{\lambda^2}{4\omega^2}\overline{a}_0(i_0) + \psi(\beta, i_0)$$

$$(4.34)$$

证明：参见本章附录 G。

现在，根据定理 4.3.1 和定理 4.3.2，可以推导出问题 P(ω) 的解和有效前沿。

定理 4.3.3 假设初始状态 $\xi_0 = i_0$，初始财富 $X_0 = x_0$。对于 $k = 0, 1, \cdots, T-1$，$X_k^\pi = x_k$ 和 $\xi_k = i \in \Pi$。问题 P(ω) 的最优策略为

$$\hat{\pi}_k^P(i) = \left(\sum_{l=0}^{k-1} \overline{\varphi}_l(\beta) A_{l+1,k} + \frac{1}{2\omega \, \overline{\eta}_0(i_0) A_{k+1,T-1}} + A_{0,k} x_0 - A_{k,k} x_k \right) p_{k+y} Y_k^{-1}(i) s_k(i)$$

$$= \left(\sum_{l=0}^{k-1} \frac{(\overline{C}_l r_l - \beta q_{l+y} \sum_{m=0}^{l} \overline{C}_m) \prod_{m=l+1}^{k} r_m}{\prod_{m=l}^{k-1} p_{m+y}} + \frac{\prod_{l=k}^{T-1} p_{l+y}}{2\omega \, \overline{\eta}_0(i_0) \prod_{l=k+1}^{T-1} r_l} \right.$$

$$\left. + \frac{\prod_{l=0}^{k} r_l}{\prod_{l=0}^{k-1} p_{l+y}} x_0 - r_k x_k \right) Y_k^{-1}(i) s_k(i) \quad (4.35)$$

有效前沿为

$$\mathrm{Var}_{0,x_0,i_0}(X_T^{\hat{\pi}^P}) = \frac{\overline{\eta}_0(i_0)}{\overline{a}_0(i_0)} \left[\mathbb{E}_{0,x_0,i_0}(X_T^{\hat{\pi}^P}) - A_{0,T-1} x_0 - \sum_{l=0}^{T-1} \chi_l(\beta) \right]^2$$

$$- \overline{\eta}_0(i_0) \left(\sum_{l=0}^{T-1} \chi_l(\beta) \right)^2 + \psi(\beta, i_0) \quad (4.36)$$

证明：参见本章附录 H。

注 4.3.3 方程 (4.35) 表明：(i) 在任何时刻 k，随着养老金管理者的风险厌恶水平的变大，其在风险资产上投资的财富数量变小；(ii) 在任何时刻 k，投资组合 $\hat{\pi}_k^P(i)$ 与向量 $Y_k^{-1}(i) s_k(i)$ 都成正比，这表明著名的两基金分离定理成立；(iii) 预先承诺策略 $\hat{\pi}_k^P(i)$ 在任意时刻 k 不仅与当前财富 x_k 和状态 i 相关，还与初始财富 x_0 和状态 i_0 相关；(iv) 当前投资组合 $\hat{\pi}_k^P(i)$ 受所有生存率 p_{l+y} 和利率 $r_l(l = 0, 1, \cdots, T-1)$ 的影响，也受当前时刻之前缴费 $\overline{C}_m(m = 0, 1, \cdots, k-1)$ 的影响；(v) 保费返还条款对预先承诺策略有显著的影响，而且这种影响随时间而增加（这是因为死亡率和缴费积累随时间而增加，因此返还给死亡参与者的保费也随时间而增加）。

4.4 均衡策略和有效前沿

在本节,我们将求解问题(4.5),进而获得一个均衡策略。首先,给出本章问题均衡策略的定义。

定义 4.4.1 令 $\hat{\pi}^E$ 是一个给定的时刻 -0 可允许策略。对于任意的点 (k, x_k, i) 和任意适应于 $\mathcal{F}_k$ 的策略 $\pi_k(i)$,定义时刻 $-k$ 可允许策略

$$\tilde{\pi}(k) = (\pi_k(i), \hat{\pi}^E_{k+1}(\xi_{k+1}), \cdots, \hat{\pi}^E_{T-1}(\xi_{T-1}))$$

那么,$\hat{\pi}^E$ 被称为一个子博弈完美纳什均衡策略(简称均衡策略),如果对于任意的 k,它满足

$$\max_{\pi_k(i)} J_k(x_k, i, \tilde{\pi}(k)) = J_k(x_k, i, \hat{\pi}^E(k))$$

其中,$\hat{\pi}^E(k) = (\hat{\pi}^E_k(i), \hat{\pi}^E_{k+1}(\xi_{k+1}), \cdots, \hat{\pi}^E_{T-1}(\xi_{T-1}))$。进一步地,如果均衡策略 $\hat{\pi}^E$ 存在,那么均衡值函数定义为

$$V_k(x_k, i) = J_k(x_k, i, \hat{\pi}^E(k)) \tag{4.37}$$

从定义 4.4.1 可知,为得到均衡策略,我们只需要在任意时刻 k,对于任意给定的财富 $X_k^\pi = x_k$ 和状态 $\xi_k = i$,去求解下面的问题:

$$\begin{aligned} V_k(x_k, i) &= J_k(x_k, i, \hat{\pi}^E(k)) \\ &= \max_{\pi_k(i)} J_k(x_k, i, (\pi_k(i), \\ &\quad \hat{\pi}^E_{k+1}(\xi_{k+1}), \cdots, \hat{\pi}^E_{T-1}(\xi_{T-1}))) \end{aligned} \tag{4.38}$$

4.4.1 均衡策略

为得到均衡策略和均衡值函数,我们对均衡值函数 $V_k(x_k, i)$ 应用后向递归法。令 $\hat{\pi}^E$ 是均衡策略,固定一个任意选择的初始点 (k, x_k, i),记

$$g_k(x_k, i) = \mathbb{E}_{k, x_k, i}[X_T^{\hat{\pi}^E}] \tag{4.39}$$

那么,根据 Bjork 和 Murgoci(2010, 2014),均衡值函数 $V_k(x_k, i)$ 满足扩展的 Bellman 方程

$$V_k(x_k, i) = \max_{\pi_k(i)} \{ \mathbb{E}_{k, x_k, i}(V_{k+1}(X_{k+1}^\pi, \xi_{k+1})) - \omega \mathbb{E}_{k, x_k, i}(g_{k+1}^2(X_{k+1}^\pi, \xi_{k+1})) \\ + \omega [\mathbb{E}_{k, x_k, i}(g_{k+1}(X_{k+1}^\pi, \xi_{k+1}))]^2 \}, \quad V_T(x, i) = x, \tag{4.40}$$

其中,
$$g_k(x_k, i) = \mathbb{E}_{k, x_k, i}[g_{k+1}(X_{k+1}^\pi, \xi_{k+1})], \quad g_T(x, i) = x \quad (4.41)$$

为得到均衡值函数的解析表达式,对于 $k = 0, 1, \cdots, T-1$ 和 $i \in \Pi$,定义符号

$$z_k(i) = s_k'(i)\operatorname{cov}_k^{-1}(i)s_k(i) \quad (4.42)$$

并构造两个后向时间序列

$$\varpi_k(i) = z_k(i) + \sum_{j=1}^J q_k(i, j)\varpi_{k+1}(j), \quad \varpi_T(i) = 0 \quad (4.43)$$

$$\overline{W}_k(i) = \sum_{j=1}^J q_k(i, j)\overline{W}_{k+1}(j) + \sum_{j=1}^J q_k(i, j)\varpi_{k+1}^2(j)$$
$$- \left(\sum_{j=1}^J q_k(i, j)\varpi_{k+1}(j)\right)^2, \quad \overline{W}_T(i) = 0 \quad (4.44)$$

我们首先推导 $\varpi_k(i)$ 和 $W_k(i)$ 的表达式。对于 $k = 0, 1, \cdots, T-1$,令

$$\boldsymbol{\varpi}_k = (\varpi_k(1), \varpi_k(2), \cdots, \varpi_k(J))',$$
$$\overline{\mathbf{W}}_\mathbf{k} = (\overline{W}_k(1), \overline{W}_k(2), \cdots \overline{W}_k(J))',$$
$$\mathbf{z}_k = (z_k(1), z_k(2), \cdots, z_k(J))',$$
$$\boldsymbol{\varpi}_\mathbf{k}^2 = ((\varpi_k(1))^2, (\varpi_k(2))^2, \cdots, (\varpi_k(J))^2)',$$
$$[(Q(k)\boldsymbol{\varpi}_{\mathbf{k+1}})^2 = (((Q(k)\boldsymbol{\varpi}_{\mathbf{k+1}})(1))^2, ((Q(k)\boldsymbol{\varpi}_{\mathbf{k+1}})(2))^2, \cdots,$$
$$((Q(k)\boldsymbol{\varpi}_{\mathbf{k+1}})(J))^2)']$$

那么,递推公式(4.43)和递推公式(4.44)可以重写为

$$\boldsymbol{\varpi}_\mathbf{k} = \mathbf{z}_\mathbf{k} + Q(k)\boldsymbol{\varpi}_{\mathbf{k+1}}, \quad \boldsymbol{\varpi}_\mathbf{T} = \mathbf{0} \quad (4.45)$$

$$\overline{\mathbf{W}}_\mathbf{k} = Q(k)\overline{\mathbf{W}}_{\mathbf{k+1}} + Q(k)\boldsymbol{\varpi}_{\mathbf{k+1}}^2 - (Q(k)\boldsymbol{\varpi}_{\mathbf{k+1}})^2, \quad \overline{\mathbf{W}}_\mathbf{T} = \mathbf{0} \quad (4.46)$$

引理 4.4.1 对于所有的 $k = 0, 1, \cdots, T$,

$$\boldsymbol{\varpi}_\mathbf{k} = \sum_{m=k}^{T-1}\left(\prod_{j=k}^{m-1} Q(j)\right)\mathbf{z}_\mathbf{m} \quad (4.47)$$

$$\overline{\mathbf{W}}_\mathbf{k} = \sum_{m=k+1}^{T-1}\left(\prod_{j=k}^{m-1} Q(j)\right)\boldsymbol{\varpi}_\mathbf{m}^2 - \sum_{m=k+1}^{T-1}\left(\prod_{j=k}^{m-2} Q(j)\right)(Q(m-1)\boldsymbol{\varpi}_\mathbf{m})^2$$
$$(4.48)$$

证明: 参见本章附录 I。

注 4.4.1 对于所有的 $k = 0, 1, \cdots, T-1$ 和 $i \in \Pi$,根据假设 4.2.2

和假设 4.2.3 分别知 $\mathrm{cov}_k(i)$ 是正定的和 $s_k(i) \neq \mathbf{0}_n$, 故 $z_k(i) > 0$, 因此, 由引理 4.4.1 得 $\varpi_k(i) > 0$。

现在我们给出均衡策略和均衡值函数。

定理 4.4.1 对于 $k = 0, 1, \cdots, T-1$, $X_k^\pi = x_k$ 和 $\xi_k = i \in \Pi$, 问题 (4.38) 的均衡策略为

$$\hat{\pi}_k^E(i) = \frac{p_{k+y}}{2\omega A_{k+1,T-1}} \mathrm{cov}_k^{-1}(i) s_k(i) = \frac{\prod_{l=k}^{T-1} p_{l+y}}{2\omega \prod_{l=k+1}^{T-1} r_l} \mathrm{cov}_k^{-1}(i) s_k(i) \quad (4.49)$$

均衡值函数为

$$V_k(x_k, i) = A_{k,T-1} x_k + \sum_{l=k}^{T-1} \chi_l(\beta) + \frac{1}{4\omega}(\varpi_k(i) - \overline{W}_k(i)) \quad (4.50)$$

且

$$g_k(x_k, i) = A_{k,T-1} x_k + \sum_{l=k}^{T-1} \chi_l(\beta) + \frac{1}{2\omega} \varpi_k(i) \quad (4.51)$$

证明: 参见本章附录 J。

注 4.4.2 从定理 4.4.1 我们发现: (i) 与预先承诺策略相比, 均衡策略在任何时刻都独立于财富、缴费甚至保费返还条款。正如 Bjork 等 (2014) 所指出的, 从经济学的观点来看, 这一结果是不切实际的。也就是说, 为达到时间一致性, 均衡策略忽略了一些重要的因素。从这个角度来看, 预先承诺策略比均衡策略更符合实际。(ii) 投资组合 $\hat{\pi}_k^E(i)$ 在任意时刻都依赖于当前状态、未来利率和未来生存率, 但独立于初始状态、过去的利率和过去的生存率。这与预先承诺策略有很大的不同。原因是, 均衡投资者的目标是在任意时刻 k 基于即将到来的信息寻找时间一致策略, 而预先承诺投资者则从初始时刻的角度寻找全局最优策略。(iii) 对于所有的 $k = 0, 1, \cdots, T-1$, $V_k|_{\beta=1} < V_k|_{\beta=0}$, 也就是说, 考虑保费返还条款时的均衡值函数小于没有考虑保费返还条款时的均衡值函数。原因在于, 当考虑保费返还条款时, 一部分财富将返还给在退休之前死亡的参与者, 因此其财富少于不考虑保费返还条款的情形。

4.4.2 均衡有效前沿

考虑从任意初始点(k, x_k, i) $(k \in \{0, 1, \cdots, T-1\})$开始的有效前沿，其中，财富$X_k^\pi = x_k$，状态$\xi_k = i \in \Pi$。由方程(4.4)、方程(4.37)、方程(4.39)、方程(4.50)和方程(4.51)，有

$$\mathrm{Var}_{k, x_k, i}(X_T^{\hat{\pi}^E}) = \frac{1}{4\omega^2}(\varpi_k(i) + \overline{W}_k(i)) \tag{4.52}$$

在方程(4.51)和方程(4.52)中消除ω，我们得到问题(4.38)的均衡有效前沿。

$$\mathrm{Var}_{k, x_k, i}(X_T^{\hat{\pi}^E}) = \frac{\left(\mathbb{E}_{k, x_k, i}(X_T^{\hat{\pi}^E}) - A_{k, T-1}x_k - \sum_{l=k}^{T-1}\chi_l(\beta)\right)^2}{(\varpi_k(i))^2}(\varpi_k(i) + \overline{W}_k(i))$$

(4.53)

在均衡有效前沿中，全局最小方差等于0。此外，不考虑保费返还条款时的均衡有效前沿在考虑了保费返还条款时的均衡有效前沿的上方，也就是说，为获得相同的期望终端财富，有保费返还条款的养老金管理者需要承担更大的风险。它可以这样解释：当考虑保费返还条款时，养老金管理者需要将累积财富的一部分返还给在积累阶段死亡的参与者，这增加了风险。

4.5 特殊情形

情形1：没有机制转换的情形。在这种情形下，只有一个状态且对于所有的$k = 0, 1, \cdots, T-1$，$Q(k) = 1$。那么，

$$\wp_k = \overline{\eta}_k = \prod_{l=k}^{T-1}(1 - s_l'\Upsilon_l^{-1}s_l) \tag{4.54}$$

$$\overline{a}_0 = 1 - \prod_{l=0}^{T-1}(1 - s_l'\Upsilon_l^{-1}s_l) \tag{4.55}$$

$$\overline{\phi}_k = s_k'\Upsilon_k^{-1}s_k \prod_{l=k+1}^{T-1}(1 - s_l'\Upsilon_l^{-1}s_l) \tag{4.56}$$

$$\nu_k(\beta) = \wp_0 \sum_{l=0}^{T-1}\chi_l(\beta) - \wp_{k+1}\sum_{l=k+1}^{T-1}\chi_l(\beta) \tag{4.57}$$

第4章 具有机制转换和保费返还条款的 DC 养老金的预先承诺策略和均衡策略

$$\psi(\beta) = \sum_{l=0}^{T-1} \chi_l^2(\beta) \wp_l + \sum_{l=0}^{T-1} \Big(\sum_{m=l+1}^{T-1} \chi_m(\beta) \Big)^2 \overline{\phi}_l + 2\sum_{l=0}^{T-1} \chi_l(\beta) \nu_{l-1}(\beta) \tag{4.58}$$

$$\varpi_k = \sum_{l=k}^{T-1} (s_l' \operatorname{cov}_l^{-1} s_l), \quad \overline{W}_k = 0 \tag{4.59}$$

因此，预先承诺策略及其对应的有效前沿可以简化为

$$\hat{\pi}_k^P = \Big(\sum_{l=0}^{k-1} \overline{\varphi}_l(\beta) A_{l+1,k} + \frac{1}{2\omega \prod_{l=0}^{T-1}(1 - s_l' \Upsilon_l^{-1} s_l) A_{k+1,T-1}} + A_{0,k} x_0 - A_{k,k} x_k \Big)$$

$$\times p_{k+y} \Upsilon_k^{-1} s_k \tag{4.60}$$

$$\operatorname{Var}_{0,x_0}(X_T^{\hat{\pi}^P}) = \frac{\overline{\eta}_0}{a_0} \Big[\mathbb{E}_{0,x_0}(X_T^{\hat{\pi}^P}) - A_{0,T-1} x_0 - \sum_{l=0}^{T-1} \chi_l(\beta) \Big]^2$$

$$- \overline{\eta}_0 \Big(\sum_{l=0}^{T-1} \chi_l(\beta) \Big)^2 + \psi(\beta) \tag{4.61}$$

均衡策略及其对应的有效前沿变为

$$\hat{\pi}_k^E = \frac{\prod_{l=k}^{T-1} p_{l+y}}{2\omega \prod_{l=k+1}^{T-1} r_l} \operatorname{cov}_k^{-1} s_k \, 。 \tag{4.62}$$

$$\operatorname{Var}_{k,x_k}(X_T^{\hat{\pi}^E}) = \frac{\big(\mathbb{E}_{k,x_k}(X_T^{\hat{\pi}^E}) - A_{k,T-1} x_k - \sum_{l=k}^{T-1} \chi_l(\beta) \big)^2}{\sum_{l=k}^{T-1} (s_l' \operatorname{cov}_l^{-1} s_l)} \tag{4.63}$$

情形 2：没有保费返还条款的情形，也就是说，养老金计划参与者如果在积累阶段死亡，将什么也得不到。在这种情形下，$\beta = 0$。那么，对于 $k = 0, 1, \cdots, T-1$，

$$\overline{\varphi}_k(\beta) = \overline{C}_k A_{k,k} \tag{4.64}$$

$$\chi_k(\beta) = \overline{C}_k A_{k,T-1} \tag{4.65}$$

$$\zeta(\beta) = A_{0,T-1} \sum_{l=0}^{T-1} \overline{C}_l A_{l,T-1} \tag{4.66}$$

$$\nu_k(\beta, i_0) = \wp_0(i_0) \sum_{l=0}^{T-1} \overline{C}_l A_{l,T-1} - \wp_{k+1}(i_0) \sum_{l=k+1}^{T-1} \overline{C}_l A_{l,T-1} \tag{4.67}$$

$$\psi(\beta, i_0) = \sum_{l=0}^{T-1} C_l^2 A_{l,T-1}^2 \wp_l(i_0) + \sum_{l=0}^{T-1} \Big(\sum_{m=l+1}^{T-1} C_m A_{m,T-1} \Big)^2 \overline{\phi}_l(i_0)$$

$$+ 2\sum_{l=0}^{T-1} \overline{C}_l A_{l,T-1} \nu_{l-1}(i_0) \tag{4.68}$$

因此，预先承诺策略及其对应的有效前沿可以简化为

$$\hat{\pi}_k^P = \left(\sum_{l=0}^{k-1} \frac{\overline{C}_l \prod_{m=l}^{k} r_m}{\prod_{m=l}^{k-1} p_{m+y}} + \frac{\prod_{l=k}^{T-1} p_{l+y}}{2\omega \, \overline{\eta}_0(i_0) \prod_{l=k+1}^{T-1} r_l} + \frac{\prod_{l=0}^{k} r_l}{\prod_{l=0}^{k-1} p_{l+y}} x_0 - r_k x_k \right)$$
$$\times \Upsilon_k^{-1}(i) s_k(i) \tag{4.69}$$

$$\mathrm{Var}_{0,\,x_0,\,i_0}(X_T^{\hat{\pi}^P}) = \frac{\overline{\eta}_0(i_0)}{\overline{a}_0(i_0)} \left[\mathbb{E}_{0,\,x_0,\,i_0}(X_T^{\hat{\pi}^P}) - A_{0,\,T-1} x_0 - \sum_{l=0}^{T-1} \overline{C}_l A_{l,\,T-1} \right]^2$$
$$- \overline{\eta}_0(i_0) \left(\sum_{l=0}^{T-1} \overline{C}_l A_{l,\,T-1} \right)^2 + \psi(i_0) \tag{4.70}$$

这种情形下的均衡策略仍是方程(4.49)，对应的有效前沿变为

$$\mathrm{Var}_{k,\,x_k,\,i}(X_T^{\hat{\pi}^E}) = \frac{\left(\mathbb{E}_{k,\,x_k,\,i}(X_T^{\hat{\pi}^E}) - A_{k,\,T-1} x_k - \sum_{l=k}^{T-1} \overline{C}_l A_{l,\,T-1} \right)^2}{(\varpi_k(i))^2}$$
$$\times (\varpi_k(i) + \overline{W}_k(i)) \tag{4.71}$$

情形 3：我们不考虑养老金投资，而是考虑一笔钱的投资。在这种情形下，对于 $k = 0, 1, \cdots, T-1$, $\beta = 0$, $\overline{C}_k = 0$ 和 $p_{k+y} = 1$。那么，$A_{k,\,m} = \prod_{l=k}^{m} r_l$。根据情形2的结果，我们得到，在这种情形下，预先承诺策略及其对应的有效前沿是

$$\hat{\pi}_k^P(i) = \left(\frac{1}{2\omega \, \overline{\eta}_0(i_0) \prod_{l=k+1}^{T-1} r_l} + \left(\prod_{l=0}^{k} r_l \right) x_0 - r_k x_k \right) \Upsilon_k^{-1}(i) s_k(i)$$
$$\tag{4.72}$$

$$\mathrm{Var}_{0,\,x_0,\,i_0}(X_T^{\hat{\pi}^P}) = \frac{\overline{\eta}_0(i_0)}{\overline{a}_0(i_0)} \left[\mathbb{E}_{0,\,x_0,\,i_0}(X_T^{\hat{\pi}^P}) - \left(\prod_{l=0}^{T-1} r_l \right) x_0 \right]^2 \tag{4.73}$$

结论即方程(4.72)和方程(4.73)与在随机市场下考虑了多阶段均值—方差投资问题的 Chen 等(2016)的结论一致。同时，该结论还与 Cakmak 和 Ozekici(2006)的结论一致，如果他们考虑的利率也是时变的且是与市场状态无关的。即 Chen 等(2016)、Cakmak 和 Ozekici(2006)的投资组合模型均可视为我们投资组合模型的一个特殊情形。

均衡策略及其对应的有效前沿是

第4章 具有机制转换和保费返还条款的 DC 养老金的预先承诺策略和均衡策略

$$\hat{\pi}_k^E(i) = \frac{1}{2\omega \prod_{l=k+1}^{T-1} r_l} \operatorname{cov}_k^{-1}(i) s_k(i) \tag{4.74}$$

$$\operatorname{Var}_{k,\,x_k,\,i}(X_T^{\hat{\pi}^E}) = \frac{(\mathbb{E}_{k,\,x_k,\,i}(X_T^{\hat{\pi}^E}) - (\prod_{l=k}^{T-1} r_l) x_k)^2}{(\varpi_k(i))^2} (\varpi_k(i) + \overline{W}_k(i)) \tag{4.75}$$

在相同的条件下,结论即方程(4.74)和方程(4.75)与 Wu 和 Chen (2015)的结论相同。换言之,Wu 和 Chen(2015)的投资组合模型可视为我们投资组合模型的一个特殊情形。

情形 4:进一步地,如果我们既不考虑机制转换也不考虑养老金问题,那么,由方程(4.72)、方程(4.73)、方程(4.54)和方程(4.55),预先承诺策略及其有效前沿变为

$$\hat{\pi}_k^P = \left(\frac{1}{2\omega \prod_{l=0}^{T-1}(1 - s_l' \Upsilon_l^{-1} s_l) \prod_{l=k+1}^{T-1} r_l} + \left(\prod_{l=0}^{k} r_l \right) x_0 - r_k x_k \right) \Upsilon_k^{-1} s_k \tag{4.76}$$

$$\operatorname{Var}_{0,\,x_0}(X_T^{\hat{\pi}^P}) = \frac{\prod_{l=0}^{T-1}(1 - s_l' \Upsilon_l^{-1} s_l)}{1 - \prod_{l=0}^{T-1}(1 - s_l' \Upsilon_l^{-1} s_l)} \left[\mathbb{E}_{0,\,x_0}(X_T^{\hat{\pi}^P}) - \left(\prod_{l=0}^{T-1} r_l \right) x_0 \right]^2 \tag{4.77}$$

结论即方程(4.76)和方程(4.77)与 Li 和 Ng(2000)的经典结果一致。

类似地,由方程(4.74)、方程(4.75)和方程(4.59),均衡策略及其有效前沿可简化为

$$\hat{\pi}_k^E = \frac{1}{2\omega \prod_{l=k+1}^{T-1} r_l} \operatorname{cov}_k^{-1} s_k \tag{4.78}$$

$$\operatorname{Var}_{k,\,x_k}(X_T^{\hat{\pi}^E}) = \frac{(\mathbb{E}_{k,\,x_k}(X_T^{\hat{\pi}^E}) - (\prod_{l=k}^{T-1} r_l) x_k)^2}{\sum_{l=k}^{T-1}(s_l' \operatorname{cov}_l^{-1} s_l)} \tag{4.79}$$

结论即方程(4.78)和方程(4.79)与 Wu(2013b)中的结论一致。即 Wu (2013b)的投资组合模型可视为我们投资组合模型的一个特殊情形。

4.6 数值算例

本节给出一个数值例子来说明我们的结果，这里使用的数据来自美国市场。

考虑一个 DC 养老金计划，参与者的积累过程开始于年龄 50 岁结束于年龄 60 岁，即，$y=50$，$T=10$。假设他基金账户的初始值是 $x_0=1$，且他每年初交 $\bar{C}_k=1$（$k=0, 1, \cdots, 9$）作为保费。养老金由管理者管理，他的风险厌恶水平是 $\omega=2$。假设养老金可以投资于美国市场的一个无风险资产和三个风险资产。三个风险资产（股票）分别为可口可乐公司（11308）、通用电气公司（12060）、IBM 公司（12490）（标记为股票 1、股票 2、股票 3）。我们的数据集由 1931 年至 2016 年上述三只股票的历史年度收益构成，样本量为 86。接下来，我们选择美国 5 年期国债的平均利率作为无风险利率。与 Chen 和 Yang（2011）、Yao 等（2016a，2016b）一样，我们将市场状态粗略地分为两类：$i=1$ 是熊市，$i=2$ 是牛市。Markov 链的状态根据上述三只股票的平均年度收益进行分类，如果平均年度收益低于平均年度收益的经验中位数（基于上述历史数据），则称 Markov 链的状态为状态 1，否则为状态 2。基于上面的数据集，对于 $k=0, 1, \cdots, 9$ 和 $i=1, 2$，我们得到如下相关参数

$$r_k=1.0264, \quad s_k(1)=(-0.1136, -0.0712, -0.0824)',$$

$$s_k(2)=(0.1005, 0.0849, 0.1333)',$$

$$\mathrm{cov}_k(1)=\begin{bmatrix} 0.0612 & -0.0101 & 0.0043 \\ -0.0101 & 0.0802 & -0.0128 \\ 0.0043 & -0.0128 & 0.0792 \end{bmatrix},$$

$$\mathrm{cov}_k(2)=\begin{bmatrix} 0.0640 & -0.0017 & -0.0083 \\ -0.0017 & 0.0474 & 0.0060 \\ -0.0083 & 0.0060 & 0.0712 \end{bmatrix}。$$

利用上面的历史数据，我们现在推导 Markov 链的状态转移概率矩阵 $Q(k)$。根据市场状态的分类，有 43 年在状态 1。在所有状态 1 的这 43 年

里，我们发现下一年仍是状态1的个数是17，而下一年是状态2的个数是26。因此，我们计算经验状态转移概率 $q_k(1, 1)$ 和 $q_k(1, 2)$ 如下：

$$q_k(1, 1) = 17/43 \approx 0.3953, \quad q_k(1, 2) = 26/43 \approx 0.6047。$$

类似地，我们计算其他经验状态转移概率 $q_k(2, 1) = 25/43 \approx 0.5814$ 和 $q_k(2, 2) = 18/43 \approx 0.4186$。因此，状态转移概率矩阵是

$$Q(k) = \begin{bmatrix} q_k(1, 1) & q_k(1, 2) \\ q_k(2, 1) & q_k(2, 2) \end{bmatrix} = \begin{bmatrix} 0.3953 & 0.6047 \\ 0.5814 & 0.4186 \end{bmatrix}。$$

当不考虑机制转换时，我们假设市场只有一个状态。我们使用上面列出的全样本数据来估计参数并得到

$$s_k = (-0.0066, 0.0069, 0.0255)';$$

$$\text{cov}_k = \begin{bmatrix} 0.0885 & 0.0230 & 0.0296 \\ 0.0230 & 0.0711 & 0.0228 \\ 0.0296 & 0.0228 & 0.0931 \end{bmatrix}。$$

此外，q_{k+y}，$k = 0, 1, \cdots, 10$ 取值于表 4.1 所示的 2015 年美国生命表。

表 4.1 2015 年美国生命表

k	0	1	2	3	4	5
q_{k+y}	0.00408	0.00448	0.00490	0.00534	0.00582	0.00621
k	6	7	8	9	10	
q_{k+y}	0.00676	0.00737	0.00788	0.00837	0.00893	

资料来源：http://www.mortality.org/。

4.6.1 两种投资策略的数值分析

本小节分析机制转换和保费返还条款对两种投资策略的影响。为方便起见，假设市场状态按照表 4.2 演变。

表 4.2 时刻 0 到 T-1 的市场状态

k	0	1	2	3	4	5	6	7	8	9
市场状态	2	1	1	2	2	1	2	1	2	1

图 4.1 描述了两种投资策略的进程。我们发现，无论是预先承诺策略还

是均衡策略，在牛市对风险资产的投资额都大于熊市，这与常识是一致的。对于预先承诺策略，在牛市(熊市)中投资于每一种风险资产的数量都呈现递减(递增)趋势，且投资于不同风险资产的数量越来越接近。然而，对于均衡策略，投资于每一种风险资产的数量在每年都相对稳定。这表明预先承诺策略在最初时刻对市场状态特别敏感，但敏感度随着时间的推移而逐渐下降，而均衡策略对市场状态的敏感度在每年基本相同。原因在于预先承诺策略是在初始时刻制定的，但均衡策略可以在每年初进行更新。因此，均衡策略的稳定性优于预先承诺策略。但从图 4.2 可以发现，均衡策略下的财富积累小于预先承诺策略下的财富积累，即均衡策略的有效性低于预先承诺策略。

图 4.3 描述了保费返还条款对预先承诺策略的影响。我们发现，在牛市(熊市)中，投资于风险资产的数量(这里及下文中，我们将投资于三种风险资产的数量之和定义为投资于风险资产的数量)在考虑保费返还条款的情况下比没有考虑保费返还条款的情况下少(多)。然而，在熊市中，投资于风险资产的数量小于零，这意味着养老金管理者会卖空风险资产去购买无风险资产。总的来说，无论是牛市还是熊市，保费返还条款都会降低风险资产的交易量。一种可能的解释是，由于向退休之前死亡的参与者返还保费，管理者在未来将面临更多的财富不确定性，这反过来迫使他在风险资产中投资较少以避免较高的风险。此外，我们发现保费返还条款对预先承诺策略的影响随着时间的推移而增大。这是因为死亡率和缴费积累都随着时间的推移而增加，因此返还给死亡参与者的保费也随着时间的推移而增加。

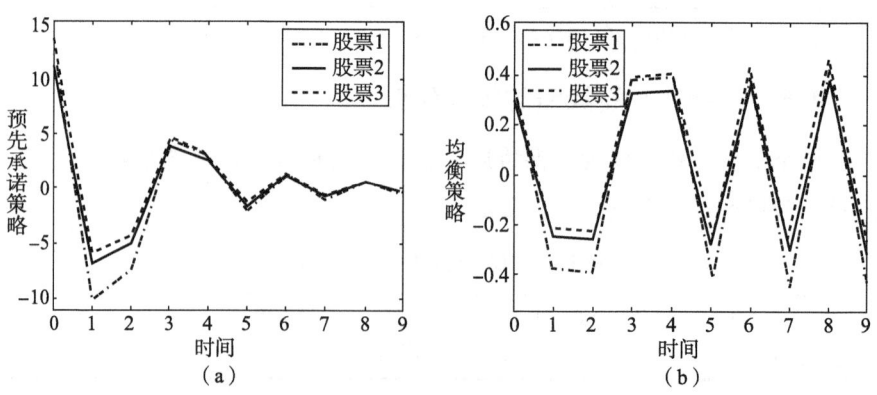

图 4.1 预先承诺策略和均衡策略的进程

第4章 具有机制转换和保费返还条款的DC养老金的预先承诺策略和均衡策略

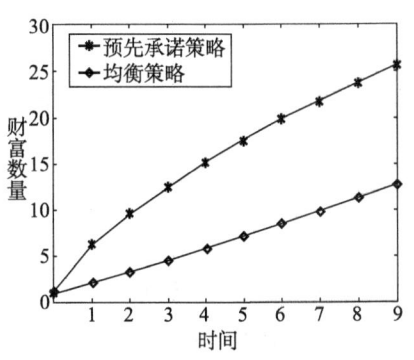
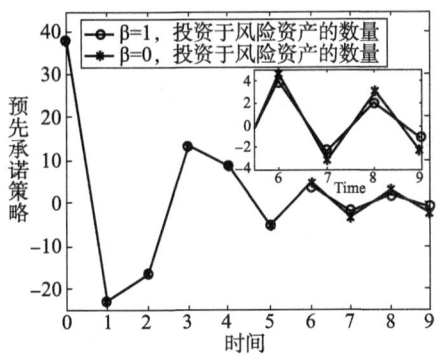

图4.2 两种策略的财富过程　　图4.3 保费返还条款对预先承诺策略的影响

图4.4描述了机制转换对两种投资策略的影响。我们发现，在机制转换的情况下，无论是预先承诺策略还是均衡策略，投资于风险资产的数量在牛市中都是正值，这意味着养老金管理者购买风险资产；而在熊市中则为负值，这意味着养老金管理者会卖空风险资产来购买无风险资产。在这两种状态中，风险资产的交易量都大于没有机制转换的情况。这是因为机制转换可以更好地描述真实的市场，因此养老金管理者可以从市场中获得更多的信息来指导他的投资。此外，在没有机制转换的情况下，投资于风险资产的数量相对稳定，而在机制转换的情况下，它随着市场状态而波动。这是因为，当考虑机制转换时，市场状态的变化会促使养老金管理者调整其投资策略，这更符合实际，且使我们的策略更具实用性。

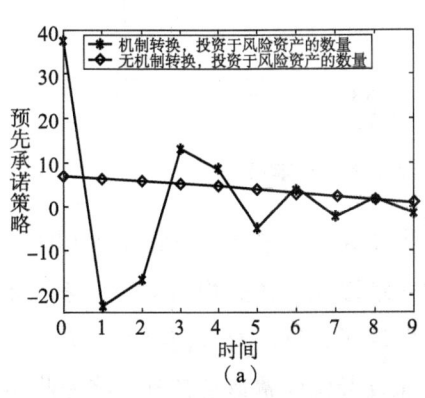
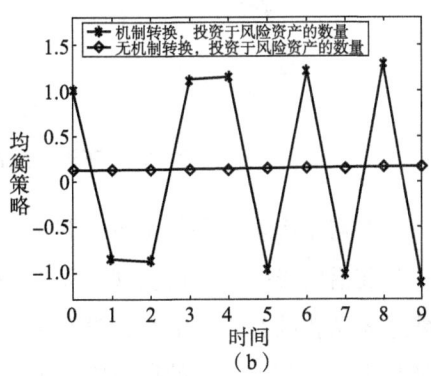

(a)　　(b)

图4.4 机制转换对两种策略的影响

4.6.2 两种有效前沿的数值分析

在本小节，我们考虑机制转换和保费返还条款对两种有效前沿的影响。

为研究市场状态对有效前沿的影响，我们在图 4.5 中分别绘制了预先承诺策略和均衡策略具有不同初始市场状态时的有效前沿。我们发现，不管是预先承诺策略还是均衡策略，初始状态为状态 2 时相应的有效前沿都在状态 1 时相应的有效前沿的上方。也就是说，对于相同的期望终端财富，养老金管理者在牛市时进入市场承担的风险较小。另外，预先承诺策略的有效前沿位于均衡策略的有效前沿的上方。也就是说，为获得相同的期望终端财富，均衡策略投资者需要面对比预先承诺策略投资者更多的风险。原因在于，预先承诺策略投资者关注全局最优策略，而均衡策略投资者则采用非合作博弈来获得时间一致策略，这导致风险增加。

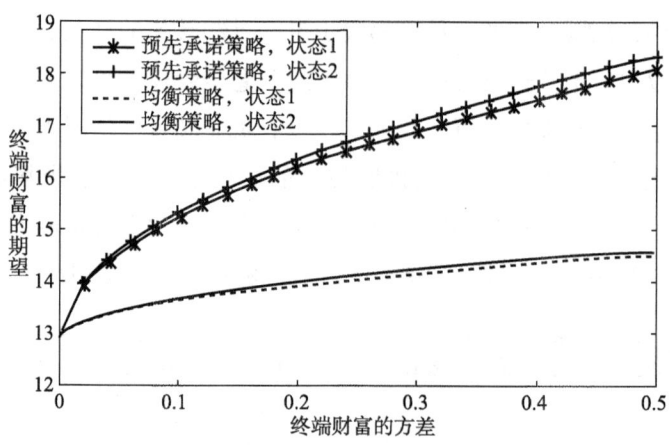

图 4.5 不同初始市场状态的有效前沿

在初始市场状态是牛市的假定下，图 4.6 绘制了保费返还条款对两种有效前沿的影响。我们发现，无论是预先承诺策略还是均衡策略，考虑保费返还条款的有效前沿都在没有考虑保费返还条款的有效前沿的下方。也就是说，为获得相同的期望终端财富，如果考虑保费返还条款，将面临更大的风险。原因在于，该条款下养老金管理者需要将累积的部分财富返还

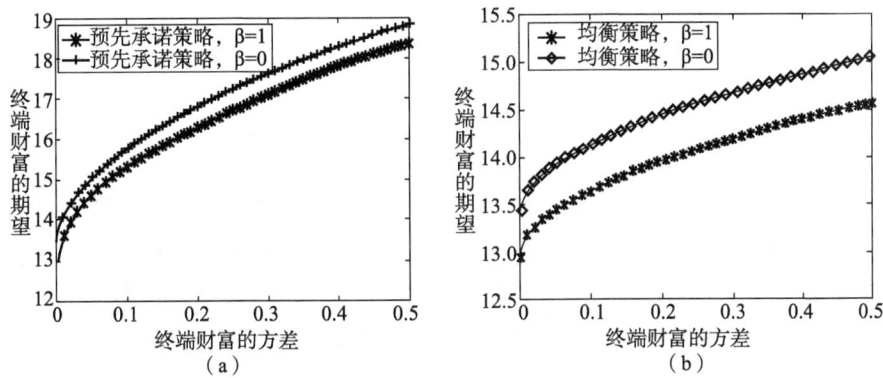

图 4.6　保费返还条款对两种有效前沿的影响

给在积累阶段死亡的参与者,这会降低财富水平并增加财富的不确定性,即考虑保费返还条款的管理者需要承担更大的风险。

图 4.7 描述了机制转换对两种有效前沿的影响。我们发现,无论是预先承诺策略还是均衡策略,不考虑机制转换的有效前沿都在考虑机制转换的有效前沿的下方。也就是说,为获得相同的期望终端财富,如果考虑机制转换,面对的风险将会降低。这表明,考虑机制转换时,可以更好地规避投资风险。

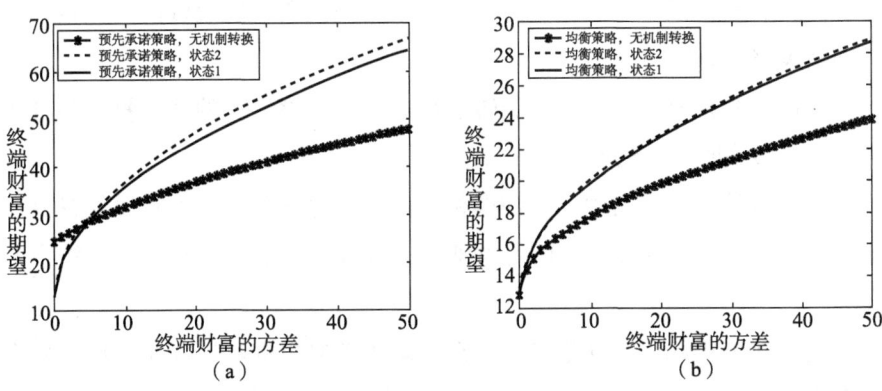

图 4.7　机制转换对两种有效前沿的影响

4.7 小结

本章研究了多阶段均值—方差框架下 DC 养老金计划的预先承诺策略和均衡策略。在这个计划中，假设养老金管理者在金融市场中可以投资于一个无风险资产和 n 个风险资产。为保护在退休之前死亡的养老金参与者的权益，我们在模型中引入了保费返还条款。再者，我们利用 Markov 机制转换模型来描述市场状态对风险资产收益的影响。

一方面，利用嵌入技术和动态规划方法，我们得到预先承诺策略及其对应有效前沿的封闭形式。我们发现预先承诺策略不仅与当前状态和财富有关，还与初始状态和财富有关。而且，预先承诺策略与缴费、生存率、利率和保费返还条款均有关。

另一方面，利用博弈论和扩展的 Bellman 方程，我们得到均衡策略及其对应有效前沿的解析表达式。我们发现均衡策略只与当前状态、未来利率和未来生存率有关，与其他因素均无关。这与预先承诺策略完全不同。

最后，我们对两种策略和有效前沿进行了数值分析，并发现了一些有趣的结果：

（ⅰ）保费返还条款减少了预先承诺策略中投资于风险资产的数量，但对均衡策略没有影响。

（ⅱ）在这两种策略中，机制转换都会增加风险资产的交易量，并且当考虑机制转换时，策略更符合实际。

（ⅲ）在这两种策略中，为获得相同的期望终端财富，当考虑保费返还条款时，基金管理者要面临较大的风险，但考虑机制转换时却面临较小的风险。

（ⅳ）为获得相同的期望终端财富，均衡策略投资者需要面对比预先承诺策略投资者更多的风险。

我们的工作还可以从以下几个方向拓展。我们可以进一步考虑随机收入流和通胀风险。另外，还可以将消费问题加入到我们的模型中，考虑生命周期问题。还有一个有趣的话题是在不完全信息下考虑我们的模型。在本章及上一章模型中，我们都假设金融市场的状态是完全可观测的，但在实践中，金融市场的状态是不能完全被观测到的，参见 Zhang 等(2016)和 Zhang 等(2018)。我们在下一章拟尝试研究不完全信息下的动态资产配置问题。

4.8 本章附录

附录 A. 引理 4.3.1 的证明

证明：我们利用数学归纳法证明 M_k 的表达式。对于 $k = T$，有

$$M_T = \lambda A_{T,T-1} - 2\omega \sum_{l=T}^{T-1} \bar{\varphi}_l(\beta) A_{k,l} A_{l+1,T-1}^2 = \lambda \quad (4.80)$$

即，方程(4.16)关于 $k = T$ 成立。

假设方程(4.16)关于 $T, T-1, \cdots, k+1$ 成立。那么，有

$$M_k = (M_{k+1} - 2\omega A_{k+1,T-1}^2 \bar{\varphi}_k(\beta)) A_{k,k}$$
$$= \left(\lambda A_{k+1,T-1} - 2\omega \sum_{l=k+1}^{T-1} \bar{\varphi}_l(\beta) A_{k+1,l} A_{l+1,T-1}^2 - 2\omega A_{k+1,T-1}^2 \bar{\varphi}_k(\beta)\right) A_{k,k}$$
$$= \lambda A_{k,T-1} - 2\omega \sum_{l=k+1}^{T-1} \bar{\varphi}_l(\beta) A_{k,l} A_{l+1,T-1}^2 - 2\omega \bar{\varphi}_k(\beta) A_{k,k} A_{k+1,T-1}^2$$
$$= \lambda A_{k,T-1} - 2\omega \sum_{l=k}^{T-1} \bar{\varphi}_l(\beta) A_{k,l} A_{l+1,T-1}^2 \quad (4.81)$$

这表明方程(4.16)关于 k 成立。由数学归纳法可知，方程(4.16)关于所有的 $k = 0, 1, \cdots, T$ 成立。引理得证。

附录 B. 引理 4.3.2 的证明

证明：首先，我们利用数学归纳法证明 $\bar{\eta}_\mathbf{k}$ 的表达式。对于 $k = T$，有

$$\bar{\eta}_\mathbf{T} = \left(\prod_{m=T}^{T-1} \bar{\mathbf{f}}_\mathbf{m} Q(m)\right) \mathbb{I} = \mathbb{I}$$

这表明方程(4.19)关于 $k = T$ 成立。

假设方程(4.19)关于 $T, T-1, \cdots, k+1$ 成立。那么，有

$$\bar{\eta}_\mathbf{k} = \bar{\mathbf{f}}_\mathbf{k} Q(k) \bar{\eta}_{\mathbf{k+1}} = \bar{\mathbf{f}}_\mathbf{k} Q(k) \left(\prod_{m=k+1}^{T-1} \bar{\mathbf{f}}_\mathbf{m} Q(m)\right) \mathbb{I} = \left(\prod_{m=k}^{T-1} \bar{\mathbf{f}}_\mathbf{m} Q(m)\right) \mathbb{I}$$
$$(4.82)$$

这表明方程(4.19)关于 k 成立。因此方程(4.19)关于所有的 $k = 0$，

$1, \cdots, T$ 成立。

接下来，我们证明 $\bar{D}_k$ 的表达式。对于 $k = T$，有

$$\bar{D}_T = \sum_{m=T}^{T-1} \frac{M_{m+1}^2}{4\omega A_{m+1, T-1}^2} \left(\prod_{l=T}^{m-1} Q(l)\right) \bar{h}_m Q(m) \bar{\eta}_{m+1}$$

$$+ \sum_{m=T}^{T-1} (M_{m+1} \bar{\varphi}_m(\beta) - \omega A_{m+1, T-1}^2 \bar{\varphi}_m^2(\beta)) \left(\prod_{l=T}^{m-1} Q(l)\right) \bar{\eta}_m = \mathbf{0}$$

即，方程(4.20)关于 $k = T$ 成立。

假设方程(4.20)关于 $T, T-1, \cdots, k+1$ 成立。那么，有

$$\bar{D}_k = \frac{M_{k+1}^2}{4\omega A_{k+1, T-1}^2} \bar{h}_k Q(k) \bar{\eta}_{k+1} + Q(k) \bar{D}_{k+1} + (M_{k+1} \bar{\varphi}_k(\beta) - \omega A_{k+1, T-1}^2 \bar{\varphi}_k^2(\beta)) \bar{\eta}_k$$

$$= \frac{M_{k+1}^2}{4\omega A_{k+1, T-1}^2} \bar{h}_k Q(k) \bar{\eta}_{k+1} + (M_{k+1} \bar{\varphi}_k(\beta) - \omega A_{k+1, T-1}^2 \bar{\varphi}_k^2(\beta)) \bar{\eta}_k + Q(k)$$

$$\times \left(\sum_{m=k+1}^{T-1} \frac{M_{m+1}^2}{4\omega A_{m+1, T-1}^2} \left(\prod_{l=k+1}^{m-1} Q(l)\right) \bar{h}_m Q(m) \bar{\eta}_{m+1} \right.$$

$$\left. + \sum_{m=k+1}^{T-1} (M_{m+1} \bar{\varphi}_m(\beta) - \omega A_{m+1, T-1}^2 \bar{\varphi}_m^2(\beta)) \times \left(\prod_{l=k+1}^{m-1} Q(l)\right) \bar{\eta}_m \right)$$

$$= \sum_{m=k}^{T-1} \frac{M_{m+1}^2}{4\omega A_{m+1, T-1}^2} \left(\prod_{l=k}^{m-1} Q(l)\right) \bar{h}_m Q(m) \bar{\eta}_{m+1}$$

$$+ \sum_{m=k}^{T-1} (M_{m+1} \bar{\varphi}_m(\beta) - \omega A_{m+1, T-1}^2 \bar{\varphi}_m^2(\beta)) \left(\prod_{l=k}^{m-1} Q(l)\right) \bar{\eta}_m \quad (4.83)$$

这表明方程(4.20)关于 k 成立。由数学归纳法可知，方程(4.20)关于所有的 $k = 0, 1, \cdots, T$ 成立。证毕。

附录C. 引理4.3.3的证明

证明：我们利用数学归纳法证明此引理。对于 $k = T - 1$ 和 $i \in \Pi$，引理4.3.2表明

$$\bar{\eta}_{T-1}(i) = (\bar{f}_{T-1} Q(T-1) \mathbb{I})(i) = \bar{f}_{T-1}(i)$$

由注4.3.1可知，对于 $k = 0, 1, \cdots, T-1$ 和 $i \in \Pi$，有 $0 < \bar{f}_k(i) < 1$。因此，方程(4.21)关于 $k = T - 1$ 和所有的 $i \in \Pi$ 成立。

假设方程(4.21)关于 $T-1, T-2, \cdots, k+1$ 和所有的 $i \in \Pi$ 成立。设 $\ddot{\eta}_{k+1} = \max_{j \in \Pi} \{\bar{\eta}_{k+1}(j)\}$，$\tilde{\eta}_{k+1} = \min_{j \in \Pi} \{\bar{\eta}_{k+1}(j)\}$。那么，

$$0 < \tilde{\eta}_{k+1} \leqslant \sum_{j=1}^{J} q_k(i,j) \bar{\eta}_{k+1}(j) \leqslant \ddot{\eta}_{k+1} < 1 \tag{4.84}$$

再一次由结论 $0 < \bar{f}_k(i) < 1$ 和方程(4.14)、方程(4.84)，对于所有的 $i \in \Pi$，我们有 $0 < \bar{\eta}_k(i) < 1$，即，方程(4.21)关于 k 和所有的 $i \in \Pi$ 成立。根据数学归纳法，方程(4.21)关于所有的 $k = 0, 1 \cdots, T-1$ 和所有的 $i \in \Pi$ 成立。证毕。

附录 D. 定理 4.3.1 的证明

证明： 对于 $k = T - 1$，由方程(4.8)和方程(4.9)，有

$$\begin{aligned}
v_{T-1}(x_{T-1}, i) &= \max_{\pi_{T-1}(i)} \Big\{ \sum_{j=1}^{J} q_{ij}(T-1) \\
&\quad \times \mathbb{E}\Big[v_T\Big(A_{T-1,T-1}x_{T-1} + \bar{\varphi}_{T-1}(\beta) + \frac{S'_{T-1}(i)\pi_{T-1}(i)}{p_{T-1+y}}, j\Big) \Big] \Big\} \\
&= \max_{\pi_{T-1}(i)} \Big\{ \sum_{j=1}^{J} q_{ij}(T-1) \mathbb{E}\Big[-\omega \Big(A_{T-1,T-1}x_{T-1} + \bar{\varphi}_{T-1}(\beta) \\
&\quad + \frac{S'_{T-1}(i)\pi_{T-1}(i)}{p_{T-1+y}}\Big)^2 \\
&\quad + \lambda\Big(A_{T-1,T-1}x_{T-1} + \bar{\varphi}_{T-1}(\beta) + \frac{S'_{T-1}(i)\pi_{T-1}(i)}{p_{T-1+y}}\Big) \Big] \Big\} \\
&= -\omega(A_{T-1,T-1}x_{T-1} + \bar{\varphi}_{T-1}(\beta))^2 + \lambda(A_{T-1,T-1}x_{T-1} + \bar{\varphi}_{T-1}(\beta)) \\
&\quad + \max_{\pi_{T-1}(i)} \Big\{ [\lambda - 2\omega(A_{T-1,T-1}x_{T-1} + \bar{\varphi}_{T-1}(\beta))] \\
&\quad \times \frac{s'_{T-1}(i)\pi_{T-1}(i)}{p_{T-1+y}} - \omega \frac{\pi'_{T-1}(i)\Upsilon_{T-1}(i)\pi_{T-1}(i)}{p^2_{T-1+y}} \Big\}
\end{aligned} \tag{4.85}$$

由于 $\Upsilon_{T-1}(i)(i \in \Pi)$ 是正定的且 $\omega > 0$，因此，关于 $\pi_{T-1}(i)$ 应用一阶条件得最优解

$$\hat{\pi}^A_{T-1}(i) = \Big(\frac{\lambda}{2\omega} - A_{T-1,T-1}x_{T-1} - \bar{\varphi}_{T-1}(\beta)\Big) p_{T-1+y} \Upsilon_{T-1}^{-1}(i) s_{T-1}(i) \tag{4.86}$$

把方程(4.86)代入方程(4.85)，另外，$\bar{\eta}_{T-1}(i) = \bar{f}_{T-1}(i)$，有

$$\begin{aligned}
v_{T-1}(x_{T-1}, i) &= -\omega(A_{T-1,T-1}x_{T-1} + \bar{\varphi}_{T-1}(\beta))^2 \bar{f}_{T-1}(i) \\
&\quad + \lambda(A_{T-1,T-1}x_{T-1} + \bar{\varphi}_{T-1}(\beta)) \bar{f}_{T-1}(i) + \frac{\lambda^2}{4\omega} \bar{h}_{T-1}(i)
\end{aligned}$$

$$= -\omega A_{T-1, T-1}^2 \bar{f}_{T-1}(i) x_{T-1}^2 + (\lambda - 2\omega \bar{\varphi}_{T-1}(\beta)) A_{T-1, T-1} \bar{f}_{T-1}(i) x_{T-1}$$
$$+ \frac{\lambda^2}{4\omega} \bar{h}_{T-1}(i) + (\lambda \bar{\varphi}_{T-1}(\beta) - \omega \bar{\varphi}_{T-1}^2(\beta)) \bar{f}_{T-1}(i)$$
$$= -\omega A_{T-1, T-1}^2 \bar{\eta}_{T-1}(i) x_{T-1}^2 + M_{T-1} \bar{\eta}_{T-1}(i) x_{T-1} + \bar{D}_{T-1}(i) \tag{4.87}$$

方程(4.86)和方程(4.87)表明方程(4.22)和方程(4.23)关于 $k = T - 1$ 成立。

假设方程(4.22)和方程(4.23)关于 $T-1, T-2, \cdots, k+1$ 成立。把方程(4.22)中 v_{k+1} 的表达式代入方程(4.8),有

$$v_k(x_k, i)$$
$$= \max_{\pi_k(i)} \left\{ \sum_{j=1}^J q_k(i, j) \mathbb{E} \left[v_{k+1} \left(A_{k, k} x_k + \bar{\varphi}_k(\beta) + \frac{S_k'(i) \pi_k(i)}{p_{k+y}}, j \right) \right] \right\}$$
$$= \max_{\pi_k(i)} \left\{ \sum_{j=1}^J q_k(i, j) \mathbb{E} \left[-\omega A_{k+1, T-1}^2 \bar{\eta}_{k+1}(j) \times \left(A_{k, k} x_k + \bar{\varphi}_k(\beta) + \frac{S_k'(i) \pi_k(i)}{p_{k+y}} \right)^2 + M_{k+1} \bar{\eta}_{k+1}(j) \left(A_{k, k} x_k + \bar{\varphi}_k(\beta) + \frac{S_k'(i) \pi_k(i)}{p_{k+y}} \right) + \bar{D}_{k+1}(j) \right] \right\}$$
$$= \sum_{j=1}^J q_k(i, j) \left(-\omega A_{k+1, T-1}^2 \bar{\eta}_{k+1}(j) (A_{k, k} x_k + \bar{\varphi}_k(\beta))^2 \right.$$
$$+ M_{k+1} \bar{\eta}_{k+1}(j) (A_{k, k} x_k + \bar{\varphi}_k(\beta)) + \bar{D}_{k+1}(j) \right) + \max_{\pi_k(i)} \left\{ \sum_{j=1}^J q_k(i, j) \bar{\eta}_{k+1}(j) \right.$$
$$\times \left[\left(-2\omega A_{k+1, T-1}^2 (A_{k, k} x_k + \bar{\varphi}_k(\beta)) + M_{k+1} \right) \times \frac{s_k'(i) \pi_k(i)}{p_{k+y}} \right.$$
$$\left. \left. -\omega A_{k+1, T-1}^2 \frac{\pi_k'(i) Y_k(i) \pi_k(i)}{p_{k+y}^2} \right] \right\} \tag{4.88}$$

由于 $A_{k+1, T-1}^2 > 0, \omega > 0, Y_k(i)$ 是正定的,且由引理 4.3.3 知 $0 < \sum_{j=1}^J q_k(i, j) \bar{\eta}_{k+1}(j) < 1 (i \in \Pi)$,因此,关于 $\pi_k(i)$ 应用一阶条件得最优解

$$\hat{\pi}_k^A(i) = \left(\frac{M_{k+1}}{2\omega A_{k+1, T-1}^2} - A_{k, k} x_k - \bar{\varphi}_k(\beta) \right) p_{k+y} Y_k^{-1}(i) s_k(i)$$
$$= \left(-\sum_{l=k}^{T-1} \frac{\bar{\varphi}_l(\beta)}{A_{k+1, l}} + \frac{\lambda}{2\omega A_{k+1, T-1}} - A_{k, k} x_k \right) p_{k+y} Y_k^{-1}(i) s_k(i) \tag{4.89}$$

把方程(4.89)代入方程(4.88)得

$$\begin{aligned}v_k(x_k,\ i) =& -\omega A_{k+1,\ T-1}^2(A_{k,\ k}x_k + \bar{\varphi}_k(\beta))^2 \bar{f}_k(i) \sum_{j=1}^{J} q_k(i,\ j)\ \bar{\eta}_{k+1}(j) \\ &+ \sum_{j=1}^{J} q_k(i,\ j)\bar{D}_{k+1}(j) + \frac{M_{k+1}^2}{4\omega A_{k+1,\ T-1}^2}\bar{h}_k(i) \sum_{j=1}^{J} q_k(i,\ j)\ \bar{\eta}_{k+1}(j) \\ &+ M_{k+1}(A_{k,\ k}x_k + \bar{\varphi}_k(\beta))\bar{f}_k(i) \sum_{j=1}^{J} q_k(i,\ j)\ \bar{\eta}_{k+1}(j) \\ =& -\omega A_{k+1,\ T-1}^2 A_{k,\ k}^2\ \bar{\eta}_k(i)x_k^2 + (M_{k+1} - 2\omega A_{k+1,\ T-1}^2 \bar{\varphi}_k(\beta))A_{k,\ k}\ \bar{\eta}_k(i)x_k \\ &+ \sum_{j=1}^{J} q_k(i,\ j)\bar{D}_{k+1}(j) + \frac{M_{k+1}^2}{4\omega A_{k+1,\ T-1}^2}\bar{h}_k(i) \sum_{j=1}^{J} q_k(i,\ j)\ \bar{\eta}_{k+1}(j) \\ &+ (M_{k+1}\bar{\varphi}_k(\beta) - \omega A_{k+1,\ T-1}^2 \bar{\varphi}_k^2(\beta))\ \bar{\eta}_k(i) \\ =& -\omega A_{k,\ T-1}^2\ \bar{\eta}_k(i)x_k^2 + M_k\ \bar{\eta}_k(i)x_k + \bar{D}_k(i) \end{aligned} \quad (4.90)$$

方程(4.89)和(4.90)表明方程(4.22)和方程(4.23)关于 k 成立。由数学归纳法，方程(4.22)和方程(4.23)关于所有的 $k = 0,\ 1,\ \cdots,\ T-1$ 成立。证毕。

附录 E. 引理 4.3.4 的证明

证明：首先，我们利用数学归纳法证明下面的方程：对于 $k = 0,\ 1,\ \cdots,\ T-1$，有

$$\mathbb{E}\left(\prod_{l=k}^{T-1}\bar{f}_l(\xi_l)\ \big|\ \xi_k = i_k\right) = \bar{\eta}_k(i_k) \quad (4.91)$$

对于 $k = T-1$，

$$\begin{aligned}\mathbb{E}\left(\prod_{l=T-1}^{T-1}\bar{f}_l(\xi_l)\ \big|\ \xi_{T-1} = i_{T-1}\right) &= \bar{f}_{T-1}(i_{T-1}) \\ &= (\bar{\mathbf{f}}_{T-1}Q(T-1)\mathbb{I})(i_{T-1}) = \bar{\eta}_{T-1}(i_{T-1})\end{aligned} \quad (4.92)$$

因此，方程(4.91)关于 $k = T-1$ 成立。假设方程(4.91)关于 $T-1$，$T-2,\ \cdots,\ k+1$ 成立。那么

$$\begin{aligned}\mathbb{E}\left(\prod_{l=k}^{T-1}\bar{f}_l(\xi_l)\ \big|\ \xi_k = i_k\right) &= \mathbb{E}\left(\bar{f}_k(\xi_k)\prod_{l=k+1}^{T-1}\bar{f}_l(\xi_l)\ \big|\ \xi_k = i_k\right) \\ &= \bar{f}_k(i_k)\ \mathbb{E}\left(\prod_{l=k+1}^{T-1}\bar{f}_l(\xi_l)\ \big|\ \xi_k = i_k\right) \\ &= \bar{f}_k(i_k)\ \mathbb{E}\left(\mathbb{E}\left(\prod_{l=k+1}^{T-1}\bar{f}_l(\xi_l)\ \big|\ \xi_{k+1}\right)\ \big|\ \xi_k = i_k\right) \\ &= \bar{f}_k(i_k)\ \mathbb{E}(\bar{\eta}_{k+1}(\xi_{k+1})\ |\ \xi_k = i_k) \\ &= \bar{f}_k(i_k) \sum_{j=1}^{J} q_{ij}(k)\ \bar{\eta}_{k+1}(j)\end{aligned}$$

$$= \bar{\eta}_k(i_k) \tag{4.93}$$

这表明方程(4.91)关于 k 成立。由数学归纳法可知，方程(4.91)关于所有的 $k = 0, 1, \cdots, T - 1$ 成立。

接着，我们利用数学归纳法证明方程(4.31)。对于 $t = k$，由方程(4.91)得

$$\wp_k(i_k) = \mathbb{E}\left(\prod_{l=k}^{T-1} \bar{f}_l(\xi_l) \mid \xi_k = i_k\right) = \bar{\eta}_k(i_k) = \left(\left(\prod_{l=k}^{k-1} Q(l)\right) \bar{\eta}_\mathbf{k}\right)(i_k)$$

这表明方程(4.31)关于 $t = k$ 成立。假设方程(4.31)关于 $k, k - 1, \cdots, t + 1$ 成立。那么

$$\wp_k(i_t) = \mathbb{E}\left(\prod_{l=k}^{T-1} \bar{f}_l(\xi_l) \mid \xi_t = i_t\right)$$

$$= \mathbb{E}\left(\mathbb{E}\left(\prod_{l=k}^{T-1} \bar{f}_l(\xi_l) \mid \xi_{t+1}\right) \mid \xi_t = i_t\right)$$

$$= \mathbb{E}\left(\wp_k(\xi_{t+1}) \mid \xi_t = i_t\right)$$

$$= \mathbb{E}\left(\left(\left(\prod_{l=t+1}^{k-1} Q(l)\right) \bar{\eta}_\mathbf{k}\right)(\xi_{t+1}) \mid \xi_t = i_t\right)$$

$$= \sum_{j=1}^{J} q_{ij}(t)\left(\left(\prod_{l=t+1}^{k-1} Q(l)\right) \bar{\eta}_\mathbf{k}\right)(j) = \left(\left(\prod_{l=t}^{k-1} Q(l)\right) \bar{\eta}_\mathbf{k}\right)(i_t) \tag{4.94}$$

这表明方程(4.31)关于 t 成立。因此，方程(4.31)关于所有的 $t = 0, 1, \cdots, k$ 成立。

最后，方程(4.32)的证明和方程(4.31)的证明类似，故省略。

附录 F. 引理 4.3.6 的证明

证明： 对于 $k = 0, 1, \cdots, T - 1, \xi_0 = i_0 \in \Pi$，由引理 4.3.5，有

$$\nu_k(\beta, i_0) = \sum_{l=0}^{k} \wp_l(i_0) \chi_l(\beta) - \sum_{l=0}^{k} \bar{\phi}_l(i_0) \sum_{m=l+1}^{T-1} \chi_m(\beta)$$

$$= \sum_{l=0}^{k} \wp_l(i_0) \chi_l(\beta) - \sum_{l=0}^{k} \wp_{l+1}(i_0) \sum_{m=l+1}^{T-1} \chi_m(\beta)$$

$$+ \sum_{l=0}^{k} \wp_l(i_0) \sum_{m=l+1}^{T-1} \chi_m(\beta)$$

$$= \sum_{l=0}^{k} \wp_l(i_0) \sum_{m=l}^{T-1} \chi_m(\beta) - \sum_{l=0}^{k} \wp_{l+1}(i_0) \sum_{m=l+1}^{T-1} \chi_m(\beta)$$

$$= \wp_0(i_0) \sum_{m=0}^{T-1} \chi_m(\beta) - \wp_{k+1}(i_0) \sum_{m=k+1}^{T-1} \chi_m(\beta) \tag{4.95}$$

证毕。

附录 G. 定理 4.3.2 的证明

证明： 将方程(4.23)代入财富过程(4.1)，有

$$X_{k+1}^{\hat{\pi}^A} = A_{k,\,k} X_k^{\hat{\pi}^A} + \bar{\varphi}_k(\beta) + \left(\frac{M_{k+1}}{2\omega A_{k+1,\,T-1}^2} - A_{k,\,k} X_k^{\hat{\pi}^A} - \bar{\varphi}_k(\beta) \right) S_k'(\xi_k) \Upsilon_k^{-1}(\xi_k) s_k(\xi_k)$$

$$= (A_{k,\,k} X_k^{\hat{\pi}^A} + \bar{\varphi}_k(\beta))(1 - S_k'(\xi_k) \Upsilon_k^{-1}(\xi_k) s_k(\xi_k))$$

$$+ \left(\frac{M_{k+1}}{2\omega A_{k+1,\,T-1}^2} \right) S_k'(\xi_k) \Upsilon_k^{-1}(\xi_k) s_k(\xi_k) \tag{4.96}$$

由于 $X_k^{\hat{\pi}^A}$ 和 $S_k'(\xi_k)$ 是统计独立的，在状态 $\xi_0, \xi_1, \cdots, \xi_k$ 下对方程 (4.96) 两边取条件期望，得

$$\mathbb{E}(X_{k+1}^{\hat{\pi}^A} \mid \xi_0, \xi_1, \cdots, \xi_k) = A_{k,\,k} \bar{f}_k(\xi_k) \mathbb{E}(X_k^{\hat{\pi}^A} \mid \xi_0, \xi_1, \cdots, \xi_k)$$

$$+ \bar{\varphi}_k(\beta) \bar{f}_k(\xi_k) + \frac{M_{k+1}}{2\omega A_{k+1,\,T-1}^2} \bar{h}_k(\xi_k). \tag{4.97}$$

再由 $\mathbb{E}(\,\cdot\, \mid \xi_0, \xi_1, \cdots, \xi_k) = \mathbb{E}(\,\cdot\, \mid \xi_0, \xi_1, \cdots, \xi_{k-1})$，递推的应用方程(4.97)，得

$$\mathbb{E}(X_k^{\hat{\pi}^A} \mid \xi_0, \xi_1, \cdots, \xi_{k-1}, X_0)$$

$$= A_{0,\,k-1} \prod_{l=0}^{k-1} \bar{f}_l(\xi_l) X_0 + \sum_{l=0}^{k-1} \bar{\varphi}_l(\beta) A_{l+1,\,k-1} \prod_{m=l}^{k-1} \bar{f}_m(\xi_m)$$

$$+ \sum_{l=0}^{k-1} \frac{M_{l+1}}{2\omega A_{l+1,\,T-1}^2} A_{l+1,\,k-1} \bar{h}_l(\xi_l) \prod_{m=l+1}^{k-1} \bar{f}_m(\xi_m) \tag{4.98}$$

那么，在时刻 T，有

$$\mathbb{E}(X_T^{\hat{\pi}^A} \mid \xi_0, \xi_1, \cdots, \xi_{T-1}, X_0)$$

$$= A_{0,\,T-1} \prod_{l=0}^{T-1} \bar{f}_l(\xi_l) X_0 + \sum_{l=0}^{T-1} \bar{\varphi}_l(\beta) A_{l+1,\,T-1} \prod_{m=l}^{T-1} \bar{f}_m(\xi_m)$$

$$+ \sum_{l=0}^{T-1} \frac{M_{l+1}}{2\omega A_{l+1,\,T-1}} \bar{h}_l(\xi_l) \prod_{m=l+1}^{T-1} \bar{f}_m(\xi_m) \tag{4.99}$$

同样，在初始状态 $\xi_0 = i_0$ 和初始财富 $X_0 = x_0$ 下对方程(4.99)两边取条件期望，有

$$\mathbb{E}_{0,\,x_0,\,i_0}(X_T^{\hat{\pi}^A}) = A_{0,\,T-1} \mathbb{E}\Big(\prod_{l=0}^{T-1} \bar{f}_l(\xi_l) \mid \xi_0 = i_0 \Big) x_0$$

$$+ \sum_{l=0}^{T-1} \bar{\varphi}_l(\beta) A_{l+1,\,T-1} \mathbb{E}\Big(\prod_{m=l}^{T-1} \bar{f}_m(\xi_m) \mid \xi_0 = i_0 \Big)$$

$$+ \sum_{l=0}^{T-1} \frac{M_{l+1}}{2\omega A_{l+1,T-1}} \mathbb{E}\left(\bar{h}_l(\xi_l) \prod_{m=l+1}^{T-1} \bar{f}_m(\xi_m) \mid \xi_0 = i_0\right)$$

$$= A_{0,T-1} \wp_0(i_0) x_0 + \sum_{l=0}^{T-1} \bar{\varphi}_l(\beta) A_{l+1,T-1} \wp_l(i_0)$$

$$+ \sum_{l=0}^{T-1} \frac{M_{l+1}}{2\omega A_{l+1,T-1}} \bar{\phi}_l(i_0)$$

$$= A_{0,T-1} \wp_0(i_0) x_0 + \sum_{l=0}^{T-1} \bar{\varphi}_l(\beta) A_{l+1,T-1} \wp_l(i_0)$$

$$- \sum_{l=0}^{T-1} \bar{\phi}_l(i_0) \sum_{m=l+1}^{T-1} \bar{\varphi}_m(\beta) A_{m+1,T-1} + \frac{\lambda}{2\omega} \sum_{l=0}^{T-1} \bar{\phi}_l(i_0)$$

$$= A_{0,T-1} \wp_0(i_0) x_0 + \nu_{T-1}(\beta, i_0) + \frac{\lambda}{2\omega} \bar{a}_0(i_0) \quad (4.100)$$

这证明了方程(4.33)。为得到 $\mathbb{E}_{0,x_0,i_0}((X_T^{\hat{\pi}^A})^2)$，我们首先注意到

$$\mathbb{E}\left[(S_k'(\xi_k) Y_k^{-1}(\xi_k) s_k(\xi_k))^2\right] = \mathbb{E}\left[s_k'(\xi_k) Y_k^{-1}(\xi_k) S_k(\xi_k) S_k'(\xi_k) Y_k^{-1}(\xi_k) s_k(\xi_k)\right]$$

$$= s_k'(\xi_k) Y_k^{-1}(\xi_k) s_k(\xi_k) = \bar{h}_k(\xi_k) \quad (4.101)$$

在方程(4.96)的两边取平方，然后取条件期望，得

$$\mathbb{E}((X_{k+1}^{\hat{\pi}^A})^2 \mid \xi_0, \xi_1, \cdots, \xi_k)$$

$$= \mathbb{E}((X_k^{\hat{\pi}^A})^2 \mid \xi_0, \xi_1, \cdots, \xi_k) A_{k,k}^2 \bar{f}_k(\xi_k) + 2\mathbb{E}(X_k^{\hat{\pi}^A} \mid \xi_0,$$

$$\xi_1, \cdots, \xi_k) A_{k,k} \bar{\varphi}_k(\beta) \bar{f}_k(\xi_k)$$

$$+ \frac{M_{k+1}^2}{4\omega^2 A_{k+1,T-1}^4} \bar{h}_k(\xi_k) + \bar{\varphi}_k^2(\beta) \bar{f}_k(\xi_k) \quad (4.102)$$

再次利用 $\mathbb{E}(\cdot \mid \xi_0, \xi_1, \cdots, \xi_k) = \mathbb{E}(\cdot \mid \xi_0, \xi_1, \cdots, \xi_{k-1})$，递推的应用方程(4.102)并把方程(4.98)和 M_{k+1} 的表达式代入，得

$$\mathbb{E}((X_T^{\hat{\pi}^A})^2 \mid \xi_0, \xi_1, \cdots, \xi_{T-1}, X_0)$$

$$= A_{0,T-1}^2 \prod_{l=0}^{T-1} \bar{f}_l(\xi_l) X_0^2 + 2A_{0,T-1} \sum_{l=0}^{T-1} \chi_l(\beta) \prod_{m=0}^{T-1} \bar{f}_m(\xi_m) X_0$$

$$+ \sum_{l=0}^{T-1} \chi_l^2(\beta) \prod_{m=l}^{T-1} \bar{f}_m(\xi_m) + 2 \sum_{l=0}^{T-1} \chi_l(\beta) \times \left(\sum_{m=0}^{l-1} \chi_m(\beta) \prod_{s=m}^{T-1} \bar{f}_s(\xi_s)\right.$$

$$\left. - \sum_{m=0}^{l-1} \sum_{s=m+1}^{T-1} \chi_s(\beta) \bar{h}_m(\xi_m) \prod_{s=m+1}^{T-1} \bar{f}_s(\xi_s)\right) + \frac{\lambda}{\omega} \sum_{l=0}^{T-1} (\chi_l(\beta)$$

$$\sum_{m=0}^{l-1} \bar{h}_m(\xi_m) \prod_{s=m+1}^{T-1} \bar{f}_s(\xi_s) - \sum_{m=l+1}^{T-1} \chi_m(\beta) \bar{h}_l(\xi_l) \prod_{m=l+1}^{T-1} \bar{f}_m(\xi_m))$$

$$+ \sum_{l=0}^{T-1} \left(\sum_{m=l+1}^{T-1} \chi_m(\beta)\right)^2 \bar{h}_l(\xi_l) \prod_{m=l+1}^{T-1} \bar{f}_m(\xi_m)$$

$$+ \frac{\lambda^2}{4\omega^2} \sum_{l=0}^{T-1} \bar{h}_l(\xi_l) \prod_{m=l+1}^{T-1} \bar{f}_m(\xi_m) \qquad (4.103)$$

同样，在初始状态 $\xi_0 = i_0$ 和初始财富 $X_0 = x_0$ 下对方程(4.103)两边取条件期望，得

$$\mathbb{E}_{0, x_0, i_0}((X_T^{\hat{\pi}^A})^2) = A_{0,T-1}^2 \wp_0(i_0) x_0^2 + 2A_{0,T-1} \sum_{l=0}^{T-1} \chi_l(\beta) \wp_0(i_0) x_0$$

$$+ \sum_{l=0}^{T-1} \chi_l^2(\beta) \wp_l(i_0) + \frac{\lambda^2}{4\omega^2} \sum_{l=0}^{T-1} \bar{\phi}_l(i_0)$$

$$+ \frac{\lambda}{\omega} \sum_{l=0}^{T-1} \left(\chi_l(\beta) \sum_{m=0}^{l-1} \bar{\phi}_m(i_0) - \bar{\phi}_l(i_0) \sum_{m=l+1}^{T-1} \chi_m(\beta) \right)$$

$$+ \sum_{l=0}^{T-1} \left(\sum_{m=l+1}^{T-1} \chi_m(\beta) \right)^2 \bar{\phi}_l(i_0) + 2 \sum_{l=0}^{T-1} \chi_l(\beta)$$

$$\left(\sum_{m=0}^{l-1} \chi_m(\beta) \wp_m(i_0) - \sum_{m=0}^{l-1} \bar{\phi}_m(i_0) \sum_{s=m+1}^{T-1} \chi_s(\beta) \right)$$

$$= A_{0,T-1}^2 \wp_0(i_0) x_0^2 + 2\zeta(\beta) \wp_0(i_0) x_0$$

$$+ \frac{\lambda^2}{4\omega^2} \bar{a}_0(i_0) + \psi(\beta, i_0) \qquad (4.104)$$

其中，最后一个等式利用下面的结论：

$$\sum_{l=0}^{T-1} \left(\chi_l(\beta) \sum_{m=0}^{l-1} \bar{\phi}_m(i_0) - \bar{\phi}_l(i_0) \sum_{m=l+1}^{T-1} \chi_m(\beta) \right)$$

$$= \sum_{l=0}^{T-1} \left(\chi_l(\beta)(\wp_l(i_0) - \wp_0(i_0)) - (\wp_{l+1}(i_0) - \wp_l(i_0)) \sum_{m=l+1}^{T-1} \chi_m(\beta) \right)$$

$$= \sum_{l=0}^{T-1} \wp_l(i_0) \sum_{m=l}^{T-1} \chi_m(\beta) - \sum_{l=0}^{T-1} \wp_{l+1}(i_0) \times \sum_{m=l+1}^{T-1} \chi_m(\beta)$$

$$- \wp_0(i_0) \sum_{l=0}^{T-1} \chi_l(\beta)$$

$$= \wp_0(i_0) \sum_{m=0}^{T-1} \chi_m(\beta) - \wp_0(i_0) \sum_{l=0}^{T-1} \chi_l(\beta) = 0$$

因此，方程(4.34)得证。

附录 H. 定理 4.3.3 的证明

证明： 正如前面所指出的，问题 $\mathbb{P}(\omega)$ 的最优策略是 $\lambda = 1 + 2\omega \mathbb{E}_{0, x_0, i_0}(X_T^{\hat{\pi}^A})$ 时 $A(\lambda, \omega)$ 的解。由定理 4.3.2，有

$$\lambda = 1 + 2\omega \mathbb{E}_{0, x_0, i_0}(X_T^{\hat{\pi}^A}) = 1 + 2\omega(A_{0,T-1} \wp_0(i_0) x_0$$

$$+ \nu_{T-1}(\beta, i_0)) + \lambda \bar{a}_0(i_0)$$

由于 $0 < 1 - \bar{a}_0(i_0) = \wp_0(i_0) = \bar{\eta}_0(i_0) < 1$，由上面方程得

$$\lambda = \frac{1 + 2\omega(A_{0,T-1}\overline{\eta}_0(i_0)x_0 + \nu_{T-1}(\beta, i_0))}{\overline{\eta}_0(i_0)} \quad (4.105)$$

将方程(4.105)代入方程(4.23)，得

$$\hat{\pi}_k^P(i) = \left(-\sum_{l=k}^{T-1}\frac{\overline{\varphi}_l(\beta)}{A_{k+1,l}} + \frac{1 + 2\omega\nu_{T-1}(\beta, i_0)}{2\omega\,\overline{\eta}_0(i_0)A_{k+1,T-1}} + A_{0,k}x_0 - A_{k,k}x_k\right)$$

$$\times p_{k+y}Y_k^{-1}(i)s_k(i) \quad (4.106)$$

将引理4.3.6中 $\nu_{T-1}(\beta, i_0)$ 的表达式代入方程(4.106)，就可以得到期望结果(4.35)。

接下来，将方程(4.105)代入方程(4.33)和方程(4.34)，根据 $\overline{a}_0(i_0) + \overline{\eta}_0(i_0) = 1$ 和 $\wp_0(i_0) = \overline{\eta}_0(i_0)$，得

$$\mathbb{E}_{0,x_0,i_0}(X_T^{\hat{\pi}^P}) = A_{0,T-1}\wp_0(i_0)x_0 + \nu_{T-1}(\beta, i_0) + \frac{\overline{a}_0(i_0)}{2\omega\,\overline{\eta}_0(i_0)}$$

$$+ A_{0,T-1}\overline{a}_0(i_0)x_0 + \nu_{T-1}(\beta, i_0)\frac{\overline{a}_0(i_0)}{\overline{\eta}_0(i_0)}$$

$$= A_{0,T-1}x_0 + \frac{\overline{a}_0(i_0)}{2\omega\,\overline{\eta}_0(i_0)} + \frac{\nu_{T-1}(\beta, i_0)}{\overline{\eta}_0(i_0)} \quad (4.107)$$

$$\mathbb{E}_{0,x_0,i_0}((X_T^{\hat{\pi}^P})^2) = A_{0,T-1}^2 x_0^2 + 2\zeta(\beta)\overline{\eta}_0(i_0)x_0$$

$$+ \frac{2x_0 A_{0,T-1}\nu_{T-1}(\beta, i_0)\overline{a}_0(i_0)}{\overline{\eta}_0(i_0)}$$

$$+ \frac{x_0 A_{0,T-1}\overline{a}_0(i_0)}{\omega\,\overline{\eta}_0(i_0)} + \frac{\overline{a}_0(i_0)}{4\omega^2\,\overline{\eta}_0^2(i_0)} + \frac{\nu_{T-1}^2(\beta, i_0)\overline{a}_0(i_0)}{\overline{\eta}_0^2(i_0)}$$

$$+ \frac{\nu_{T-1}(\beta, i_0)\overline{a}_0(i_0)}{\omega\,\overline{\eta}_0^2(i_0)} + \psi(\beta, i_0) \quad (4.108)$$

由引理4.3.6和 $\wp_0(i_0) = \overline{\eta}_0(i_0)$，有

$$\zeta(\beta)\overline{\eta}_0(i_0) - A_{0,T-1}\nu_{T-1}(\beta, i_0)$$

$$= \overline{\eta}_0(i_0)A_{0,T-1}\sum_{l=0}^{T-1}\chi_l(\beta) - A_{0,T-1}\wp_0(i_0)\sum_{m=0}^{T-1}\chi_m(\beta) = 0 \quad (4.109)$$

那么，由方程(4.107)~方程(4.109)，终端时刻 T 的财富的方差是

$$\mathrm{Var}_{0,x_0,i_0}(X_T^{\hat{\pi}^P}) = \mathbb{E}_{0,x_0,i_0}((X_T^{\hat{\pi}^P})^2) - [\mathbb{E}_{0,x_0,i_0}(X_T^{\hat{\pi}^P})]^2$$

$$= 2[\zeta(\beta)\bar{\eta}_0(i_0) - A_{0,T-1}\nu_{T-1}(\beta, i_0)]x_0 + \frac{\bar{a}_0(i_0)}{4\omega^2 \bar{\eta}_0(i_0)}$$

$$-\frac{\nu_{T-1}^2(\beta, i_0)}{\bar{\eta}_0(i_0)} + \psi(\beta, i_0) = \frac{\bar{a}_0(i_0)}{4\omega^2 \bar{\eta}_0(i_0)} - \frac{\nu_{T-1}^2(\beta, i_0)}{\bar{\eta}_0(i_0)}$$

$$+ \psi(\beta, i_0) \tag{4.110}$$

在方程(4.107)和方程(4.110)中消除 ω，有

$$\mathrm{Var}_{0,x_0,i_0}(X_T^{\hat{\pi}^P}) = \frac{\bar{\eta}_0(i_0)}{\bar{a}_0(i_0)}\Big[\mathbb{E}_{0,x_0,i_0}(X_T^{\hat{\pi}^P}) - A_{0,T-1}x_0 - \frac{\nu_{T-1}(\beta, i_0)}{\bar{\eta}_0(i_0)}\Big]^2$$

$$-\frac{\nu_{T-1}^2(\beta, i_0)}{\bar{\eta}_0(i_0)} + \psi(\beta, i_0)$$

$$= \frac{\bar{\eta}_0(i_0)}{\bar{a}_0(i_0)}\Big[\mathbb{E}_{0,x_0,i_0}(X_T^{\hat{\pi}^P}) - A_{0,T-1}x_0 - \sum_{m=0}^{T-1}\chi_m(\beta)\Big]^2$$

$$- \bar{\eta}_0(i_0)\Big(\sum_{m=0}^{T-1}\chi_m(\beta)\Big)^2 + \psi(\beta, i_0) \tag{4.111}$$

这就是结论(4.36)。

附录 I. 引理 4.4.1 的证明

证明： 首先，我们利用数学归纳法证明方程(4.47)。对于 $k = T$，方程(4.47)很显然是成立的。

假设方程(4.47)关于 $T, T-1, \cdots, k+1$ 成立。那么，

$$\varpi_k = \mathbf{z}_k + Q(k)\varpi_{k+1} = \mathbf{z}_k + Q(k)\Big(\sum_{m=k+1}^{T-1}\Big(\prod_{j=k+1}^{m-1}Q(j)\Big)\mathbf{z}_m\Big)$$

$$= \sum_{m=k}^{T-1}\Big(\prod_{j=k}^{m-1}Q(j)\Big)\mathbf{z}_m$$

这表明方程(4.47)关于 k 成立。因此，方程(4.47))关于所有的 $k = 0, 1, \cdots, T$ 都成立。

接下来，我们同样利用数学归纳法证明方程(4.48)。对于 $k = T$，方程(4.48)很显然是成立的。假设方程(4.48)关于 $T, T-1, \cdots, k+1$ 成立。那么，

$$\overline{\mathbf{W}}_k = Q(k)\overline{\mathbf{W}}_{k+1} + Q(k)\varpi_{k+1}^2 - (Q(k)\varpi_{k+1})^2$$

$$= Q(k)\Big(\sum_{m=k+2}^{T-1}\Big(\prod_{j=k+1}^{m-1}Q(j)\Big)\varpi_m^2$$

$$- \sum_{m=k+2}^{T-1}\Big(\prod_{j=k+1}^{m-2}Q(j)\Big)(Q(m-1)\varpi_m)^2\Big) + Q(k)\varpi_{k+1}^2 - (Q(k)\varpi_{k+1})^2$$

$$= \sum_{m=k+1}^{T-1}\left(\prod_{j=k}^{m-1}Q(j)\right)\varpi_m^2 - \sum_{m=k+1}^{T-1}\left(\prod_{j=k}^{m-2}Q(j)\right)(Q(m-1)\varpi_m)^2 \tag{4.112}$$

这表明方程(4.48)关于 k 成立。因此，方程(4.48)关于所有的 $k = 0$, 1, …, $T-1$ 成立。证毕。

附录 J. 定理 4.4.1 的证明

证明：我们利用数学归纳法证明此定理。对于 $k = T-1$，由方程(4.1)、方程(4.40)和方程(4.41)，有

$V_{T-1}(x_{T-1}, i)$

$= \max_{\pi_{T-1}(i)} \{ \mathbb{E}_{T-1, x_{T-1}, i}(V_T(X_T^\pi, \xi_T)) - \omega \mathbb{E}_{T-1, x_{T-1}, i}(g_T^2(X_T^\pi, \xi_T)) + \omega [\mathbb{E}_{T-1, x_{T-1}, i}(g_T(X_T^\pi, \xi_T))]^2 \}$

$= \max_{\pi_{T-1}(i)} \{ \mathbb{E}_{T-1, x_{T-1}, i}(X_T^\pi) - \omega \mathbb{E}_{T-1, x_{T-1}, i}((X_T^\pi)^2) + \omega [\mathbb{E}_{T-1, x_{T-1}, i}(X_T^\pi)]^2 \}$

$= \max_{\pi_{T-1}(i)} \left\{ \mathbb{E}\left[A_{T-1, T-1} x_{T-1} + \bar{\varphi}_{T-1}(\beta) + \frac{S'_{T-1}(i)\pi_{T-1}(i)}{p_{T-1+y}} \right] \right.$

$\left. - \omega \mathbb{E}\left[\left(A_{T-1, T-1} x_{T-1} + \bar{\varphi}_{T-1}(\beta) + \frac{S'_{T-1}(i)\pi_{T-1}(i)}{p_{T-1+y}} \right)^2 \right] \right.$

$\left. + \omega \left[\mathbb{E}\left(A_{T-1, T-1} x_{T-1} + \bar{\varphi}_{T-1}(\beta) + \frac{S'_{T-1}(i)\pi_{T-1}(i)}{p_{T-1+y}} \right) \right]^2 \right\}$

$= \max_{\pi_{T-1}(i)} \left\{ A_{T-1, T-1} x_{T-1} + \bar{\varphi}_{T-1}(\beta) + \frac{s'_{T-1}(i)\pi_{T-1}(i)}{p_{T-1+y}} \right.$

$\left. - \omega \frac{\pi'_{T-1}(i)[\mathbb{E}(S_{T-1}(i)S'_{T-1}(i)) - s_{T-1}(i)s'_{T-1}(i)]\pi_{T-1}(i)}{p_{T-1+y}^2} \right\}$

$= A_{T-1, T-1} x_{T-1} + \bar{\varphi}_{T-1}(\beta)$

$+ \max_{\pi_{T-1}(i)} \left\{ \frac{s'_{T-1}(i)\pi_{T-1}(i)}{p_{T-1+y}} - \omega \frac{\pi'_{T-1}(i) cov_{T-1}(i) \pi_{T-1}(i)}{p_{T-1+y}^2} \right\} \tag{4.113}$

由于 $\omega > 0$，且由假设 4.2.2 知 $cov_{T-1}(i)$ 是正定的，因此，关于 $\pi_{T-1}(i)$ 应用一阶条件得最优解

$$\hat{\pi}_{T-1}^E(i) = \frac{p_{T-1+y}}{2\omega} cov_{T-1}^{-1}(i) s_{T-1}(i) \tag{4.114}$$

把方程(4.114)分别代入方程(4.113)和方程(4.41)，得

$$V_{T-1}(x_{T-1},\ i) = A_{T-1,\ T-1}x_{T-1} + \bar{\varphi}_{T-1}(\beta) + \frac{s'_{T-1}(i)\ \mathrm{cov}_{T-1}^{-1}(i)s_{T-1}(i)}{4\omega}$$

$$= A_{T-1,\ T-1}x_{T-1} + \bar{\varphi}_{T-1}(\beta) + \frac{1}{4\omega}z_{T-1}(i) \qquad (4.115)$$

$$g_{T-1}(x_{T-1},\ i) = \mathbb{E}_{T-1,\ x_{T-1},\ i}(g_T(X_T^\pi,\ \xi_T))$$

$$= \mathbb{E}_{T-1,\ x_{T-1},\ i}(X_T^\pi)$$

$$= A_{T-1,\ T-1}x_{T-1} + \bar{\varphi}_{T-1}(\beta) + \frac{1}{2\omega}z_{T-1}(i) \qquad (4.116)$$

由于 $\chi_{T-1}(\beta) = \bar{\varphi}_{T-1}(\beta)$, $\varpi_{T-1}(i) = z_{T-1}(i)$ 和 $W_{T-1}(i) = 0$, 方程 (4.114)~方程(4.116)表明方程(4.49)~方程(4.51)关于 $k = T - 1$ 成立。

现在假设方程(4.49)~方程(4.51)关于 $T-1, T-2, \cdots, k+1$ 成立。那么, 对于 k, 由扩展的 Bellman 方程(4.40), 得

$V_k(x_k,\ i)$

$= \max_{\pi_k(i)} \{ \mathbb{E}_{k,\ x_k,\ i}(V_{k+1}(X_{k+1}^\pi,\ \xi_{k+1})) - \omega \mathbb{E}_{k,\ x_k,\ i}(g_{k+1}^2(X_{k+1}^\pi,\ \xi_{k+1}))$
$+ \omega [\mathbb{E}_{k,\ x_k,\ i}(g_{k+1}(X_{k+1}^\pi,\ \xi_{k+1}))]^2 \}$

$= \max_{\pi_k(i)} \Big\{ \mathbb{E}_{k,\ x_k,\ i}\Big[A_{k+1,\ T-1}X_{k+1}^\pi + \sum_{l=k+1}^{T-1}\chi_l(\beta) + \frac{1}{4\omega}(\varpi_{k+1}(\xi_{k+1}) - \overline{W}_{k+1}(\xi_{k+1})) \Big]$

$- \omega \mathbb{E}_{k,\ x_k,\ i}\Big[\Big(A_{k+1,\ T-1}X_{k+1}^\pi + \sum_{l=k+1}^{T-1}\chi_l(\beta) + \frac{1}{2\omega}\varpi_{k+1}(\xi_{k+1}) \Big)^2 \Big]$

$+ \omega \Big[\mathbb{E}_{k,\ x_k,\ i}\Big(A_{k+1,\ T-1}X_{k+1}^\pi + \sum_{l=k+1}^{T-1}\chi_l(\beta) + \frac{1}{2\omega}\varpi_{k+1}(\xi_{k+1}) \Big) \Big]^2 \Big\}$

$= \max_{\pi_k(i)} \Big\{ A_{k,\ T-1}x_k + \sum_{l=k}^{T-1}\chi_l(\beta) + \frac{1}{4\omega}\mathbb{E}_{k,\ x_k,\ i}[\varpi_{k+1}(\xi_{k+1}) - \overline{W}_{k+1}(\xi_{k+1})]$

$- \omega \frac{A_{k+1,\ T-1}^2 \pi'_k(i)[\mathbb{E}(S_k(i)S'_k(i)) - s_k(i)s'_k(i)]\pi_k(i)}{p_{k+y}^2}$

$+ \frac{A_{k+1,\ T-1}s'_k(i)\pi_k(i)}{p_{k+y}} - \frac{1}{4\omega}[\mathbb{E}_{k,\ x_k,\ i}(\varpi_{k+1}^2(\xi_{k+1})) - \mathbb{E}_{k,\ x_k,\ i}^2(\varpi_{k+1}(\xi_{k+1}))]$

$- \frac{A_{k+1,\ T-1}[\mathbb{E}_{k,\ x_k,\ i}(\varpi_{k+1}(\xi_{k+1})S'_k(i)) - \mathbb{E}_{k,\ x_k,\ i}(\varpi_{k+1}(\xi_{k+1}))s'_k(i)]\pi_k(i)}{p_{k+y}} \Big\}$

$= \max_{\pi_k(i)} \Big\{ A_{k,\ T-1}x_k + \sum_{l=k}^{T-1}\chi_l(\beta) + \frac{1}{4\omega}\sum_{j=1}^{J}q_k(i,\ j)[\varpi_{k+1}(j) - \overline{W}_{k+1}(j)]$

$$+ \frac{A_{k+1, T-1} s'_k(i) \pi_k(i)}{p_{k+y}} - \omega \frac{A^2_{k+1, T-1} \pi'_k(i) \text{cov}_k(i) \pi_k(i)}{p^2_{k+y}}$$

$$- \frac{1}{4\omega} \Big(\sum_{j=1}^{J} q_k(i,j) \varpi^2_{k+1}(j) - \Big(\sum_{j=1}^{J} q_k(i,j) \varpi_{k+1}(j) \Big)^2 \Big) \Big\} \quad (4.117)$$

其中，最后一个等号利用结论 $\mathbb{E}_{k, x_k, i}(\varpi_{k+1}(\xi_{k+1}) S'_k(i))$ $- \mathbb{E}_{k, x_k, i}(\varpi_{k+1}(\xi_{k+1})) s'_k(i) = 0$，此结论成立是因为 $\varpi_{k+1}(\xi_{k+1})$ 和 $S'_k(i)$ 是统计独立的。由于 $\omega > 0$，$A^2_{k+1, T-1} > 0$，且由假设 4.2.2 知 $\text{cov}_k(i)$ 是正定的，因此，关于 $\pi_k(i)$ 应用一阶条件得最优解

$$\hat{\pi}_k^E(i) = \frac{p_{k+y}}{2\omega A_{k+1, T-1}} \text{cov}_k^{-1}(i) s_k(i) \quad (4.118)$$

将方程(4.118)分别代入方程(4.117)和方程(4.41)，得

$$V_k(x_k, i) = A_{k, T-1} x_k + \sum_{l=k}^{T-1} \chi_l(\beta) + \frac{1}{4\omega} \sum_{j=1}^{J} q_k(i,j) [\varpi_{k+1}(j)$$

$$- \overline{W}_{k+1}(j)] + \frac{s'_k(i) \text{cov}_k^{-1}(i) s_k(i)}{4\omega} - \frac{1}{4\omega} \Big(\sum_{j=1}^{J} q_k(i,j) \varpi^2_{k+1}(j)$$

$$- \Big(\sum_{j=1}^{J} q_k(i,j) \varpi_{k+1}(j) \Big)^2 \Big)$$

$$= A_{k, T-1} x_k + \sum_{l=k}^{T-1} \chi_l(\beta) + \frac{1}{4\omega} (\varpi_k(i) - \overline{W}_k(i)) \quad (4.119)$$

$$g_k(x_k, i) = \mathbb{E}_{k, x_k, i}(g_{k+1}(X_{k+1}^\pi, \xi_{k+1}))$$

$$= \mathbb{E}_{k, x_k, i} \Big(A_{k+1, T-1} X_{k+1}^\pi + \sum_{l=k+1}^{T-1} \chi_l(\beta) + \frac{1}{2\omega} \varpi_{k+1}(\xi_{k+1}) \Big)$$

$$= A_{k, T-1} x_k + \sum_{l=k}^{T-1} \chi_l(\beta) + \frac{1}{2\omega} z_k(i) + \frac{1}{2\omega} \sum_{j=1}^{J} q_k(i,j) \varpi_{k+1}(j)$$

$$= A_{k, T-1} x_k + \sum_{l=k}^{T-1} \chi_l(\beta) + \frac{1}{2\omega} \varpi_k(i) \quad (4.120)$$

方程(4.118)~方程(4.120)表明方程(4.49)~方程(4.51)关于 k 成立。因此，方程(4.49)~方程(4.51)关于所有的 $k = 0, 1, \cdots, T-1$ 成立。证毕。

| 第5章 |

不完全信息下具有随机现金流的时间一致资产负债管理

本章研究具有随机现金流和不完全信息的 ALM 问题的时间一致策略。不完全信息是指金融市场中既存在可观测信息也存在不可观测信息。不完全信息市场状态的动态过程可以由一个离散时间含有有限状态的隐 Markov 链表示，且其转移概率矩阵是时变的。在我们的模型中，风险资产的收益、负债以及随机现金流均依赖于可观测和不可观测的市场状态。通过利用充分统计量方法，具有不完全信息的 ALM 问题可以转变为一个具有完全信息的 ALM 问题。然后，我们利用扩展的 Bellman 方程得到均衡策略和有效前沿的解析表达式。最后，通过基于中国市场实际数据的数值算例，分析了不完全信息对均衡策略及其有效前沿的影响。

5.1 引言

正如第 3 章和第 4 章所言，市场状态对动态资产配置有很大的影响。然而，在前面的章节中我们并未考虑到市场状态的不可完全观测。事实上，一些信息，比如利率、股价、汇率等可以通过各种方式直接观测到，但也有一些信息，比如牛/熊市市场状态不可以完全准确观测到。尽管这些信息不能被完全观测到并用于投资决策，但它们却影响着金融市场的实际进程。另外，模型参数(比如金融资产的收益率)的取值也不仅仅依赖于宏观经济环境。很多经济变量(比如政治/经济政策、技术革新、牛市/熊市、战争、自然灾害以及 GDP 和 CPI 的增长)都对金融资产的收益率有显著的影响。在决策时，投资者只能使用这些变量中的几个变量(如牛市/熊市)，而许多其他变量(如技术革新)并未获知，尽管它们也影响金融资产的收益率。因此，在投资管理过程中，应考虑到金融市场的不完全信息。

隐 Markov 模型（HMM）常被用来刻画这种不完全可观测信息的动态过程。近年来，HMM 已被广泛应用于考察投资组合选择最优化问题。例如，Zhang 等（2016）考察了不完全信息下多阶段均值—方差投资组合选择问题。Zhang 等（2018）进一步研究了不完全信息下 DC 养老金的最优投资管理。其他相关文献，参见 Bauerle 和 Rieder（2005）、Bensoussan 等（2009）、Elliott 等（2010）、Canakoglu 和 Ozekici（2011）、Yao 和 Li（2013）。但他们获得的都是预先承诺策略，并未考虑时间一致策略。据我们所知，尚未有文献研究具有不完全信息的多阶段均值—方差投资问题的时间一致策略。

现实中，在财富的投资过程中不可避免地会有现金的流入和流出。比如，第 3 章和第 4 章中养老金的缴费；一个公司得到了政府资金的支持；一个家庭出现了意外的开销；等等。一些学者已经研究了关于这方面的投资组合选择问题。例如，Wu 和 Li（2012）考虑了具有机制转换和随机现金流的多阶段均值—方差投资组合选择问题。Wu（2013a）考察了 Markov 转换跳扩散市场下具有随机现金流的连续时间均值—方差资产配置问题。然而，这些研究都未涉及 ALM。Yao 等（2013b）研究了具有不可控随机现金流的多阶段均值—方差 ALM 问题，但未考虑随机市场状态。Yao 等（2016b）进一步研究了随机市场环境下具有随机现金流的资产负债管理，并获得预先承诺策略。但尚未有文献研究具有不完全信息和随机现金流的多阶段均值—方差 ALM 问题的时间一致策略。

因此，本章研究此问题。我们利用隐 Markov 链刻画不完全信息市场状态的动态过程，并利用充分统计量方法，把具有不完全信息的 ALM 问题转化为具有完全信息的 ALM 问题。然后，利用扩展的 Bellman 方程得到均衡策略及其有效前沿的解析表达式。最后，通过数值算例，分析不完全信息对均衡策略及其有效前沿的影响。

本章的结构安排如下：5.2 建立了具有随机现金流和不完全信息的 ALM 问题的多阶段均值—方差模型。5.3 利用充分统计量方法，把具有不完全信息的均值—方差投资组合最优化问题转化为具有完全信息的最优化问题。5.4 得到了均衡策略及其有效前沿的解析表达式。5.5 简要讨论了模型的几个特殊情形。基于实际数据的数值分析在 5.6 中进行。5.7 对本章内容进行总结并展望将来可能的研究。5.8 为本章附录。

5.2 问题构建

考虑一个既包含可观测市场状态也包含不可观测市场状态的金融市场。一个投资者在 0 时刻进入该市场，具有初始财富 $X_0 > 0$，想要在一个计划时间区间 T 内执行一个多阶段的投资，且只能获得可观测市场状态的信息。随着时间的推移，投资者通过连续不断地接收新信息来更新他对金融资产收益的判断。投资区间分成 T 个阶段，其中第 k 个阶段代表时间区间 $[k, k+1)$，$k = 0, 1, \cdots, T-1$，且投资者可以在此金融市场中投资于一个无风险资产和 n 个风险资产。

5.2.1 金融市场

记 d_k 是时刻 k 的不可观测市场状态，并假定 $\overline{U} = \{d_k, k = 0, 1, \cdots, T\}$ 是一个具有有限状态空间 $\overline{D} = \{1, \cdots, j, \cdots, J\}$ 的离散时间 Markov 链，其转移矩阵 $Q(k) = (q_k(j, s))_{J \times J}$ 是时间相依的，其中 $q_k(j, s) = \Pr(d_{k+1} = s \mid d_k = j)$ 是从时刻 k 状态 $d_k = j$ 到时刻 $k+1$ 状态 $d_{k+1} = s$ 的转移概率 ($j, s \in \overline{D}$)，且 $\sum_{s=1}^{J} q_k(j, s) = 1$。由于 $\overline{U}$ 是不可观测的，所以是一个隐 Markov 链。

设 $\overline{B} = \{e_k, k = 0, 1, \cdots, T\}$ 是具有有限状态空间 $\overline{F} = \{1, \cdots, i, \cdots, M\}$ 的可观测市场状态过程，其中 e_k 是时刻 k 的可观测市场状态。金融市场虽按照不可观测市场状态过程 $\overline{U}$ 演变，但是投资者只能观测到可观测市场状态过程 $\overline{B}$。尽管市场状态过程 $\overline{U}$ 是不可观测的，但它可以发出一些包含于 $\overline{B}$ 中的可观测信息。假设可观测市场状态 e_k 仅是不可观测市场状态 $d_k = j$ 的反映，且 e_k 与过去历史信息 $e_t(t<k)$ 和 $d_t(t<k)$ 均无关。此外，假设在时刻 k 状态 $d_k = j$ 的条件下，投资者观测到状态 $e_k = i$ 的概率为 $\Pr(e_k = i \mid d_k = j) = \overline{\sigma}_k(j, i)$。定义矩阵 $\overline{\sum}_k = (\overline{\sigma}_k(j, i))_{J \times M}$，其通常被称为发射矩阵。

正如前面所提到的，$\overline{U}$是一个真的但不可观测的市场状态过程，而$\overline{B}$是一个可观测的市场状态过程，它们共同构成隐Markov模型（HMM）。HMM在金融市场中的应用非常普遍，特别是在市场状态转换的阶段。通常，在真正牛市的开始时刻，因为状态是不可观测的，它有时会发出积极的市场表现，意味着一个预期的"牛市"，有时会发出消极的市场表现。因此，在这个阶段，尽管真正的市场状态为$d_k=$"牛市"，但可观测的市场状态有不同的概率$\overline{\sigma}_k$为$e_k=$"积极的市场表现"和$e_k=$"消极的市场表现"。而且随着时间的推移，真正的市场状态d_k可能保持"牛市"的趋势，也可能转换到"熊市"。同时，出现了越来越多的可观测信息来修正投资者对真实市场状态的判断，这意味着$\overline{\sigma}_k$发生了变化。接下来，在这个"牛市"的高峰期，几乎每个投资者都承认真正的市场状态d_k是"牛市"，比在这个"牛市"开始的时候具有更强的信心（更高的概率$\overline{\sigma}_k$）。在这个时候，大多数投资者认为，这个"牛市"将以更大的概率继续。最后，在这个"牛市"结束的时刻，也可能是一个新的"熊市"的开始，整个市场以不同的不确定性（概率$\overline{\sigma}_k$）充满了积极的信息和消极的信息，这再次混淆了大多数投资者。在每一个经济周期中，这种情形一次又一次地重复。

记$r_k>0$是无风险资产在阶段k的收益。由于金融市场的演变遵循不可观测的市场状态过程$\overline{U}$，而观测到的只有可观测的市场状态，所以假定风险资产的收益既依赖于不可观测市场状态，也依赖于可观测市场状态。设$S_k^l(e_k,d_k)$是阶段k风险资产$l(l=1,2,\cdots,n)$在可观测的市场状态e_k和不可观测的市场状态d_k下超出无风险资产收益的超额收益。那么，在阶段k，风险资产l的收益是$r_k+S_k^l(e_k,d_k)$。对于$k=0,1,\cdots,T-1$，$S_k(e_k,d_k)=(S_k^1(e_k,d_k),S_k^2(e_k,d_k),\cdots,S_k^n(e_k,d_k))'$为超额收益向量。

5.2.2 财富过程和具有不完全信息的最优化问题

对于$k=0,1,\cdots,T-1$，设$u_k(e_k)=(u_k^1(e_k),u_k^2(e_k),\cdots,u_k^n(e_k))$是时刻$k$在可观测市场状态$e_k$下投资者在$n$个风险资产上的投资数量，$u(k):=\{u_l(e_l),l=k,k+1,\cdots,T-1\}$表示从时刻$k$开始的投资策略。

第5章 不完全信息下具有随机现金流的时间一致资产负债管理

记 X_k^u 是时刻 k 投资者的财富,那么,其在无风险资产上的投资数量为 $X_k^u - \sum_{l=1}^n u_k^l(e_k)$。

假设投资者在阶段 k 可观测市场状态 e_k 和不可观测市场状态 d_k 下还面临一个随机现金流 $\bar{c}_k(e_k, d_k)$(正或负)流入财富过程。那么,结合此随机现金流,财富动态过程可以写为

$$X_{k+1}^u = (X_k^u - \sum_{l=1}^n u_k^l(e_k))r_k + \sum_{l=1}^n u_k^l(e_k)(r_k + S_k^l(e_k, d_k)) + \bar{c}_k(e_k, d_k)$$
$$= X_k^u r_k + S_k'(e_k, d_k)u_k(e_k) + \bar{c}_k(e_k, d_k) \tag{5.1}$$

假设投资者不仅要考虑投资策略,还要考虑负债的影响,也就是说,我们考虑的问题是 ALM 问题。设 L_k 是投资者在阶段 $k(k = 0, 1, \cdots, T-1)$ 开始时的负债,其中 $L_0 = l_0 > 0$ 是给定的常数。与第 2 章一样,我们假设负债服从如下动态过程

$$L_{k+1} = \eta_k(e_k, d_k)L_k \tag{5.2}$$

其中,$\eta_k(e_k, d_k)$ 是外生的随机变量,其概率分布依赖于可观测市场状态 e_k 和不可观测市场状态 d_k,可以理解为负债的随机增长率。为保证 L_k 确实是一个负债,假设对于所有的 $k = 0, 1, \cdots, T-1$ 和 $e_k \in \bar{F}$,$d_k \in \bar{D}$ 几乎处处有 $\eta_k(e_k, d_k) > 0$,即外生负债在每个阶段是几乎处处非负的。

在 ALM 中,我们关注的是盈余,即资产值和负债的差值。则投资者的盈余过程为

$$U_{k+1}^u = X_{k+1}^u - L_{k+1} = X_k^u r_k + S_k'(e_k, d_k)u_k(e_k) + \bar{c}_k(e_k, d_k)$$
$$- \eta_k(e_k, d_k)L_k, \quad k = 0, 1, \cdots, T-1 \tag{5.3}$$

设 $\mathcal{F}_k$ 是直到时刻 k 可利用的所有信息的滤波族,即 $\mathcal{F}_k := \sigma\{(X_l^u, L_l, e_l, d_l) \mid 0 \leq l \leq k\}$,是一个 σ-域。一个开始于时刻 k 的投资策略 $u(k) = \{u_l(e_l), l = k, k+1, \cdots, T-1\}$ 被称为时刻-k 可允许的,如果对于所有的 $l = k, k+1, \cdots, T-1$,$u_l(e_l)$ 都是关于 $\mathcal{F}_l$ 可适应的。记 Θ_k 是所有时刻-k 可允许投资策略的集合。

本章我们仍采用均值—方差模型构建此 ALM 问题,并利用博弈论的方法获得时间一致策略。投资者在每个时刻 k 依据当前信息 (X_k^u, L_k, e_k, d_k) 更新其目标,目标函数为

$$\begin{cases} J_k(X_k^u, L_k, e_k, d_k, u(k)) = \mathbb{E}(U_T^u \mid X_k^u, L_k, e_k, d_k) \\ \quad - \omega \operatorname{Var}(U_T^u \mid X_k^u, L_k, e_k, d_k) \\ \text{s.t. } X_k^u \text{ 和 } L_k \text{ 分别满足}(5.1) \text{ 和}(5.2) \end{cases} \quad (5.4)$$

且需要求解一系列均值—方差模型：

$$\begin{cases} \max_{u(k) \in \Theta_k} \{J_k(X_k^u, L_k, e_k, d_k, u(k))\} \\ \text{s.t. } X_k^u \text{ 和 } L_k \text{ 分别满足}(5.1) \text{ 和}(5.2) \end{cases} \quad (5.5)$$

其中，$\omega > 0$ 是风险厌恶系数。

类似于大多数现有文献，本章提出如下假设：

假设 5.2.1 随机过程 $S_k(e_k, d_k)$，$\bar{c}_k(e_k, d_k)$ 和 $\eta_k(e_k, d_k)$ 都是统计独立的。

假设 5.2.2 对于所有的 $k = 0, 1, \cdots, T-1$ 和 $i \in \bar{F}, j \in \bar{D}$，$\operatorname{Var}(S_k(i, j)) > 0$。

由于 $\mathbb{E}(S_k(i, j)S_k'(i, j)) = \operatorname{Var}(S_k(i, j)) + \mathbb{E}(S_k(i, j))\mathbb{E}(S_k'(i, j))$，假设 5.2.2 表明，对于所有的 $k = 0, 1, \cdots, T-1$ 和 $i \in \bar{F}, j \in \bar{D}$，$\mathbb{E}(S_k(i, j)S_k'(i, j)) > 0$。

假设 5.2.3 对于所有的 $k = 0, 1, \cdots, T-1$ 和 $i \in \bar{F}, j \in \bar{D}$，$\mathbb{E}(S_k(i, j)) \neq \mathbf{0}_n$，其中 $\mathbf{0}_n$ 是一个 n 维零向量。

由于 d_k 是不可观测的，这意味着问题(5.5)是具有不完全可观测信息的最优化问题，它与具有完全可观测信息的最优化问题不同。Monahan(1982) 和 Detemple(1991)通过定义一个新的状态过程，成功地将具有不完全可观测信息的离散时间最优化问题转化为具有完全可观测信息的离散时间最优化问题，该新过程可以完全替代不可观测状态过程 $\bar{U}$。在下一节中，我们将使用充分统计量的方法来构建此完全可以替代 $\bar{U}$ 的新的状态过程。

5.3 具有完全信息的最优化问题

事实上，在每个阶段的初始时刻，投资者都会基于可观测的信息估计不可观测市场状态的概率分布。记 $\tilde{e}_{k-1} = (e_0, e_1, \cdots, e_{k-1})$ 是直到时刻 k

第5章 不完全信息下具有随机现金流的时间一致资产负债管理

-1 积累的可观测信息，$\Phi_{k-1}^j = \Pr\{d_{k-1} = j \mid \tilde{e}_{k-1}\}$ 是给定可观测信息 $\tilde{e}_{k-1}$ 下 $d_{k-1} = j$ 的条件概率。设 $\Phi_{k-1} = \{\Phi_{k-1}^1, \Phi_{k-1}^2, \cdots, \Phi_{k-1}^J\}$ 是 $\tilde{e}_{k-1}$ 下 d_{k-1} 的条件概率分布。接下来，在时刻 k，不可观测市场状态从 d_{k-1} 变为 d_k，投资者也更新他的可观测信息到 e_k。特别地，给定可观测信息 $\tilde{e}_k = (\tilde{e}_{k-1}, e_k = i)$ 下 $d_k = j$ 的条件概率 Φ_k^j 可以由贝叶斯原理计算（Monahan，1982）。为强调当前可观测信息状态 $e_k = i$，我们记 $\Phi_k^j = \Phi_k(i, j)$。

$$\Phi_k(i, j) = \Pr(d_k = j \mid \tilde{e}_k) = \Pr(d_k = j \mid \tilde{e}_{k-1}, e_k = i)$$

$$= \frac{\Pr(e_k = i \mid d_k = j) \sum_{l=1}^{J} \Pr(d_{k-1} = l \mid \tilde{e}_{k-1}) \Pr(d_k = j \mid d_{k-1} = l)}{\sum_{j=1}^{J} \Pr(e_k = i \mid d_k = j) \sum_{l=1}^{J} \Pr(d_{k-1} = l \mid \tilde{e}_{k-1}) \Pr(d_k = j \mid d_{k-1} = l)}$$

$$= \frac{\bar{\sigma}_k(j, i) \sum_{l=1}^{J} \Phi_{k-1}^l q_{k-1}(l, j)}{\sum_{j=1}^{J} \bar{\sigma}_k(j, i) \sum_{l=1}^{J} \Phi_{k-1}^l q_{k-1}(l, j)} \overset{\Delta}{=} \ddot{\alpha}_k(\Phi_{k-1}, i, j) \quad (5.6)$$

特别地，当 $k = 0$ 时，$\Phi_0(i, j)$ 可以利用初始可观测市场状态 $e_0 = i$ 由下式计算

$$\Phi_0(i, j) = \frac{\bar{\sigma}_0(j, i) \Pr(d_0 = j)}{\sum_{j=1}^{J} \bar{\sigma}_0(j, i) \Pr(d_0 = j)} \quad (5.7)$$

在实践中，$\Pr(d_0 = j)$ 通常通过对初始时刻不可观测市场状态的初步分析进行估计。显然，$\Phi_k(i, j) \geq 0$ 且 $\sum_{j=1}^{J} \Phi_k(i, j) = 1$。

记 $\Phi_k(i) = \{\Phi_k(i, 1), \Phi_k(i, 2), \cdots, \Phi_k(i, J)\}$ 是给定可观测信息 $\tilde{e}_k = (\tilde{e}_{k-1}, e_k = i)$ 下 d_k 的条件概率分布。由方程(5.6)知，在时刻 k，可观测信息从 $\tilde{e}_{k-1}$ 更新到 $\tilde{e}_k = (\tilde{e}_{k-1}, e_k = i)$，$\Phi_k(i)$ 由 Φ_{k-1} 和 $e_k = i$ 确定。换句话说，$\Phi_k(i)$ 包含了在时刻 k 进行决策的所有必需的信息，且可以完全代替不可观测状态变量 d_k（Monahan，1982；Detemple，1991）。而且，Monahan（1982）表明信息向量过程 $\Phi = \{\Phi_k(i), 0 \leq k \leq T, i = 1, 2, \cdots, M\}$ 是一个 Markov 链，其中 $\Phi_k(i)$ 是这个 Markov 链在时刻 k 的状态。由于 $\Phi_k(i)$ 是不可观测状态变量 d_k 的等价统计量，且 $\Phi_k(i)$ 的状态数量和 d_k 的状态数量相等。因此，我们可以用 $\Phi_k(i)$ 代替 d_k，它将不可观测的状态过程 $\bar{U}$ 转换成等价的完全可观测的状态过程 Φ。那么，具有不完全可观测信息的最优

化问题(5.4)和(5.5)可以等价地转换为下面的具有完全可观测信息的最优化问题:

$$\begin{cases} J_k(x_k, l_k, i, \Phi_k(i), u(k)) = \mathbb{E}_{x_k, l_k, i, \Phi_k(i)}(U_T^u) - \omega \operatorname{Var}_{x_k, l_k, i, \Phi_k(i)}(U_T^u) \\ \text{s.t. } X_k^u \text{ 和 } L_k \text{ 分别满足}(5.1) \text{ 和}(5.2) \end{cases}$$
(5.8)

且需要求解一系列均值—方差模型:

$$\begin{cases} \max_{u(k) \in \Theta_k} \{J_k(x_k, l_k, i, \Phi_k(i), u(k))\} \\ \text{s.t. } X_k^u \text{ 和 } L_k \text{ 分别满足}(5.1) \text{ 和}(5.2) \end{cases}$$
(5.9)

其中,$\mathbb{E}_{x_k, l_k, i, \Phi_k(i)}(\cdot)$ 和 $\operatorname{Var}_{x_k, l_k, i, \Phi_k(i)}(\cdot)$ 表示给定信息 $X_k^u = x_k$,$L_k = l_k$,$e_k = i$,$\Phi_k(i)$ 下的条件期望和条件方差。

5.4 均衡策略和有效前沿

5.4.1 扩展的 Bellman 方程

首先,类似于 Bjork 和 Murgoci(2014),我们定义本章的均衡策略如下。

定义 5.4.1 设 $\hat{u}$ 是一个给定的时刻 -0 可允许策略。对于任意的点 $(k, x_k, l_k, i, \Phi_k(i))$ 和任意适应于 $\mathcal{F}_k$ 的策略 $u_k(i)$,定义时刻 $-k$ 可允许策略

$$\bar{u}(k) = (u_k(i), \hat{u}_{k+1}(e_{k+1}), \cdots, \hat{u}_{T-1}(e_{T-1}))$$

那么 $\hat{u}$ 被称为一个子博弈完美纳什均衡策略(简称均衡策略),如果对于任意的 k,它满足

$$\max_{u_k(i)} \{J_k(x_k, l_k, i, \Phi_k(i), \bar{u}(k))\} = J_k(x_k, l_k, i, \Phi_k(i), \hat{u}(k))$$

其中,$\hat{u}(k) = (\hat{u}_k(i), \hat{u}_{k+1}(e_{k+1}), \cdots, \hat{u}_{T-1}(e_{T-1}))$。

进一步地,如果均衡策略 $\hat{u}$ 存在,那么均衡值函数定义为

$$V_k(x_k, l_k, i, \Phi_k(i)) = J_k(x_k, l_k, i, \Phi_k(i), \hat{u}(k)) \quad (5.10)$$

从定义 5.4.1 可知,为得到均衡策略,我们只需要在任意时刻 k,对于任意给定的财富 $X_k^u = x_k$,负债 $L_k = l_k$ 和可观测市场状态 $e_k = i$ 下,去解决下面的问题:

$$\begin{cases} V_k(x_k, l_k, i, \Phi_k(i)) = J_k(x_k, l_k, i, \Phi_k(i), \hat{u}(k)) \\ = \max_{u_k(i)} \{ J_k(x_k, l_k, i, \Phi_k(i), \bar{u}(k)) \} \\ \text{s.t.} \ X_k^u \ 和 \ L_k \ 分别满足(5.1) 和 (5.2) \end{cases} \quad (5.11)$$

为得到均衡策略及其值函数,我们将后项递推法应用到均衡值函数 $V_k(x_k, l_k, i, \Phi_k(i))$ 上。设 $\hat{u}$ 是一个均衡策略,固定任意选择的初始点 $(x_k, l_k, i, \Phi_k(i))(k = 0, 1, \cdots, T)$,记

$$g_k(x_k, l_k, i, \Phi_k(i)) = \mathbb{E}_{x_k, l_k, i, \Phi_k(i)} [U_T^{\hat{u}}] \quad (5.12)$$

那么,由 Bjork 和 Murgoci (2014) 可知,均衡值函数 $V_k(x_k, l_k, i, \Phi_k(i))$ 满足扩展的 Bellman 方程

$V_k(x_k, l_k, i, \Phi_k(i))$

$= \max_{u_k(i)} \{ \mathbb{E}_{x_k, l_k, i, \Phi_k(i)} (V_{k+1}(X_{k+1}^u, L_{k+1}, e_{k+1}, d_{k+1}))$

$\quad - \omega \mathbb{E}_{x_k, l_k, i, \Phi_k(i)} (g_{k+1}^2(X_{k+1}^u, L_{k+1}, e_{k+1}, d_{k+1}))$

$\quad + \omega [\mathbb{E}_{x_k, l_k, i, \Phi_k(i)} (g_{k+1}(X_{k+1}^u, L_{k+1}, e_{k+1}, d_{k+1}))]^2 \}$

$= \max_{u_k(i)} \Big\{ \sum_{j=1}^{J} \Phi_k(i,j) \Big(\sum_{l=1}^{J} q_k(j,l) \sum_{m=1}^{M} \bar{\sigma}_{k+1}(l,m) \Big)$

$\quad \times \mathbb{E} (V_{k+1}(x_k r_k + S_k'(i,j) u_k(i) + \bar{c}_k(i,j), \eta_k(i,j) l_k, m, \Phi_{k+1}(m)))$

$\quad - \omega \sum_{j=1}^{J} \Phi_k(i,j) \Big(\sum_{l=1}^{J} q_k(j,l) \sum_{m=1}^{M} \bar{\sigma}_{k+1}(l,m) \Big) \mathbb{E} (g_{k+1}^2(x_k r_k + S_k'(i,j)$

$\quad \times u_k(i) + \bar{c}_k(i,j), \eta_k(i,j) l_k, m, \Phi_{k+1}(m))) + \omega \Big[\sum_{j=1}^{J} \Phi_k(i,j)$

$\quad \times \Big(\sum_{l=1}^{J} q_k(j,l) \sum_{m=1}^{M} \bar{\sigma}_{k+1}(l,m) \Big) \mathbb{E} (g_{k+1}(x_k r_k + S_k'(i,j) u_k(i)$

$\quad + \bar{c}_k(i,j), \eta_k(i,j) l_k, m, \Phi_{k+1}(m))) \Big]^2 \Big\}$

$= \max_{u_k(i)} \Big\{ \sum_{j=1}^{J} \Phi_k(i,j) \sum_{m=1}^{M} \theta_k(j,m) \times \mathbb{E} (V_{k+1}(x_k r_k + S_k'(i,j) u_k(i)$

$\quad + \bar{c}_k(i,j), \eta_k(i,j) l_k, m, \Phi_{k+1}(m))) - \omega \sum_{j=1}^{J} \Phi_k(i,j) \sum_{m=1}^{M} \theta_k(j,m)$

$\quad \mathbb{E} (g_{k+1}^2(x_k r_k + S_k'(i,j) u_k(i) + \bar{c}_k(i,j), \eta_k(i,j) l_k, m, \Phi_{k+1}(m)))$

$\quad + \omega \Big[\sum_{j=1}^{J} \Phi_k(i,j) \sum_{m=1}^{M} \theta_k(j,m) \times \mathbb{E} (g_{k+1}(x_k r_k + S_k'(i,j) u_k(i)$

$\quad + \bar{c}_k(i,j), \eta_k(i,j) l_k, m, \Phi_{k+1}(m))) \Big]^2 \Big\}, V_T(x_T, l_T, i, \Phi_T(i))$

$$= x_T - l_T \tag{5.13}$$

其中，$\theta_k(j, m) = \sum_{l=1}^{J} q_k(j, l)\bar{\sigma}_{k+1}(l, m)$ 。

而且，$g_k(x_k, l_k, i, \Phi_k(i))$ 满足下面的方程

$g_k(x_k, l_k, i, \Phi_k(i))$

$= \mathbb{E}_{x_k, l_k, i, \Phi_k(i)}[g_{k+1}(X^u_{k+1}, L_{k+1}, e_{k+1}, d_{k+1})]$

$= \sum_{j=1}^{J} \Phi_k(i, j) \sum_{m=1}^{M} \theta_k(j, m) \mathbb{E}(g_{k+1}(x_k r_k + S'_k(i, j)u_k(i)$

$\quad + \bar{c}_k(i, j), \eta_k(i, j)l_k, m, \Phi_{k+1}(m))), g_T(x_T, l_T, i, \Phi_T(i))$

$$= x_T - l_T \tag{5.14}$$

为方便起见，我们定义 $\prod_{i=k}^{k-1}(\cdot) = 1$ 和 $\sum_{i=l}^{k-1}(\cdot) = 0 (l \geqslant k)$ 。

5.4.2 模型的解

在本小节，我们将获得问题(5.11)的均衡策略和均衡有效前沿。首先，对于 $k = 0, 1, \cdots, T-1$ 和 $e_k = i \in \bar{F}$，我们构造如下的后向时间序列

$\xi_k^\Phi(i) = \sum_{j=1}^{J} \Phi_k(i, j) \mathbb{E}(\eta_k^2(i, j)) \sum_{m=1}^{M} \theta_k(j, m)\xi_{k+1}^\Phi(m)$

$\quad - \sum_{j=1}^{J} \Phi_k(i, j) \mathbb{E}(\eta_k^2(i, j)) \sum_{m=1}^{M} \theta_k(j, m)(\delta_{k+1}^\Phi(m))^2$

$\quad + \left(\sum_{j=1}^{J} \Phi_k(i, j) \mathbb{E}(\eta_k(i, j)) \sum_{m=1}^{M} \theta_k(j, m)\delta_{k+1}^\Phi(m)\right)^2$

$$\quad + \left(\prod_{l=k+1}^{T-1} r_l\right)^2 (F_k^\Phi(i))'(A_k^\Phi(i))^{-1}(F_k^\Phi(i)) \tag{5.15}$$

$\psi_k^\Phi(i) = \left(\prod_{l=k+1}^{T-1} r_l\right)(F_k^\Phi(i))'(A_k^\Phi(i))^{-1}\left[\left(\prod_{l=k+1}^{T-1} r_l\right)H_k^\Phi(i) - B_k^\Phi(i)\right]$

$\quad + \sum_{j=1}^{J} \Phi_k(i, j) \mathbb{E}(\eta_k(i, j)) \sum_{m=1}^{M} \theta_k(j, m)\psi_{k+1}^\Phi(m)$

$\quad - \sum_{j=1}^{J} \Phi_k(i, j) \mathbb{E}(\eta_k(i, j)) \sum_{m=1}^{M} \theta_k(j, m)z_{k+1}^\Phi(m)\delta_{k+1}^\Phi(m)$

$\quad + \sum_{j=1}^{J} \Phi_k(i, j) \mathbb{E}(\eta_k(i, j)) \sum_{m=1}^{M} \theta_k(j, m)\delta_{k+1}^\Phi(m)$

$$\quad \times \sum_{j=1}^{J} \Phi_k(i, j) \sum_{m=1}^{M} \theta_k(j, m)z_{j+1}^\Phi(m) \tag{5.16}$$

$\lambda_k^\Phi(i) = \sum_{j=1}^{J} \Phi_k(i, j) \mathbb{E}(\eta_k(i, j)) \sum_{m=1}^{M} \theta_k(j, m)\lambda_{k+1}^\Phi(m)$

$\quad + \left(\prod_{l=k+1}^{T-1} r_l\right)^2 \times (F_k^\Phi(i))'(A_k^\Phi(i))^{-1}D_k^\Phi(i) - \left(\prod_{l=k+1}^{T-1} r_l\right)$

$\quad \times \left[\sum_{j=1}^{J} \Phi_k(i, j) \mathbb{E}(\bar{c}_k(i, j)\eta_k(i, j)) \sum_{m=1}^{M} \theta_k(j, m)\delta_{k+1}^\Phi(m) - M_k^\Phi(i)\right.$

$$\times \sum_{j=1}^{J}\Phi_k(i,j)\,\mathbb{E}\,(\eta_k(i,j))\sum_{m=1}^{M}\theta_k(j,m)\delta_{k+1}^{\Phi}(m)\Big]$$

$$+\sum_{j=1}^{J}\Phi_k(i,j)\,\mathbb{E}\,(\eta_k(i,j))\sum_{m=1}^{M}\theta_k(j,m)\delta_{k+1}^{\Phi}(m)o_{k+1}^{\Phi}(m)$$

$$-\sum_{j=1}^{J}\Phi_k(i,j)\,\mathbb{E}\,(\eta_k(i,j))\sum_{m=1}^{M}\theta_k(j,m)\delta_{k+1}^{\Phi}(m)\sum_{j=1}^{J}\Phi_k(i,j)$$

$$\times \sum_{m=1}^{M}\theta_k(j,m)o_{k+1}^{\Phi}(m) \qquad (5.17)$$

$$\eta_k^{\Phi}(i)=((B_k^{\Phi}(i))'-(\textstyle\prod_{l=k+1}^{T-1}r_l)(H_k^{\Phi}(i))')(A_k^{\Phi}(i))^{-1}(B_k^{\Phi}(i)-(\textstyle\prod_{l=k+1}^{T-1}r_l)H_k^{\Phi}(i))$$

$$+\sum_{j=1}^{J}\Phi_k(i,j)\sum_{m=1}^{M}\theta_k(j,m)\eta_{k+1}^{\Phi}(m)-\sum_{j=1}^{J}\Phi_k(i,j)$$

$$\times \sum_{m=1}^{M}\theta_k(j,m)(z_{k+1}^{\Phi}(m))^2+\Big(\sum_{j=1}^{J}\Phi_k(i,j)\sum_{m=1}^{M}\theta_k(j,m)z_{k+1}^{\Phi}(m)\Big)^2$$

$$(5.18)$$

$$\rho_k^{\Phi}(i)=\Big(\textstyle\prod_{l=k+1}^{T-1}r_l\Big)(D_k^{\Phi}(i))'(A_k^{\Phi}(i))^{-1}\big[B_k^{\Phi}(i)-\big(\textstyle\prod_{l=k+1}^{T-1}r_l\big)H_k^{\Phi}(i)\big]$$

$$+\sum_{j=1}^{J}\Phi_k(i,j)\sum_{m=1}^{M}\theta_k(j,m)\rho_{k+1}^{\Phi}(m)-\Big(\textstyle\prod_{l=k+1}^{T-1}r_l\Big)\big[M_k^{\Phi}(i)$$

$$-\sum_{j=1}^{J}\Phi_k(i,j)\times \mathbb{E}\,(\bar{c}_k(i,j))\sum_{m=1}^{M}\theta_k(j,m)z_{k+1}^{\Phi}(m)$$

$$+M_k^{\Phi}(i)\sum_{j=1}^{J}\Phi_k(i,j)\times \sum_{m=1}^{M}\theta_k(j,m)z_{k+1}^{\Phi}(m)\big]$$

$$-\sum_{j=1}^{J}\Phi_k(i,j)\sum_{m=1}^{M}\theta_k(j,m)z_{k+1}^{\Phi}(m)o_{k+1}^{\Phi}(m)$$

$$+\sum_{j=1}^{J}\Phi_k(i,j)\sum_{m=1}^{M}\theta_k(j,m)z_{k+1}^{\Phi}(m)$$

$$\times \sum_{j=1}^{J}\Phi_k(i,j)\sum_{m=1}^{M}\theta_k(j,m)o_{k+1}^{\Phi}(m) \qquad (5.19)$$

$$\varphi_k^{\Phi}(i)=\Big(\textstyle\prod_{l=k+1}^{T-1}r_l\Big)^2(D_k^{\Phi}(i))'(A_k^{\Phi}(i))^{-1}D_k^{\Phi}(i)+\sum_{j=1}^{J}\Phi_k(i,j)$$

$$\times \sum_{m=1}^{M}\theta_k(j,m)\varphi_{k+1}^{\Phi}(m)+2\Big(\textstyle\prod_{l=k+1}^{T-1}r_l\Big)\Big[\sum_{j=1}^{J}\Phi_k(i,j)\,\mathbb{E}\,(\bar{c}_k(i,j))$$

$$\times \sum_{m=1}^{M}\theta_k(j,m)o_{k+1}^{\Phi}(m)-M_k^{\Phi}(i)\sum_{m=1}^{M}\theta_k(j,m)o_{k+1}^{\Phi}(m)\Big]$$

$$-\Big(\textstyle\prod_{l=k+1}^{T-1}r_l\Big)^2\times \Big[\sum_{j=1}^{J}\Phi_k(i,j)\,\mathbb{E}\,(c_k^2(i,j))-(M_k^{\Phi}(i))^2\Big]$$

$$-\sum_{j=1}^{J}\Phi_k(i,j)\times \sum_{m=1}^{M}\theta_k(j,m)(o_{k+1}^{\Phi}(m))^2$$

$$+\Big(\sum_{j=1}^{J}\Phi_k(i,j)\sum_{m=1}^{M}\theta_k(j,m)o_{k+1}^{\Phi}(m)\Big)^2 \qquad (5.20)$$

$$\delta_k^\Phi(i) = -\left(\prod_{l=k+1}^{T-1} r_l\right)(B_k^\Phi(i))'(A_k^\Phi(i))^{-1} F_k^\Phi(i)$$
$$+ \sum_{j=1}^{J} \Phi_k(i,j) \mathbb{E}(\eta_k(i,j)) \sum_{m=1}^{M} \theta_k(j,m) \delta_{k+1}^\Phi(m) \tag{5.21}$$

$$z_k^\Phi(i) = (B_k^\Phi(i))'(A_k^\Phi(i))^{-1}\left[B_k^\Phi(i) - \left(\prod_{l=k+1}^{T-1} r_l\right) H_k^\Phi(i)\right]$$
$$+ \sum_{j=1}^{J} \Phi_k(i,j) \sum_{m=1}^{M} \theta_k(j,m) z_{k+1}^\Phi(m) \tag{5.22}$$

$$o_k^\Phi(i) = \left(\prod_{l=k+1}^{T-1} r_l\right)\left((B_k^\Phi(i))'(A_k^\Phi(i))^{-1} D_k^\Phi(i) - M_k^\Phi(i)\right)$$
$$+ \sum_{j=1}^{J} \Phi_k(i,j) \sum_{m=1}^{M} \theta_k(j,m) o_{k+1}^\Phi(m) \tag{5.23}$$

具有终端条件

$$\xi_T^\Phi(i) = 0, \ \psi_T^\Phi(i) = -1, \ \lambda_T^\Phi(i) = 0, \ \eta_T^\Phi(i) = 0, \ \rho_T^\Phi(i) = 0,$$
$$\varphi_T^\Phi(i) = 0, \ \delta_T^\Phi(i) = -1, \ z_T^\Phi(i) = 0, \ o_T^\Phi(i) = 0 \tag{5.24}$$

其中，

$$B_k^\Phi(i) = \sum_{j=1}^{J} \Phi_k(i,j) \mathbb{E}(S_k(i,j)) \tag{5.25}$$

$$A_k^\Phi(i) = \sum_{j=1}^{J} \Phi_k(i,j) \mathbb{E}(S_k(i,j) S_k'(i,j)) - B_k^\Phi(i)(B_k^\Phi(i))' \tag{5.26}$$

$$M_k^\Phi(i) = \sum_{j=1}^{J} \Phi_k(i,j) \mathbb{E}(\bar{c}_k(i,j)), \ N_k^\Phi(i) = \sum_{j=1}^{J} \Phi_k(i,j) \mathbb{E}(\eta_k(i,j)) \tag{5.27}$$

$$F_k^\Phi(i) = \left(\prod_{l=k+1}^{T-1} r_l\right)^{-1}\left[\sum_{j=1}^{J} \Phi_k(i,j) \mathbb{E}(\eta_k(i,j) S_k(i,j))\right.$$
$$\times \sum_{m=1}^{M} \theta_k(j,m) \delta_{k+1}^\Phi(m) - B_k^\Phi(i)\left(\sum_{j=1}^{J} \Phi_k(i,j) \mathbb{E}(\eta_k(i,j))\right.$$
$$\left.\left.\times \sum_{m=1}^{M} \theta_k(j,m) \delta_{k+1}^\Phi(m)\right)\right] \tag{5.28}$$

$$D_k^\Phi(i) = \sum_{j=1}^{J} \Phi_k(i,j) \mathbb{E}(\bar{c}_k(i,j) S_k(i,j)) - M_k^\Phi(i) B_k^\Phi(i)$$
$$- \left(\prod_{l=k+1}^{T-1} r_l\right)^{-1}\left(\sum_{j=1}^{J} \Phi_k(i,j) \mathbb{E}(S_k(i,j)) \sum_{m=1}^{M} \theta_k(j,m) o_{k+1}^\Phi(m)\right.$$
$$\left.- B_k^\Phi(i) \sum_{j=1}^{J} \Phi_k(i,j) \sum_{m=1}^{M} \theta_k(j,m) o_{k+1}^\Phi(m)\right) \tag{5.29}$$

$$H_k^\Phi(i) = \left(\prod_{l=k+1}^{T-1} r_l\right)^{-1}\left[\sum_{j=1}^{J} \Phi_k(i,j) \mathbb{E}(S_k(i,j)) \sum_{m=1}^{M} \theta_k(j,m) z_{k+1}^\Phi(m)\right.$$

$$- B_k^{\Phi}(i) \sum_{j=1}^{J} \Phi_k(i, j) \sum_{m=1}^{M} \theta_k(j, m) z_{k+1}^{\Phi}(m) \Big] \tag{5.30}$$

对于 $k = 0, 1, \cdots, T-1$ 和 $i \in \overline{F}, j \in \overline{D}$，设

$$\Im_k(i, j) = \begin{pmatrix} 1 \\ S_k(i, j) \end{pmatrix} \tag{5.31}$$

引理 5.4.1 对于所有的 $k = 0, 1, \cdots, T-1$ 和 $i \in \overline{F}$，$A_k^{\Phi}(i) > 0$。

证明：参见本章附录 A。

现在，我们给出问题(5.11)的均衡策略和均衡值函数。

定理 5.4.1 对于 $k = 0, 1, \cdots, T-1$，$X_k^u = x_k$，$L_k = l_k$ 和 $e_k = i \in \overline{F}$，问题(5.11)的均衡策略为

$$\hat{u}_k(i) = (A_k^{\Phi}(i))^{-1} \left[\frac{B_k^{\Phi}(i)}{2\omega \left(\prod_{l=k+1}^{T-1} r_l \right)} - F_k^{\Phi}(i) l_k - D_k^{\Phi}(i) - \frac{H_k^{\Phi}(i)}{2\omega} \right] \tag{5.32}$$

均衡值函数为

$$V_k(x_k, l_k, i, \Phi_k(i)) = \left(\prod_{l=k}^{T-1} r_l \right) x_k + \omega \xi_k^{\Phi}(i) l_k^2 + \psi_k^{\Phi}(i) l_k$$
$$+ 2\omega \lambda_k^{\Phi}(i) l_k + \frac{1}{4\omega} \eta_k^{\Phi}(i) - \rho_k^{\Phi}(i) + \omega \varphi_k^{\Phi}(i) \tag{5.33}$$

且

$$g_k(x_k, l_k, i, \Phi_k(i)) = \left(\prod_{l=k}^{T-1} r_l \right) x_k + \delta_k^{\Phi}(i) l_k + \frac{1}{2\omega} z_k^{\Phi}(i) - o_k^{\Phi}(i) \tag{5.34}$$

其中，$\xi_k^{\Phi}(i)$，$\psi_k^{\Phi}(i)$，$\lambda_k^{\Phi}(i)$，$\eta_k^{\Phi}(i)$，$\rho_k^{\Phi}(i)$，$\varphi_k^{\Phi}(i)$，$\delta_k^{\Phi}(i)$，$z_k^{\Phi}(i)$，$o_k^{\Phi}(i)$，$B_k^{\Phi}(i)$，$A_k^{\Phi}(i)$，$F_k^{\Phi}(i)$，$D_k^{\Phi}(i)$ 和 $H_k^{\Phi}(i)$ 由方程(5.15)~方程(5.30)定义。

证明：参见本章附录 B。

注 5.4.1 由方程(5.32)知，在任何时刻 $k(k = 0, 1, \cdots, T-1)$ 和 $i \in \overline{F}$，均衡策略 $\hat{u}_k(i)$ 与初始状态(初始财富 x_0、初始负债 l_0、初始市场状态 e_0)无关，但与当前负债 l_k 和当前市场状态 $e_k = i$ 有关。再者，本章得

到的均衡策略与当前财富 x_k 无关。正如前面章节所言，从经济观点来看，这是不切实际的。Bjork 等（2014）通过设置与财富相关的风险厌恶系数解决了这一问题，而从前面章节中我们得到考虑变量的随机性或变量之间的相关性也可以解决这一问题，这些都是我们未来研究的方向。

接下来，考虑从任意初始点 $(x_k, l_k, i, \Phi_k(i))(k = 0, 1, \cdots, T - 1, X_k^u = x_k, L_k = l_k, e_k = i \in \overline{F}, \Phi_k(i))$ 开始的有效前沿。由方程(5.8)、方程(5.10)、方程(5.12)、方程(5.33)和方程(5.34)有

$$\mathrm{Var}_{x_k, l_k, i, \Phi_k(i)}(U_T^{\hat{u}}) = \frac{2z_k^\Phi(i) - \eta_k^\Phi(i)}{4\omega^2} + \frac{(\delta_k^\Phi(i) - \psi_k^\Phi(i))l_k + \rho_k^\Phi(i) - o_k^\Phi(i)}{\omega}$$
$$- \xi_k^\Phi(i)l_k^2 - 2\lambda_k^\Phi(i)l_k - \varphi_k^\Phi(i) \qquad (5.35)$$

在方程(5.34)和(5.35)中消除 ω，我们得到问题(5.11)的均衡有效前沿。

定理 5.4.2 对于 $k = 0, 1, \cdots, T - 1$，$X_k^u = x_k$，$L_k = l_k$ 和 $e_k = i \in \overline{F}$，问题(5.11)的均衡有效前沿是

$\mathrm{Var}_{x_k, l_k, i, \Phi_k(i)}(U_T^{\hat{u}}) =$

$$\begin{cases} \dfrac{2z_k^\Phi(i) - \eta_k^\Phi(i)}{(z_k^\Phi(i))^2}\left(\mathbb{E}_{x_k, l_k, i, \Phi_k(i)}(U_T^{\hat{u}}) - \left(\prod_{l=k}^{T-1} r_l\right)x_k - \delta_k^\Phi(i)l_k + o_k^\Phi(i)\right. \\ \left. + \dfrac{z_k^\Phi(i)((\delta_k^\Phi(i) - \psi_k^\Phi(i))l_k + \rho_k^\Phi(i) - o_k^\Phi(i))}{2z_k^\Phi(i) - \eta_k^\Phi(i)}\right)^2 - \xi_k^\Phi(i)l_k^2 - 2\lambda_k^\Phi(i)l_k - \varphi_k^\Phi(i) \\ - \dfrac{((\delta_k^\Phi(i) - \psi_k^\Phi(i))l_k + \rho_k^\Phi(i) - o_k^\Phi(i))^2}{2z_k^\Phi(i) - \eta_k^\Phi(i)}, \quad 2z_k^\Phi(i) - \eta_k^\Phi(i) \neq 0 \\ \dfrac{2((\delta_k^\Phi(i) - \psi_k^\Phi(i))l_k + \rho_k^\Phi(i) - o_k^\Phi(i))}{z_k^\Phi(i)}\left(\mathbb{E}_{x_k, l_k, i, \Phi_k(i)}(S_T^{\hat{u}}) - \left(\prod_{l=k}^{T-1} r_l\right)x_k - \delta_k^\Phi(i)l_k \right. \\ \left. + o_k^\Phi(i)\right) - \xi_k^\Phi(i)l_k^2 - 2\lambda_k^\Phi(i)l_k - \varphi_k^\Phi(i), \quad 2z_k^\Phi(i) - \eta_k^\Phi(i) = 0 \end{cases}$$

5.5 特殊情形

情形 1：无负债情形。在这种情形下，对于所有的 $k = 0, 1, \cdots, T$ 有

$L_k = l_k = 0$。那么，均衡策略及其有效前沿变为

$$\hat{u}_k^{\text{WL}}(i) = (A_k^\Phi(i))^{-1}\left[\frac{B_k^\Phi(i)}{2\omega\left(\prod_{l=k+1}^{T-1} r_l\right)} - D_k^\Phi(i) - \frac{H_k^\Phi(i)}{2\omega}\right] \quad (5.36)$$

$\text{Var}_{x_k, i, \Phi_k(i)}^{\text{WL}}(X_T^{\hat{u}}) =$

$$\begin{cases} \dfrac{2z_k^\Phi(i) - \eta_k^\Phi(i)}{(z_k^\Phi(i))^2}\left(\mathbb{E}_{x_k, i, \Phi_k(i)}^{\text{WL}}(X_T^{\hat{u}}) - \left(\prod_{l=k}^{T-1} r_l\right)x_k + o_k^\Phi(i) + \dfrac{z_k^\Phi(i)(\rho_k^\Phi(i) - o_k^\Phi(i))}{2z_k^\Phi(i) - \eta_k^\Phi(i)}\right)^2 \\ -\varphi_k^\Phi(i) - \dfrac{(\rho_k^\Phi(i) - o_k^\Phi(i))^2}{2z_k^\Phi(i) - \eta_k^\Phi(i)}, \quad 2z_k^\Phi(i) - \eta_k^\Phi(i) \neq 0 \\ \dfrac{2(\rho_k^\Phi(i) - o_k^\Phi(i))}{z_k^\Phi(i)}\left(\mathbb{E}_{x_k, i, \Phi_k(i)}^{\text{WL}}(X_T^{\hat{u}}) - \left(\prod_{l=k}^{T-1} r_l\right)x_k + o_k^\Phi(i)\right) \\ -\varphi_k^\Phi(i), \quad 2z_k^\Phi(i) - \eta_k^\Phi(i) = 0 \end{cases}$$

情形 2：无随机现金流情形。在这种情形下，对于所有的 $k = 0$, 1, $\cdots$, $T - 1$ 和 $i \in \overline{F}$, $j \in \overline{D}$, 有 $\bar{c}_k(i, j) = 0$。那么，$\lambda_k^\Phi(i) = 0$, $\rho_k^\Phi(i) = 0$, $\varphi_k^\Phi(i) = 0$, $o_k^\Phi(i) = 0$, $D_k^\Phi(i) = 0$ 和 $M_k^\Phi(i) = 0$。

因此，均衡策略和有效前沿简化为

$$\hat{u}_k^{\text{WCF}}(i) = (A_k^\Phi(i))^{-1}\left[\frac{B_k^\Phi(i)}{2\omega\left(\prod_{l=k+1}^{T-1} r_l\right)} - F_k^\Phi(i)l_k - \frac{H_k^\Phi(i)}{2\omega}\right] \quad (5.37)$$

$\text{Var}_{x_k, l_k, i, \Phi_k(i)}^{\text{WCF}}(U_T^{\hat{u}}) =$

$$\begin{cases} \dfrac{2z_k^\Phi(i) - \eta_k^\Phi(i)}{(z_k^\Phi(i))^2}\left(\mathbb{E}_{x_k, l_k, i, \Phi_k(i)}^{\text{WCF}}(U_T^{\hat{u}}) - \left(\prod_{l=k}^{T-1} r_l\right)x_k + \dfrac{z_k^\Phi(i)(\delta_k^\Phi(i) - \psi_k^\Phi(i))l_k}{2z_k^\Phi(i) - \eta_k^\Phi(i)}\right. \\ \left. -\delta_k^\Phi(i)l_k\right)^2 - \xi_k^\Phi(i)l_k^2 - \dfrac{(\delta_k^\Phi(i) - \psi_k^\Phi(i))^2 l_k^2}{2z_k^\Phi(i) - \eta_k^\Phi(i)}, \quad 2z_k^\Phi(i) - \eta_k^\Phi(i) \neq 0 \\ \dfrac{2(\delta_k^\Phi(i) - \psi_k^\Phi(i))l_k}{z_k^\Phi(i)}\left(\mathbb{E}_{x_k, l_k, i, \Phi_k(i)}^{\text{WCF}}(U_T^{\hat{u}}) - \left(\prod_{l=k}^{T-1} r_l\right)x_k - \delta_k^\Phi(i)l_k\right) \\ -\xi_k^\Phi(i)l_k^2, \quad 2z_k^\Phi(i) - \eta_k^\Phi(i) = 0 \end{cases}$$

情形 3：完全信息情形。在这种情形下，每个阶段金融市场的状态都能被完全观测到，那么对于所有的 $k = 0$, 1, $\cdots$, $T - 1$, 有 $d_k = e_k$, $J = M$,

隐 Markov 链 $\overline{U}$ 也变为 Markov 链。即，对于给出的 $d_k = j$，

$$\overline{\sigma}_k(j, i) = \Pr(e_k = i \mid d_k = j) = \begin{cases} 1, & i = j \\ 0, & i \neq j \end{cases}$$

那么 $\overline{\sum}_k = I_{J \times J}$，其中 $I_{J \times J}$ 是一个 $J \times J$ 单位矩阵。

再者，方程(5.6)简化为

$$\Phi_k(i, j) = \Pr(d_k = j \mid \tilde{e}_{k-1}, e_k = i) = \begin{cases} 1, & i = j \\ 0, & i \neq j \end{cases}$$

且 $\theta_k(j, m) = \sum_{l=1}^{J} q_k(j, l) \overline{\sigma}_{k+1}(l, m) = q_k(j, m)$。那么，在时刻 k，可观测市场状态 $e_k = i$ 的条件下，$S_k(i, j)$，$\overline{c}_k(i, j)$ 和 $\eta_k(i, j)$ 分别简化为 $S_k(i)$，$\overline{c}_k(i)$ 和 $\eta_k(i)$。那么后向时间序列方程(5.15)~方程(5.23)简化为

$$\tilde{\xi}_k(i) = \left(\sum_{m=1}^{M} q_k(i, m) \tilde{\delta}_{k+1}(m) \right)^2 \left[\mathrm{cov}(\eta_k(i), S'_k(i)) \mathrm{Var}^{-1}(S_k(i)) \right.$$
$$\left. \times \mathrm{cov}(\eta_k(i), S_k(i)) + \mathbb{E}^2(\eta_k(i)) \right] + \mathbb{E}(\eta_k^2(i)) \sum_{m=1}^{M} q_k(i, m) (\tilde{\xi}_{k+1}(m)$$
$$- \tilde{\delta}_{k+1}^2(m)),$$

$$\tilde{\psi}_k(i) = - \left(\sum_{m=1}^{M} q_k(i, m) \tilde{\delta}_{k+1}(m) \right) \mathrm{cov}(\eta_k(i), S'_k(i))$$
$$\times \mathrm{Var}^{-1}(S_k(i)) \mathbb{E}(S_k(i)) - \mathbb{E}(\eta_k(i)) \left[\sum_{m=1}^{M} q_k(i, m) \tilde{z}_{k+1}(m) \tilde{\delta}_{k+1}(m) \right.$$
$$\left. - \sum_{m=1}^{M} q_k(i, m) \tilde{\delta}_{k+1}(m) \sum_{m=1}^{M} q_k(i, m) \tilde{z}_{k+1}(m) \right] + \mathbb{E}(\eta_k(i))$$
$$\times \sum_{m=1}^{M} q_k(i, m) \tilde{\psi}_{k+1}(m),$$

$$\tilde{\lambda}_k(i) = \left(\prod_{l=k+1}^{T-1} r_l \right) \mathrm{cov}(\eta_k(i), S'_k(i))$$
$$\times \mathrm{Var}^{-1}(S_k(i)) \mathrm{cov}(\overline{c}_k(i), S_k(i)) \sum_{m=1}^{M} q_k(i, m) \tilde{\delta}_{k+1}(m)$$
$$- \left(\prod_{l=k+1}^{T-1} r_l \right) \mathrm{cov}(\overline{c}_k(i), \eta_k(i)) \sum_{m=1}^{M} q_k(i, m) \tilde{\delta}_{k+1}(m)$$
$$+ \mathbb{E}(\eta_k(i)) \sum_{m=1}^{M} q_k(i, m) \tilde{\lambda}_{k+1}(m)$$
$$+ \mathbb{E}(\eta_k(i)) \left[\sum_{m=1}^{M} q_k(i, m) \tilde{\delta}_{k+1}(m) \tilde{o}_{k+1}(m) - \sum_{m=1}^{M} q_k(i, m) \tilde{\delta}_{k+1}(m) \cdot \right.$$
$$\left. \sum_{m=1}^{M} q_k(i, m) \tilde{o}_{k+1}(m) \right],$$

$$\tilde{\eta}_k(i) = \mathbb{E}(S'_k(i)) \operatorname{Var}^{-1}(S_k(i)) \mathbb{E}(S_k(i)) + \sum_{m=1}^{M} q_k(i, m) \tilde{\eta}_{k+1}(m)$$
$$- \sum_{m=1}^{M} q_k(i, m)(\tilde{z}_{k+1}(m))^2 + \left(\sum_{m=1}^{M} q_k(i, m) \tilde{z}_{k+1}(m)\right)^2,$$

$$\tilde{\rho}_k(i) = \left(\prod_{l=k+1}^{T-1} r_l\right) \left[\operatorname{cov}(\bar{c}_k(i), S'_k(i)) \operatorname{Var}^{-1}(S_k(i)) \mathbb{E}(S_k(i)) - \mathbb{E}(\bar{c}_k(i))\right]$$
$$+ \sum_{m=1}^{M} q_k(i, m) \tilde{\rho}_{k+1}(m) - \left[\sum_{m=1}^{M} q_k(i, m) \tilde{z}_{k+1}(m) \tilde{o}_{k+1}(m)\right.$$
$$\left.- \sum_{m=1}^{M} q_k(i, m) \tilde{z}_{k+1}(m) \cdot \sum_{m=1}^{M} q_k(i, m) \tilde{o}_{k+1}(m)\right],$$

$$\tilde{\varphi}_k(i) = \left(\prod_{l=k+1}^{T-1} r_l\right)^2 \left[\operatorname{cov}(\bar{c}_k(i), S'_k(i)) \operatorname{Var}^{-1}(S_k(i)) \operatorname{cov}(\bar{c}_k(i), S_k(i))\right.$$
$$\left.- \operatorname{Var}(\bar{c}_k(i))\right] + \sum_{m=1}^{M} q_k(i, m) \tilde{\varphi}_{k+1}(m) - \left[\sum_{m=1}^{M} q_k(i, m) \tilde{o}_{k+1}^2(m)\right.$$
$$\left.- \left(\sum_{m=1}^{M} q_k(i, m) \tilde{o}_{k+1}(m)\right)^2\right],$$

$$\tilde{\delta}_k(i) = \left(\sum_{m=1}^{M} q_k(i, m) \tilde{\delta}_{k+1}(m)\right) \left[\mathbb{E}(\eta_k(i))\right.$$
$$\left.- \mathbb{E}(S'_k(i)) \operatorname{Var}^{-1}(S_k(i)) \operatorname{cov}(\eta_k(i), S_k(i))\right],$$

$$\tilde{z}_k(i) = \mathbb{E}(S'_k(i)) \operatorname{Var}^{-1}(S_k(i)) \mathbb{E}(S_k(i)) + \sum_{m=1}^{M} q_k(i, m) \tilde{z}_{k+1}(m),$$

$$\tilde{o}_k(i) = \left(\prod_{l=k+1}^{T-1} r_l\right) \left[\mathbb{E}(S'_k(i)) \operatorname{Var}^{-1}(S_k(i)) \operatorname{cov}(\bar{c}_k(i), S_k(i))\right.$$
$$\left.- \mathbb{E}(\bar{c}_k(i))\right] + \sum_{m=1}^{M} q_k(i, m) \tilde{o}_{k+1}(m),$$

具有终端条件：
$$\tilde{\xi}_T(i) = 0, \ \tilde{\psi}_T(i) = -1, \ \tilde{\lambda}_T(i) = 0, \ \tilde{\eta}_T(i) = 0, \ \tilde{\rho}_T(i) = 0,$$
$$\tilde{\varphi}_T(i) = 0, \ \tilde{\delta}_T(i) = -1, \ \tilde{z}_T(i) = 0, \ \tilde{o}_T(i) = 0$$

另外，
$$\widetilde{B}_k(i) = \mathbb{E}(S_k(i)), \ \widetilde{A}_k(i) = \operatorname{Var}(S_k(i))$$
$$\widetilde{M}_k(i) = \mathbb{E}(\bar{c}_k(i)), \ \widetilde{N}_k(i) = \mathbb{E}(\eta_k(i))$$
$$\widetilde{F}_k(i) = \left(\prod_{l=k+1}^{T-1} r_l\right)^{-1} \operatorname{cov}(\eta_k(i), S_k(i)) \sum_{m=1}^{M} q_k(i, m) \tilde{\delta}_{k+1}(m)$$
$$\widetilde{H}_k(i) = 0, \ \widetilde{D}_k(i) = \operatorname{cov}(\bar{c}_k(i), S_k(i))$$

而且，我们有下面的引理。

引理 5.5.1 如果市场状态在每个阶段都是完全可观测的，对于所有

的 $i \in \bar{F}$ 和 $k = 0, 1, \cdots, T-1$，有 $2\tilde{z}_k(i) - \tilde{\eta}_k(i) > 0$。

证明：证明类似于引理 3.4.1，故省略。

由上述分析及引理 5.5.1 知，完全信息情形下的均衡策略及其有效前沿为

$$\hat{u}_k^{\text{CIM}}(i) = \text{Var}^{-1}(S_k(i))$$

$$\times \left[\frac{\mathbb{E}(S_k(i)) - 2\omega \left(\sum_{m=1}^{M} q_k(i, m) \tilde{\delta}_{k+1}(m) \right) \text{cov}(\eta_k(i), S_k(i)) l_k}{2\omega \left(\prod_{l=k+1}^{T-1} r_l \right)} \right.$$

$$\left. - \text{cov}(\bar{c}_k(i), S_k(i)) \right] \tag{5.38}$$

$$\text{Var}_{x_k, l_k, i}^{\text{CIM}}(U_T^{\hat{u}})$$

$$= \frac{2\tilde{z}_k(i) - \tilde{\eta}_k(i)}{\tilde{z}_k^2(i)} \left(\mathbb{E}_{x_k, l_k, i}^{\text{CIM}}(U_T^{\hat{u}}) - \left(\prod_{l=k}^{T-1} r_l \right) x_k - \tilde{\delta}_k(i) l_k + \tilde{o}_k(i) \right.$$

$$\left. + \frac{\tilde{z}_k(i)((\tilde{\delta}_k(i) - \tilde{\psi}_k(i)) l_k + \tilde{\rho}_k(i) - \tilde{o}_k(i))}{2\tilde{z}_k(i) - \tilde{\eta}_k(i)} \right)^2 - \tilde{\xi}_k(i) l_k^2$$

$$- 2\tilde{\lambda}_k(i) l_k - \varphi_k(i) - \frac{((\tilde{\delta}_k(i) - \tilde{\psi}_k(i)) l_k + \tilde{\rho}_k(i) - \tilde{o}_k(i))^2}{2\tilde{z}_k(i) - \tilde{\eta}_k(i)} \tag{5.39}$$

5.6 数值算例

基于中国市场的实际数据，我们考虑一个养老金的资产负债管理问题（Blake 等，2014；Yao 等，2016b；金赟，2017；俞慧君，2012）。假设养老金由风险厌恶水平为 $\omega = 2$ 的管理者管理，并在时刻 0 进入金融市场，初始财富为 $x_0 = 5$，初始负债为 $l_0 = 1$，单位为千元。在这个例子中，我们以一个月为一个周期，假设养老金的投资计划为 $T = 12$ 个周期。在这一投资区间内，养老金可以在每个阶段的开始时刻动态地将其财富分配在一个无风险资产和三个风险资产上。我们选择 2018 年度发行的 5 年期国债利率作为无风险资产的利率，并从上证 50 中选择三只股票作为风险资产，它们是中国石化（600028），中信证券（600030），伊利股份（600887）（标记为股

票1、股票2、股票3)。接下来,我们选择上证国债指数(000012)的月收益率作为不可控制负债的增长率。最后,我们简要地把缴费和支付之间的差作为随机现金流。假设养老金以月工资的28%作为缴费。同时,以月工资的一个随机比例作为支付。我们假设这个随机比例服从于[0,0.2]的均匀分布,它考虑了人口增长和养老金滚动。为方便起见,我们把中国城镇单位从业人员的月平均工资作为月工资。样本范围是从2006年4月到2018年3月。

我们使用上证指数的月度数据来确定隐Markov模型的参数。利用聚类分析法,我们确定两个不可观测的市场状态,称为熊市($j=1$)和牛市($j=2$)。同时,计算上证指数的对数正态收益率。如果对数正态收益率大于0,我们称之为积极的市场表现(Positive Outlook)。否则,它是一个消极的市场表现(Negative Outlook)。因此,我们有两个市场可观测状态:积极的市场表现和消极的市场表现,用$i=P,N$表示。2006年初,中国金融市场呈上升趋势。因此,我们将不可观测市场状态的初始概率分布设为牛市的概率为1,熊市的概率为0。为方便起见,假设市场参数独立于时间k。使用EM算法(Expectation Maximization Algorithm),我们确定隐Markov链的转移概率矩阵$Q(k)$,以及每个阶段可观测和不可观测市场状态之间的关系矩阵如下:

$$Q(k) = \begin{pmatrix} q_k(1,1) & q_k(1,2) \\ q_k(2,1) & q_k(2,2) \end{pmatrix} = \begin{pmatrix} 1 & 0 \\ 0.2183 & 0.7817 \end{pmatrix},$$

$$\overline{\sum}_k = \begin{pmatrix} \sigma_k(1,P) & \sigma_k(1,N) \\ \sigma_k(2,P) & \sigma_k(2,N) \end{pmatrix} = \begin{pmatrix} 0.4231 & 0.5769 \\ 0.6312 & 0.3688 \end{pmatrix}。$$

基于上述数据集,对于$k=0,1,\cdots,11$和$j=1,2$, $i=P,N$,我们得到相关的参数如下:

$r_k = 1.0036$, $\mathbb{E}(\eta_k(P,1)) = 1.0026$, $\mathbb{E}(\eta_k(N,1)) = 1.0037$,

$\mathbb{E}(\eta_k(P,2)) = 0.9987$, $\mathbb{E}(\eta_k(N,2)) = 0.9944$,

$\mathbb{E}(\eta_k^2(P,1)) = 1.0053$, $\mathbb{E}(\eta_k^2(N,1)) = 1.0095$, $\mathbb{E}(\eta_k^2(P,2)) = 0.9973$,

$\mathbb{E}(\eta_k^2(N,2)) = 0.9889$, $\mathbb{E}(\bar{c}_k(i,j)) = 0.6962$, $\mathbb{E}(\bar{c}_k^2(i,j)) = 0.5480$,

$\mathbb{E}(\bar{c}_k(P,1)\eta_k(P,1)) = 0.6980$, $\mathbb{E}(\bar{c}_k(N,1)\eta_k(N,1)) = 0.6988$,
$\mathbb{E}(\bar{c}_k(P,2)\eta_k(P,2)) = 0.6953$, $\mathbb{E}(\bar{c}_k(N,2)\eta_k(N,2)) = 0.6923$,

$$\mathbb{E}(S_k(P,1)) = \begin{pmatrix} 0.0544 \\ 0.0850 \\ 0.0389 \end{pmatrix},$$

$$\mathbb{E}(S_k(P,1)S_k'(P,1)) = \begin{pmatrix} 0.0111 & 0.0103 & 0.0040 \\ 0.0103 & 0.0316 & 0.0072 \\ 0.0040 & 0.0072 & 0.0177 \end{pmatrix},$$

$$\mathbb{E}(S_k(N,1)) = \begin{pmatrix} -0.0658 \\ -0.0951 \\ -0.0326 \end{pmatrix},$$

$$\mathbb{E}(S_k(N,1)S_k'(N,1)) = \begin{pmatrix} 0.0151 & 0.0137 & 0.0028 \\ 0.0137 & 0.0228 & 0.0031 \\ 0.0028 & 0.0031 & 0.0125 \end{pmatrix},$$

$$\mathbb{E}(S_k(N,2)) = \begin{pmatrix} -0.0453 \\ -0.0523 \\ -0.0232 \end{pmatrix},$$

$$(S_k(N,2)S_k'(N,2)) = \begin{pmatrix} 0.0027 & -0.0003 & 0.0021 \\ -0.0003 & 0.0116 & -0.0028 \\ 0.0021 & -0.0028 & 0.0023 \end{pmatrix},$$

$$\mathbb{E}(S_k(P,2)) = \begin{pmatrix} 0.0985 \\ 0.1075 \\ 0.0933 \end{pmatrix},$$

$$\mathbb{E}(S_k(P,2)S_k'(P,2)) = \begin{pmatrix} 0.0227 & 0.0143 & 0.0140 \\ 0.0143 & 0.0550 & 0.0086 \\ 0.0140 & 0.0086 & 0.0222 \end{pmatrix},$$

$$\mathbb{E}(\bar{c}_k(P,1)S_k(P,1)) = \begin{pmatrix} 0.0379 \\ 0.0592 \\ 0.0271 \end{pmatrix}, \quad \mathbb{E}(\bar{c}_k(P,2)S_k(P,2)) = \begin{pmatrix} 0.0686 \\ 0.0748 \\ 0.0650 \end{pmatrix},$$

$$\mathbb{E}(\bar{c}_k(N,1)S_k(N,1)) = \begin{pmatrix} -0.0458 \\ -0.0662 \\ -0.0227 \end{pmatrix}, \quad \mathbb{E}(\bar{c}_k(N,2)S_k(N,2)) = \begin{pmatrix} -0.0315 \\ -0.0364 \\ -0.0162 \end{pmatrix},$$

$$\mathbb{E}(\eta_k(P,1)S_k(P,1)) = \begin{pmatrix} 0.0545 \\ 0.0852 \\ 0.0390 \end{pmatrix}, \quad \mathbb{E}(\eta_k(N,1)S_k(N,1)) = \begin{pmatrix} -0.0660 \\ -0.0955 \\ -0.0327 \end{pmatrix},$$

$$\mathbb{E}(\eta_k(P,2)S_k(P,2)) = \begin{pmatrix} 0.0984 \\ 0.1074 \\ 0.0932 \end{pmatrix}, \quad \mathbb{E}(\eta_k(N,2)S_k(N,2)) = \begin{pmatrix} -0.0450 \\ -0.0520 \\ -0.0231 \end{pmatrix}.$$

5.6.1 均衡策略的数值分析

本小节描述动态投资决策过程并分析不完全信息对均衡策略的影响。为方便起见，假设市场状态按照表 5.1 演变。

表 5.1 从时刻 0 到 $T-1$ 的可观测市场状态

k	0	1	2	3	4	5	6	7	8	9	10	11
状态	N	N	P	P	P	N	P	N	N	P	N	N

图 5.1 和图 5.2 分别描述了隐 Markov 模型和完全信息模型下的均衡策略。我们发现在积极的市场表现下投资在每个风险资产上的数量都比在消极的市场表现下多，这与常识一致。对于隐 Markov 模型下的均衡策略，在积极的市场表现(消极的市场表现)下投资在每个风险资产的数量呈现递减(递增)的趋势，且投资于不同风险资产的数量越来越接近。但对于完全信息模型下的均衡策略，在每个阶段投资在每个风险资产的数量是相对平稳的。事实上，由于均衡策略可以在每个阶段的开始时刻更新，所以稳定性相对较好，这在完全信息模型下可以很清楚地看到。但不完全信息使得投资更不确定，特别是在初始的阶段，所以不完全信息下的均衡策略波动性比较大。但随着信息变得越来越可观测，策略也变得越来越稳定。

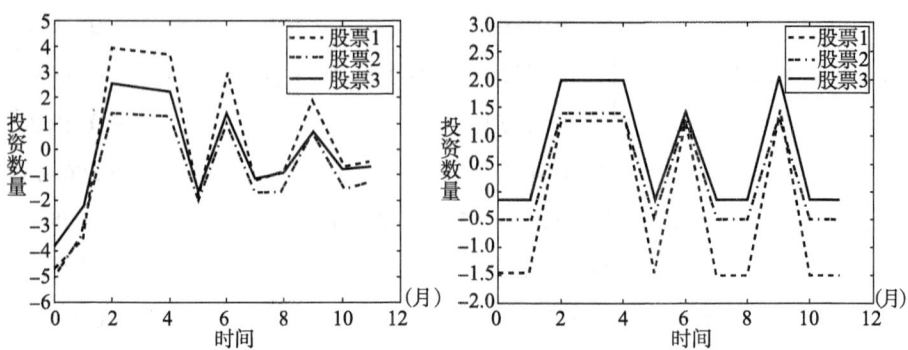

图 5.1　隐 Markov 模型下的均衡策略过程　　图 5.2　完全信息模型下的均衡策略过程

图 5.3 同时描述了隐 Markov 模型和完全信息模型下的动态投资决策过程。我们发现隐 Markov 模型下投资在风险资产的总数量浮动比完全信息模型下的大。这是因为，当决策者得到金融市场的完全信息时，他可以更准确地预测风险资产的未来收益。但是，在不完全可观测信息下，不可避免地存在估计误差。所以，与完全可观测信息情形相比，最优投资策略波动幅度较大。

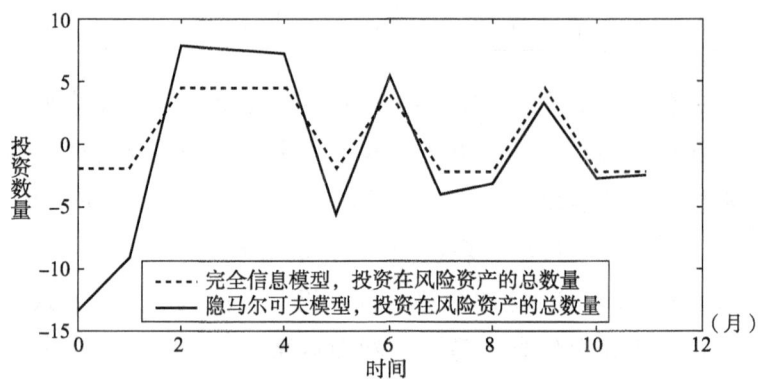

图 5.3　隐 Markov 模型和完全信息模型下的均衡策略

5.6.2　均衡有效前沿的数值分析

本小节分析不完全信息、负债和随机现金流对均衡有效前沿的影响。

图 5.4 描述了积极和消极的市场表现下隐 Markov 模型的有效前沿。显然，在隐 Markov 模型下，积极的市场表现下的有效前沿在消极的市场表现下的有效前沿的上方，这与我们对金融市场投资活动的直觉是一致的。也

就是说,为得到相同的期望终端盈余,消极的市场表现下的投资者面对比积极的市场表现下的投资者更多的风险。原因是当金融市场具有消极的市场表现时,风险资产的收益率变得更具波动性,这使得投资者承担更大的投资风险。

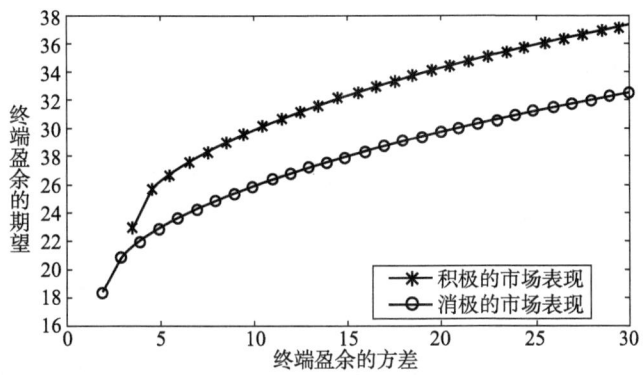

图 5.4　积极和消极的市场表现下隐 Markov 模型的有效前沿

图 5.5 比较了隐 Markov 模型和完全信息模型下的有效前沿。在相同的投资风险水平下,无论市场可观测状态是积极的市场表现还是消极的市场表现,完全信息模型下的期望终端盈余都大于隐 Markov 模型下的期望终端盈余。这表明,获得的市场信息越多,投资收益越好。这一研究结果与金融市场的投资行为一致。事实上,金融市场中的投资者获得的信息是有限的。为获得更好的投资收益,投资者通常会尽力收集信息来修正他们对金融资产收益的估计。收集的市场信息越多,对市场状况的评估越好,投资者可以抓住的投资机会就越多,从而降低了投资风险。

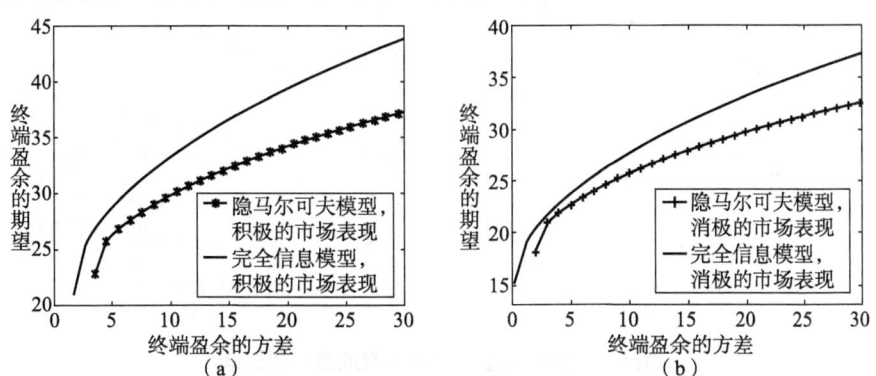

图 5.5　隐 Markov 模型和完全信息模型下的有效前沿

图5.6描述了负债对均衡有效前沿的影响。我们发现，无论市场可观测状态是积极的市场表现还是消极的市场表现，有负债的有效前沿均在没有负债的有效前沿的下方，也就是说，为获得相同的期望终端盈余，有负债的投资者需要承担比没有负债的投资者更多的风险。这与现实相符，因为负债会减少终端盈余。

图5.7描述了随机现金流对均衡有效前沿的影响。我们发现，无论市场可观测状态是积极的市场表现还是消极的市场表现，具有随机现金流的有效前沿均在没有随机现金流的有效前沿的上方。此结果是合理的，因为在本算例中随机现金流会增加终端盈余。

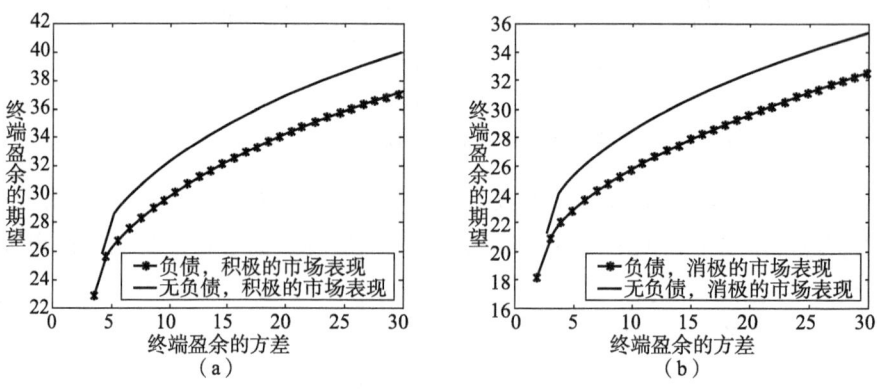

图5.6 负债对均衡有效前沿的影响

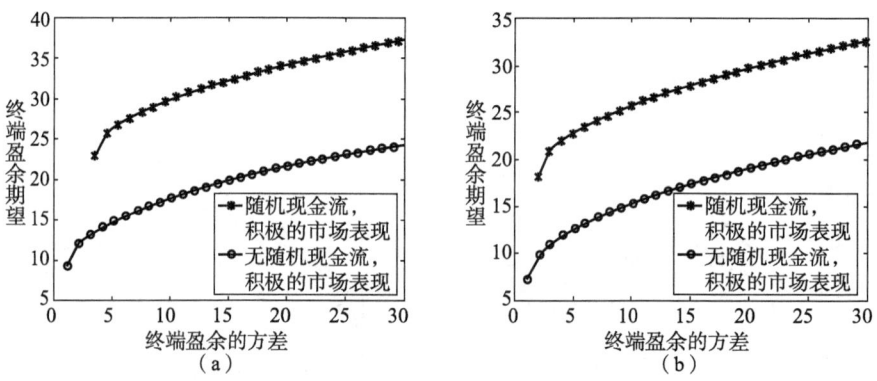

图5.7 随机现金流对均衡有效前沿的影响

5.7 小结

由于投资者只能获得有限的(不完全的)金融市场信息,因此本章研究了具有随机现金流和不完全信息的多阶段均值—方差 ALM 问题的时间一致策略。在较长的投资周期内,越来越多的可观测信息更新了市场状态过程。因此,投资者根据直到当前时刻所观测到的信息做出投资决策。我们通过将金融市场状态分为两个部分,即可观测的市场状态和不可观测的市场状态,来设定不完全信息市场,并构建隐 Markov 模型来刻画它。在我们的模型中,风险资产的收益、负债和随机现金流都依赖于可观测和不可观测的市场状态。利用充分统计量方法、博弈论和扩展的 Bellman 方程,我们推导出均衡策略、均衡值函数和均衡有效前沿的解析表达式。最后,给出以中国市场实际数据的数值算例,分析了不可观测市场信息对均衡策略及其有效前沿的影响。

5.8 本章附录

附录 A. 引理 5.4.1 的证明

证明: 由 Yao 等(2016d)中的性质 1 可知

$$\mathbb{E}(\mathfrak{J}_k(i,j)\mathfrak{J}'_k(i,j)) = \mathbb{E}\left[\begin{pmatrix}1\\S_k(i,j)\end{pmatrix}(1\quad S'_k(i,j))\right]$$

$$= \begin{pmatrix}1 & \mathbb{E}(S'_k(i,j))\\ \mathbb{E}(S_k(i,j)) & \mathbb{E}(S_k(i,j)S'_k(i,j))\end{pmatrix} > 0$$

(5.40)

那么,由于 $\Phi_k(i,j) \geq 0$ 和 $\sum_{j=1}^{J}\Phi_k(i,j) = 1$,有

$$\sum_{j=1}^{J}\Phi_k(i,j)\begin{pmatrix}1 & \mathbb{E}(S'_k(i,j))\\ \mathbb{E}(S_k(i,j)) & \mathbb{E}(S_k(i,j)S'_k(i,j))\end{pmatrix}$$

$$= \begin{pmatrix} 1 & \sum_{j=1}^{J}\Phi_k(i,j)\mathbb{E}(S_k'(i,j)) \\ \sum_{j=1}^{J}\Phi_k(i,j)\mathbb{E}(S_k(i,j)) & \sum_{j=1}^{J}\Phi_k(i,j)\mathbb{E}(S_k(i,j)S_k'(i,j)) \end{pmatrix} > 0$$
(5.41)

因此，由引理 1.5.2 知，

$$A_k^{\Phi}(i) = \sum_{j=1}^{J}\Phi_k(i,j)\mathbb{E}(S_k(i,j)S_k'(i,j)) - \sum_{j=1}^{J}\Phi_k(i,j)\mathbb{E}(S_k(i,j))$$
$$\times \sum_{j=1}^{J}\Phi_k(i,j)\mathbb{E}(S_k'(i,j)) > 0 \qquad (5.42)$$

证毕。

附录 B. 定理 5.4.1 的证明

证明：我们利用数学归纳法证明此定理。对于 $k = T - 1$，利用方程 (5.1)、方程 (5.2)、方程 (5.13) 和方程 (5.14)，有

$$V_{T-1}(x_{T-1}, l_{T-1}, i, \Phi_{T-1}(i))$$
$$= \max_{u_{T-1}(i)} \Big\{ \sum_{j=1}^{J}\Phi_{T-1}(i,j) \sum_{m=1}^{M}\theta_{T-1}(j,m) \times \mathbb{E}(x_{T-1}r_{T-1} + S_{T-1}'(i,j)u_{T-1}(i)$$
$$+ \bar{c}_{T-1}(i,j) - \eta_{T-1}(i,j)l_{T-1}) - \omega \sum_{j=1}^{J}\Phi_{T-1}(i,j) \sum_{m=1}^{M}\theta_{T-1}(j,m)$$
$$\mathbb{E}((x_{T-1}r_{T-1} + S_{T-1}'(i,j)u_{T-1}(i) + \bar{c}_{T-1}(i,j) - \eta_{T-1}(i,j)l_{T-1})^2)$$
$$+ \omega \Big[\sum_{j=1}^{J}\Phi_{T-1}(i,j) \sum_{m=1}^{M}\theta_{T-1}(j,m)$$
$$\times \mathbb{E}(x_{T-1}r_{T-1} + S_{T-1}'(i,j)u_{T-1}(i) + \bar{c}_{T-1}(i,j) - \eta_{T-1}(i,j)l_{T-1})\Big]^2 \Big\}$$
$$= x_{T-1}r_{T-1} + \sum_{j=1}^{J}\Phi_{T-1}(i,j)\mathbb{E}(\bar{c}_{T-1}(i,j)) - \sum_{j=1}^{J}\Phi_{T-1}(i,j)$$
$$\times \mathbb{E}(\eta_{T-1}(i,j))l_{T-1} - \omega \Big[\sum_{j=1}^{J}\Phi_{T-1}(i,j)\mathbb{E}((\bar{c}_{T-1}(i,j))^2)$$
$$- \Big(\sum_{j=1}^{J}\Phi_{T-1}(i,j)\mathbb{E}(\bar{c}_{T-1}(i,j))\Big)^2 \Big] - \omega \Big[\sum_{j=1}^{J}\Phi_{T-1}(i,j)$$
$$\times \mathbb{E}((\eta_{T-1}(i,j))^2) - \Big(\sum_{j=1}^{J}\Phi_{T-1}(i,j)\mathbb{E}(\eta_{T-1}(i,j))\Big)^2 \Big] l_{T-1}^2$$
$$+ 2\omega \Big[\sum_{j=1}^{J}\Phi_{T-1}(i,j)\mathbb{E}(\eta_{T-1}(i,j)\bar{c}_{T-1}(i,j)) - \sum_{j=1}^{J}\Phi_{T-1}(i,j)$$
$$\times \mathbb{E}(\eta_{T-1}(i,j)) \sum_{j=1}^{J}\Phi_{T-1}(i,j)\mathbb{E}(\bar{c}_{T-1}(i,j)) \Big] l_{T-1}$$

$$+ \max_{u_{T-1}(i)} \Big\{ \Big(\sum_{j=1}^{J} \Phi_{T-1}(i,j) \mathbb{E}(S'_{T-1}(i,j)) \Big) u_{T-1}(i) - \omega u_{T-1}'(i)$$

$$\times \Big[\sum_{j=1}^{J} \Phi_{T-1}(i,j) \mathbb{E}(S_{T-1}(i,j) S'_{T-1}(i,j)) - \Big(\sum_{j=1}^{J} \Phi_{T-1}(i,j)$$

$$\times \mathbb{E}(S_{T-1}(i,j)) \Big) \Big(\sum_{j=1}^{J} \Phi_{T-1}(i,j) \mathbb{E}(S'_{T-1}(i,j)) \Big) \Big] u_{T-1}(i)$$

$$- 2\omega \Big[\sum_{j=1}^{J} \Phi_{T-1}(i,j) \mathbb{E}(\bar{c}_{T-1}(i,j) S'_{T-1}(i,j)) - \sum_{j=1}^{J} \Phi_{T-1}(i,j)$$

$$\times \mathbb{E}(\bar{c}_{T-1}(i,j)) \sum_{j=1}^{J} \Phi_{T-1}(i,j) \mathbb{E}(S'_{T-1}(i,j)) \Big] u_{T-1}(i)$$

$$+ 2\omega \Big[\sum_{j=1}^{J} \Phi_{T-1}(i,j) \mathbb{E}(\eta_{T-1}(i,j) S'_{T-1}(i,j)) - \sum_{j=1}^{J} \Phi_{T-1}(i,j)$$

$$\times \mathbb{E}(\eta_{T-1}(i,j)) \cdot \sum_{j=1}^{J} \Phi_{T-1}(i,j) \mathbb{E}(S'_{T-1}(i,j)) \Big] u_{T-1}(i) l_{T-1} \Big\}$$

$$= x_{T-1} r_{T-1} + M_{T-1}^{\Phi}(i) - \omega \Big[\sum_{j=1}^{J} \Phi_{T-1}(i,j) \mathbb{E}((\bar{c}_{T-1}(i,j))^2) - (M_{T-1}^{\Phi}(i))^2 \Big]$$

$$- \omega \Big[\sum_{j=1}^{J} \Phi_{T-1}(i,j) \mathbb{E}((\eta_{T-1}(i,j))^2) - (N_{T-1}^{\Phi}(i))^2 \Big] l_{T-1}^2 - N_{T-1}^{\Phi}(i) l_{T-1}$$

$$+ 2\omega \Big[\sum_{j=1}^{J} \Phi_{T-1}(i,j) \mathbb{E}(\eta_{T-1}(i,j) \bar{c}_{T-1}(i,j)) - N_{T-1}^{\Phi}(i) M_{T-1}^{\Phi}(i) \Big] l_{T-1}$$

$$+ \max_{u_{T-1}(i)} \Big\{ (B_{T-1}^{\Phi}(i))' u_{T-1}(i) - \omega u_{T-1}'(i) A_{T-1}^{\Phi}(i) u_{T-1}(i)$$

$$- 2\omega (D_{T-1}^{\Phi}(i))' u_{T-1}(i) - 2\omega (F_{T-1}^{\Phi}(i))' u_{T-1}(i) l_{T-1} \Big\} \quad (5.43)$$

由于 $\omega > 0$,且由引理 5.4.1 知 $A_{T-1}^{\Phi}(i)$ 是正定的。因此,关于 $u_{T-1}(i)$ 利用一阶条件得最优解

$$\hat{u}_{T-1}(i) = (A_{T-1}^{\Phi}(i))^{-1} \Big[\frac{B_{T-1}^{\Phi}(i)}{2\omega} - F_{T-1}^{\Phi}(i) l_{T-1} - D_{T-1}^{\Phi}(i) \Big] \quad (5.44)$$

把方程(5.44)分别代入方程(5.43)和方程(5.14)得

$$V_{T-1}(x_{T-1}, l_{T-1}, i, \Phi_{T-1}(i))$$

$$= r_{T-1} x_{T-1} + \omega \Big[(F_{T-1}^{\Phi}(i))' (A_{T-1}^{\Phi}(i))^{-1} \times F_{T-1}^{\Phi}(i)$$

$$- \sum_{j=1}^{J} \Phi_{T-1}(i,j) \mathbb{E}((\eta_{T-1}(i,j))^2) + (N_{T-1}^{\Phi}(i))^2 \Big]$$

$$\times l_{T-1}^2 - ((F_{T-1}^{\Phi}(i))' (A_{T-1}^{\Phi}(i))^{-1} B_{T-1}^{\Phi}(i) + N_{T-1}^{\Phi}(i)) l_{T-1} + \frac{1}{4\omega} (B_{T-1}^{\Phi}(i))'$$

$$\times (A_{T-1}^{\Phi}(i))^{-1} B_{T-1}^{\Phi}(i) + 2\omega \Big[(F_{T-1}^{\Phi}(i))'(A_{T-1}^{\Phi}(i))^{-1} D_{T-1}^{\Phi}(i)$$

$$- N_{T-1}^{\Phi}(i) M_{T-1}^{\Phi}(i) + \sum_{j=1}^{J} \Phi_{T-1}(i,j) \mathbb{E}(\eta_{T-1}(i,j) + \bar{c}_{T-1}(i,j)) \Big] l_{T-1}$$

$$+ (M_{T-1}^{\Phi}(i) - (D_{T-1}^{\Phi}(i))'(A_{T-1}^{\Phi}(i))^{-1} B_{T-1}^{\Phi}(i)) + \omega \Big[(D_{T-1}^{\Phi}(i))'$$

$$\times (A_{T-1}^{\Phi}(i))^{-1} D_{T-1}^{\Phi}(i) - \sum_{j=1}^{J} \Phi_{T-1}(i,j) \mathbb{E}((\bar{c}_{T-1}(i,j))^2) + (M_{T-1}^{\Phi}(i))^2 \Big]$$

$$= r_{T-1} x_{T-1} + \omega \xi_{T-1}^{\Phi}(i) l_{T-1}^2 + \psi_{T-1}^{\Phi}(i) l_{T-1} + \frac{1}{4\omega} \eta_{T-1}^{\Phi}(i) + 2\omega \lambda_{T-1}^{\Phi}(i) l_{T-1}$$

$$- \rho_{T-1}^{\Phi}(i) + \omega \varphi_{T-1}^{\Phi}(i) \tag{5.45}$$

$$g_{T-1}(x_{T-1}, l_{T-1}, i, \Phi_{T-1}(i))$$

$$= \sum_{j=1}^{J} \Phi_{T-1}(i,j) \sum_{m=1}^{M} \theta_{T-1}(j,m) \times \mathbb{E}(x_{T-1} r_{T-1} + S'_{T-1}(i,j) u_{T-1}(i)$$

$$+ \bar{c}_{T-1}(i,j) - \eta_{T-1}(i,j) l_{T-1})$$

$$= r_{T-1} x_{T-1} - ((B_{T-1}^{\Phi}(i))'(A_{T-1}^{\Phi}(i))^{-1} F_{T-1}^{\Phi}(i) + N_{T-1}^{\Phi}(i)) l_{T-1}$$

$$+ \frac{1}{2\omega} (B_{T-1}^{\Phi}(i))'(A_{T-1}^{\Phi}(i))^{-1} B_{T-1}^{\Phi}(i) + (M_{T-1}^{\Phi}(i) - (B_{T-1}^{\Phi}(i))'(A_{T-1}^{\Phi}(i))^{-1}$$

$$\times D_{T-1}^{\Phi}(i))$$

$$= r_{T-1} x_{T-1} + \delta_{T-1}^{\Phi}(i) l_{T-1} + \frac{1}{2\omega} z_{T-1}^{\Phi}(i) - o_{T-1}^{\Phi}(i) \tag{5.46}$$

方程(5.44)~方程(5.46)表明方程(5.32)~方程(5.34)关于 $k = T-1$ 成立。

现在假设方程(5.32)~方程(5.34)关于 $T-1, T-2, \cdots, k+1$ 成立。那么，关于 k，利用扩展的 Bellman 方程(5.13)，有

$$V_k(x_k, l_k, i, \Phi_k(i))$$

$$= \max_{u_k(i)} \Big\{ \sum_{j=1}^{J} \Phi_k(i,j) \sum_{m=1}^{M} \theta_k(j,m)$$

$$\times \mathbb{E}(V_{k+1}(x_k r_k + S'_k(i,j) u_k(i) + \bar{c}_k(i,j), \eta_k(i,j) l_k, m, \Phi_{k+1}(m)))$$

$$- \omega \sum_{j=1}^{J} \Phi_k(i,j) \sum_{m=1}^{M} \theta_k(j,m) \mathbb{E}(g_{k+1}^2(x_k r_k + S'_k(i,j) u_k(i) + \bar{c}_k(i,j),$$

$$\eta_k(i,j) l_k, m, \Phi_{k+1}(m))) + \omega \Big[\sum_{j=1}^{J} \Phi_k(i,j) \sum_{m=1}^{M} \theta_k(j,m)$$

第5章 不完全信息下具有随机现金流的时间一致资产负债管理

$$\times \mathbb{E}\left(g_{k+1}(x_k r_k + S'_k(i,j)u_k(i) + \bar{c}_k(i,j), \eta_k(i,j)l_k, m, \Phi_{k+1}(m)))\right]^2\bigg\}$$

$$= \max_{u_k(i)} \Bigg\{ \sum_{j=1}^{J} \Phi_k(i,j) \sum_{m=1}^{M} \theta_k(j,m) \mathbb{E}\left(\left(\prod_{l=k+1}^{T-1} r_l\right)(x_k r_k + S'_k(i,j)\right.$$

$$\times u_k(i) + \bar{c}_k(i,j)) + \omega \xi^{\Phi}_{k+1}(m)\eta_k^2(i,j)l_k^2 + \psi^{\Phi}_{k+1}(m)\eta_k(i,j)l_k + 2\omega\lambda^{\Phi}_{k+1}(m)$$

$$\times \eta_k(i,j)l_k + \frac{1}{4\omega}\eta^{\Phi}_{k+1}(m) - \rho^{\Phi}_{k+1}(m) + \omega\varphi^{\Phi}_{k+1}(m)\right) - \omega \sum_{j=1}^{J} \Phi_k(i,j)$$

$$\times \sum_{m=1}^{M} \theta_k(j,m) \mathbb{E}\left[\left(\left(\prod_{l=k+1}^{T-1} r_l\right)(x_k r_k + S'_k(i,j)u_k(i) + \bar{c}_k(i,j))\right.\right.$$

$$+ \delta^{\Phi}_{k+1}(m)\eta_k(i,j)l_k + \frac{1}{2\omega}z^{\Phi}_{k+1}(m) - o^{\Phi}_{k+1}(m)\bigg)^2\right] + \omega\bigg[\sum_{j=1}^{J} \Phi_k(i,j)$$

$$\times \sum_{m=1}^{M} \theta_k(j,m) \mathbb{E}\left(\left(\prod_{l=k+1}^{T-1} r_l\right)(x_k r_k + S'_k(i,j)u_k(i) + \bar{c}_k(i,j))\right.$$

$$+ \delta^{\Phi}_{k+1}(m)\eta_k(i,j)l_k + \frac{1}{2\omega}z^{\Phi}_{k+1}(m) - o^{\Phi}_{k+1}(m)\bigg)\bigg]^2\Bigg\}$$

$$= \frac{1}{4\omega}\Bigg[\sum_{j=1}^{J} \Phi_k(i,j) \sum_{m=1}^{M} \theta_k(j,m)\eta^{\Phi}_{k+1}(m) - \sum_{j=1}^{J} \Phi_t(i,j) \sum_{m=1}^{M}$$

$$\theta_k(j,m)(z^{\Phi}_{k+1}(m))^2 + \left(\sum_{j=1}^{J} \Phi_k(i,j) \sum_{m=1}^{M} \theta_k(j,m)z^{\Phi}_{k+1}(m)\right)^2\Bigg]$$

$$+ \left(\prod_{l=k}^{T-1} r_l\right)x_k + \omega\bigg[\sum_{j=1}^{J} \Phi_k(i,j) \mathbb{E}(\eta_k^2(i,j)) \sum_{m=1}^{M} \theta_k(j,m)\xi^{\Phi}_{k+1}(m)$$

$$- \sum_{j=1}^{J} \Phi_k(i,j) \mathbb{E}(\eta_k^2(i,j)) \sum_{m=1}^{M} \theta_k(j,m)(\delta^{\Phi}_{k+1}(m))^2 + \left(\sum_{j=1}^{J} \Phi_k(i,j)\right.$$

$$\times \mathbb{E}(\eta_k(i,j)) \sum_{m=1}^{M} \theta_k(j,m)\delta^{\Phi}_{k+1}(m)\bigg)^2\bigg]l_k^2 + \bigg[\sum_{j=1}^{J} \Phi_k(i,j) \mathbb{E}(\eta_k(i,j))$$

$$\times \sum_{m=1}^{M} \theta_k(j,m)\psi^{\Phi}_{k+1}(m) - \sum_{j=1}^{J} \Phi_k(i,j) \mathbb{E}(\eta_k(i,j))$$

$$\times \sum_{m=1}^{M} \theta_k(j,m)\delta^{\Phi}_{k+1}(m)z^{\Phi}_{k+1}(m) + \sum_{j=1}^{J} \Phi_k(i,j) \mathbb{E}(\eta_k(i,j))$$

$$\times \sum_{m=1}^{M} \theta_k(j,m)\delta^{\Phi}_{k+1}(m) \sum_{j=1}^{J} \Phi_k(i,j) \sum_{m=1}^{M} \theta_k(j,m)z^{\Phi}_{k+1}(m)\bigg]l_k$$

$$+ 2\omega\bigg[\sum_{j=1}^{J} \Phi_k(i,j) \mathbb{E}(\eta_k(i,j)) \sum_{m=1}^{M} \theta_k(j,m)\lambda^{\Phi}_{k+1}(m)$$

$$- \sum_{j=1}^{J} \Phi_k(i,j) \mathbb{E}(\eta_k(i,j)) \sum_{m=1}^{M} \theta_k(j,m)\delta^{\Phi}_{k+1}(m)o^{\Phi}_{k+1}(m)$$

$$\sum_{j=1}^{J} \Phi_k(i,j) \mathbb{E}(\eta_k(i,j)) \sum_{m=1}^{M} \theta_k(j,m)\delta^{\Phi}_{k+1}(m) \cdot \sum_{j=1}^{J} \Phi_k(i,j) \sum_{m=1}^{M}$$

$$\theta_k(j, m) o_{k+1}^{\Phi}(m) - \Big(\prod_{l=k+1}^{T-1} r_l\Big) \Big(\sum_{j=1}^{J} \Phi_k(i,j) \mathbb{E}(\bar{c}_k(i,j)\eta_k(i,j))$$

$$\times \sum_{m=1}^{M} \theta_k(j,m)\delta_{k+1}^{\Phi}(m) - M_k^{\Phi}(i) \sum_{j=1}^{J}\Phi_k(i,j)\mathbb{E}(\eta_k(i,j))$$

$$\times \sum_{m=1}^{M}\theta_k(j,m)\delta_{k+1}^{\Phi}(m)\Big)\Big] l_k + \omega\Big[\sum_{j=1}^{J}\Phi_k(i,j)\sum_{m=1}^{M}\theta_k(j,m)\varphi_{k+1}^{\Phi}(m)$$

$$- \Big(\prod_{l=k+1}^{T-1} r_l\Big)^2 \Big(\sum_{j=1}^{J}\Phi_k(i,j)\mathbb{E}(c_k^2(i,j)) - (M_k^{\Phi}(i))^2\Big)$$

$$+ 2\Big(\prod_{l=k+1}^{T-1} r_l\Big)\Big(\sum_{j=1}^{J}\Phi_k(i,j)\mathbb{E}(\bar{c}_k(i,j))\sum_{m=1}^{M}\theta_k(j,m)o_{k+1}^{\Phi}(m)$$

$$- M_k^{\Phi}(i) \cdot \sum_{j=1}^{J}\Phi_k(i,j)\sum_{m=1}^{M}\theta_k(j,m)o_{k+1}^{\Phi}(m)\Big) - \sum_{j=1}^{J}\Phi_k(i,j)$$

$$\sum_{m=1}^{M}\theta_k(j,m)(o_{k+1}^{\Phi}(m))^2 + \Big(\sum_{j=1}^{J}\Phi_k(i,j)\sum_{m=1}^{M}\theta_k(j,m)o_{k+1}^{\Phi}(m)\Big)^2\Big]$$

$$- \sum_{j=1}^{J}\Phi_k(i,j)\sum_{m=1}^{M}\theta_k(j,m)\rho_{k+1}^{\Phi}(m) + \Big(\prod_{l=k+1}^{T-1} r_l\Big)\Big[M_k^{\Phi}(i)$$

$$- \sum_{j=1}^{J}\Phi_k(i,j)\mathbb{E}(\bar{c}_k(i,j))\sum_{m=1}^{M}\theta_k(j,m)z_{k+1}^{\Phi}(m)$$

$$+ M_k^{\Phi}(i) \cdot \sum_{j=1}^{J}\Phi_k(i,j)\sum_{m=1}^{M}\theta_k(j,m)z_{k+1}^{\Phi}(m)\Big]$$

$$+ \sum_{j=1}^{J}\Phi_k(i,j)\sum_{m=1}^{M}\theta_k(j,m) \times z_{k+1}^{\Phi}(k)o_{k+1}^{\Phi}(m)$$

$$- \sum_{j=1}^{J}\Phi_k(i,j)\sum_{m=1}^{M}\theta_k(j,m)z_{k+1}^{\Phi}(m) \times \sum_{j=1}^{J}\Phi_k(i,j)$$

$$\sum_{m=1}^{M}\theta_k(j,k)o_{k+1}^{\Phi}(m) + \max_{u_k(i)}\Big\{-\Big(\prod_{l=k+1}^{T-1} r_l\Big)^2\big[(H_k^{\Phi}(i))'$$

$$+ 2\omega((D_k^{\Phi}(i))' + (F_k^{\Phi}(i))' l_k)\big] u_k(i) + \Big(\prod_{l=k+1}^{T-1} r_l\Big)(B_k^{\Phi}(i))' u_k(i)$$

$$- \omega\Big(\prod_{l=k+1}^{T-1} r_l\Big)^2 u_k'(i) A_k^{\Phi}(i) u_k(i)\Big\} \tag{5.47}$$

由于 $\omega > 0$, $\prod_{l=k+1}^{T-1} r_l > 0$, 且由引理 5.4.1 知 $A_k^{\Phi}(i)$ 是正定的。因此，关于 $u_k(i)$ 利用一阶条件得最优解

$$\hat{u}_k(i) = (A_k^{\Phi}(i))^{-1}\Big[\frac{B_k^{\Phi}(i)}{2\omega\Big(\prod_{l=k+1}^{T-1} r_l\Big)} - F_k^{\Phi}(i) l_k - D_k^{\Phi}(i) - \frac{H_k^{\Phi}(i)}{2\omega}\Big] \tag{5.48}$$

把方程(5.48)分别代入方程(5.47)和方程(5.14)得

$$V_k(x_k, l_k, i, \Phi_k(i)) = \left(\prod_{l=k}^{T-1} r_l\right) x_k + \omega \xi_k^\Phi(i) l_k^2 + \psi_k^\Phi(i) l_k + 2\omega \lambda_k^\Phi(i) l_k$$
$$+ \frac{1}{4\omega} \eta_k^\Phi(i) - \rho_k^\Phi(i) + \omega \varphi_k^\Phi(i) \tag{5.49}$$

$g_k(x_k, l_k, i, \Phi_k(i))$

$$= \sum_{j=1}^{J} \Phi_k(i,j) \sum_{m=1}^{M} \theta_k(j,m) \times \mathbb{E}\left(g_{k+1}(x_k r_k + S'_k(i,j) u_k(i)\right.$$
$$\left. + \bar{c}_k(i,j), \eta_k(i,j) l_k, m, \Phi_{k+1}(m))\right)$$

$$= \sum_{j=1}^{J} \Phi_k(i,j) \sum_{m=1}^{M} \theta_k(j,m) \mathbb{E}\left[\left(\prod_{l=k+1}^{T-1} r_l\right)(x_k r_k + S'_k(i,j) u_k(i)\right.$$
$$\left. + \bar{c}_k(i,j)) + \delta_{k+1}^\Phi(m) \eta_k(i,j) l_m + \frac{1}{2\omega} z_{k+1}^\Phi(m) - o_{k+1}^\Phi(m) \right]$$

$$= \left(\prod_{l=k}^{T-1} r_l\right) x_k + \left[-\left(\prod_{l=k+1}^{T-1} r_l\right)(B_k^\Phi(i))'(A_k^\Phi(i))^{-1} F_k^\Phi(i)\right.$$
$$\left. + \sum_{j=1}^{J} \Phi_k(i,j) \mathbb{E}(\eta_k(i,j)) \times \sum_{m=1}^{M} \theta_k(j,m) \delta_{k+1}^\Phi(m)\right] l_k$$

$$+ \frac{1}{2\omega}\left[\sum_{j=1}^{J} \Phi_k(i,j) \sum_{m=1}^{M} \theta_k(j,m) z_{k+1}^\Phi(m)\right.$$
$$\left. + (B_k^\Phi(i))'(A_k^\Phi(i))^{-1} \left(B_k^\Phi(i) - \left(\prod_{l=k+1}^{T-1} r_l\right) H_k^\Phi(i)\right)\right]$$

$$- \left[\left(\prod_{l=k+1}^{T-1} r_l\right)\left((B_k^\Phi(i))'(A_k^\Phi(i))^{-1} D_k^\Phi(i) - M_k^\Phi(i)\right)\right.$$
$$\left. + \sum_{j=1}^{J} \Phi_k(i,j) \sum_{m=1}^{M} \theta_k(j,m) o_{k+1}^\Phi(m)\right]$$

$$= \left(\prod_{l=k}^{T-1} r_l\right) x_k + \delta_k^\Phi(i) l_k + \frac{1}{2\omega} z_k^\Phi(i) - o_k^\Phi(i) \tag{5.50}$$

因此，方程(5.48)~方程(5.50)表明方程(5.32)~方程(5.34)关于 k 成立。由数学归纳法原理，方程(5.32)~方程(5.34)关于所有的 $k = 0, 1, \cdots, T-1$ 成立。证毕。

| 第6章 |

结 论

本书主要研究了多阶段均值—方差模型下几个动态资产配置问题的最优投资策略。首先，研究了具有随机利率和负债的投资组合选择问题的时间一致策略；然后，进一步研究了具有随机利率和机制转换的 DC 养老金的时间一致策略；接着，研究了考虑机制转换和死亡风险的 DC 养老金的预先承诺策略和时间一致策略，并对两种策略进行了比较分析；最后，讨论了存在不完全信息时具有随机现金流的 ALM 问题的时间一致策略。

对于具有随机利率的投资组合选择问题，我们假设投资者将财富投资于由一个无风险资产和 n 个风险资产组成的金融市场，并使用 Yao 等 (2016d) 提出的离散时间 Vasicek 模型来描述随机利率。在博弈论的框架下，我们利用扩展的 Bellman 方程和矩阵表示技术推导出均衡策略及其有效前沿的解析表达式。然后，我们将模型扩展到有负债的情形，并得到相应的均衡策略和有效前沿。接着，我们得出了均衡策略的一些性质：(i) 带有负债的均衡全局最小方差策略 $\hat{\Pi}_k^{L,\,MIN}$ 由不带负债的均衡全局最小方差策略 $\hat{\Pi}_k^{MIN}$ 和一个自融资投资组合 F_k^L 组成；(ii) 从均衡全局最小方差策略 $\hat{\Pi}_k^{L,\,MIN}$ 出发，沿着自融资投资组合 F_k 的方向移动风险容忍系数 γ，就可以得到均衡策略 $\hat{\Pi}_k^L$；(iii) 由于负债的影响都包含在 F_k^L 中，所以负债的引入只会导致均衡策略的平行移动；(iv) $\hat{\Pi}_k^L$ 是风险容忍系数 γ 的线性函数；(v) 离散形式的两基金分离定理成立。最后，利用中国市场的实际数据，通过一个数值例子分析了随机利率和负债对均衡策略和均衡有效前沿的影响。

对于具有随机利率和机制转换的多阶段 DC 养老金问题，我们仍假设金融市场由一个无风险资产和 n 个风险资产组成，利率由离散时间的 Ho-

Lee 随机利率模型刻画,且利率及风险资产的收益都依赖于市场状态,其中市场状态的演变以 Markov 链描述。同样在博弈论的框架下,我们利用扩展的 Bellman 方程和矩阵表示技术推导出了均衡策略、均衡值函数和均衡有效前沿的解析表达式。我们发现,考虑变量的随机性和随机变量之间的相关性,可以使均衡策略更符合实际。最后,基于来自英国市场的实际数据,对均衡策略和均衡有效前沿做了数值分析。研究结果表明:(i)对于相同的期望终端财富,养老金投资者在牛市时进入市场承担的风险较小;(ii)利率的随机性使均值—方差效用表现恶化;(iii)缴费率越大,全局最小方差及其对应的期望终端财富越大;(iv)随着市场状态越来越向熊市转变,相同投资风险水平下的预期收益率变得越来越小。

对于具有保费返还条款和机制转换的 DC 养老金问题,我们首先利用嵌入技术和动态规划方法,获得了封闭形式的预先承诺策略及其有效前沿。然后利用博弈论和扩展的 Bellman 方程,得到均衡策略及其有效前沿的解析表达式。接着对两种策略和有效前沿进行了比较,发现:(i)预先承诺策略在任意时刻不仅与当前财富和状态相关,还与初始财富和状态相关,而均衡策略只依赖于当前状态,却独立于当前财富、初始财富和初始状态;(ii)保费返还条款对预先承诺策略有显著的影响,而且这种影响随时间而增加,但均衡策略不受保费返还条款的影响。基于美国市场的实际数据,我们进行了数值分析,结果表明:(i)保费返还条款减少了预先承诺策略中投资于风险资产的数量,但对均衡策略没有影响。(ii)在这两种策略中,机制转换都会增加风险资产的交易量,且当考虑机制转换时,策略更符合实际。(iii)在这两种策略中,为获得相同的期望终端财富,当考虑保费返还条款时,基金管理者要面临较大的风险,但考虑机制转换时却面临较小的风险。(iv)为获得相同的期望终端财富,均衡策略投资者需面对比预先承诺策略投资者更多的风险。

对于具有随机现金流和不完全信息(金融市场中既存在可观测信息也存在不可观测信息)的 ALM 问题,我们考虑了风险资产的收益、负债及随机现金流均依赖于可观测和不可观测的市场状态。我们首先通过利用充分统计量方法,把具有不完全信息的 ALM 问题转变为一个具有完全信息的

ALM 问题。然后利用扩展的 Bellman 方程得到均衡策略和有效前沿的解析表达式。最后，通过基于中国市场实际数据的数值算例，分析了不完全信息对均衡策略及其有效前沿的影响。结果表明：(i) 隐 Markov 模型下风险资产上的投资总数量浮动比完全信息模型下的大；(ii) 在相同的投资风险水平下，无论市场可观测状态是积极的市场表现还是消极的市场表现，完全信息模型下的期望终端盈余均大于隐 Markov 模型下的期望终端盈余。

参 考 文 献

[1] ALBERT, A., 1969. Conditions for positive and nonnegative definiteness in terms of pseudoinverses. *SIAM Journal on Applied Mathematics*, 17(2), 434-440.

[2] ASPREM, M., 1989. Stock prices, asset portfolios and macroeconomic variables in ten European countries. *Journal of Banking and Finance*, 13, 589-612.

[3] BAJEUX-BESNAINOU, I., JORDAN, J. V., PORTAIT, R., 2003. Dynamic asset allocation for stocks, bonds, and cash. *The Journal of Business*, 76, 263-287.

[4] BASAK, S., CHABAKAURI, G., 2010. Dynamic mean-variance asset allocation. *Review of Financial Studies*, 23, 2970-3016.

[5] BATTOCCHIO, P., MENONCIN, F., 2004. Optimal pension management in a stochastic framework. *Insurance: Mathematics and Economics*, 34 (1), 79-95.

[6] BAUERLE, N., RIEDER, U., 2005. Portfolio optimization with unobservable Markov modulated drift process. *Journal of Applied Probability*, 42 (2), 362-378.

[7] BENSOUSSAN, A., KEPPO, J., SETHI, S. P., 2009. Optimal consumption and portfolio decisions with partially observed true prices. *Mathematical Finance*, 19 (2), 215-236.

[8] BENSOUSSAN, A., WONG, K. C., YAM, S. C. P., YUNG, S. P., 2014. Time-consistent portfolio selection under short-selling prohibition: From discrete to continuous setting. *SIAM Journal on Financial Mathematics*, 5, 153-190.

［9］BIELECKI, T. R., JIN, H. Q., PLISKA, S. R., ZHOU, X. Y., 2005. Continuous-time meanvariance portfolio selection with bankruptcy prohibition. *Mathematical Finance*. 15, 213-244.

［10］BJORK, T., KHAPKO, M., MURGOCI, A., 2017. On time-inconsistent stochastic control in continuous time. *Finance and Stochastics*, 21, 331-360.

［11］BJORK, T., MURGOCI, A., 2010. A general theory of Markovian time inconsistent stochastic control problem. *Working paper. Available at SSRN*: http：//ssrn.com/abstract=1694759.

［12］BJORK, T., MURGOCI, A., 2014. A theory of Markovian time-inconsitent stochastic control in discrete time. *Finance and Stochastics*. 18, 545-592.

［13］BJORK, T., MURGOCI, A., ZHOU, X. Y., 2014. Mean-variance portfolio optimization with state-dependent risk aversion. *Mathematical Finance*, 24 (1), 1-24.

［14］BLAKE, D., WRIGHT, D., ZHANG, Y., 2014. Age-dependent investing：Optimal funding and investment strategies in defined contribution pension plans when members are rational life cycle financial planners. *Journal of Economic Dynamics and Control*, 38, 105-124.

［15］BRINSON, G. P., BEEBOWER, G. L., 1986. Determinants of Portfolio Performance. *Financial Analysts Journal*, 42 (4), 39-44.

［16］BROCATO, J., STEED, 1998. optimal asset allocation over the business cycle, *financial Review*, 33, 129-148.

［17］BRUNNERMEIER, M. K., PEDERSEN, L. H., 2009. Market liquidity and funding liquidity. *The Review of Financial Studies*, 22, 2201-2238.

［18］CAKMAK, U., OEKICI, S., 2006. Portfolio optimization in stochastic markets. *Mathematical Methods of Operations Research*, 63, 151-168.

［19］CANAKOGLU, E., OZEKICI, S., 2011. Portfolio selection with imperfect information：A hidden Markov model. *Applied Stochastic Models in Business Industry*, 27, 95-114.

[20] CHANG, H., 2015. Dynamic mean-variance portfolio selection with liability and stochastic interest rate. *Economic Modelling*, 51(1), 172-182.

[21] CHEN, A., DELONG, K., 2015. Optimal investment for a defined-contribution pension scheme under a regime switching model. *ASTIN Bulletin*, 45, 397-419.

[22] CHEN, P., YANG, H. L., 2011. Markowitz's mean-variance asset-liability management with regime switching: A Multi-Period Model. *Applied Mathematical Finance*, 18(1), 29-50.

[23] CHEN, P., YANG, H. L., YIN, G., 2008. Markowitz's mean-variance asset-liability management with regime switching: A continuous-time model. *Insurance: Mathematics and Economics*, 43(3), 456-465.

[24] CHEN, Z. P., LI, G., ZHAO, Y. G., 2014. Time-consistent investment policies in Markovian markets: a case of mean-variance analysis. *Journal of Economic Dynamics and Control*, 40, 293-316.

[25] CHEN, Z. P., LIU, J., LI, G., 2016. Time consistent policy of multi-period mean-variance problem in stochastic markets. *Journal of Industrial and Management Optimization*, 12(1), 229-249.

[26] CHIU, M. C., WONG, H. Y., 2014. Mean-variance asset-liability management with asset correlation risk and insurance liabilities. *Insurance: Mathematics and Economics*, 59, 300-310.

[27] CUI, X. Y., GAO, J. J., LI, X., LI, D., 2014. Optimal multi-period mean-variance policy under noshorting constraint. *European Journal of Operational Research*, 234(2), 459-468.

[28] CUI, X. Y., XU, L., ZENG, Y., 2016. Continuous time mean-variance portfolio optimization with piecewise state-dependent risk aversion. *Optimization Letters*, 10, 1681-1691.

[29] CZICHOWSKY, C., 2013. Time-consistent mean-variance portfolio selection in discrete and continuous time. *Finance and Stochastics*, 17, 227-271.

[30] DAI, M., XU, Z., ZHOU, X. 2010. Continuous-time Markowitz's

model with transaction costs. *SIAM Journal on Financial Mathematics*, 1, 96-125.

［31］戴维．斯特, 2005. 资产配置的艺术．上海人民出版社，第1版．

［32］DEELSTRA, G., GRASSELLI, M., KOEHL, P. F., 2003. Optimal investment strategies in the presence of a minimum guarantee. *Insurance: Mathematics and Economics*, 33, 189-207.

［33］DETEMPLE, J., 1991. Further results on asset pricing with incomplete information. *Journal of Economic Dynamics and Control*, 15(3), 425-453.

［34］DETEMPLE, J., RINDISBACHER, M., 2005. Closed-form solutions for optimal portfolio selection with stochastic interest rate and investment constraints. *Mathematical Finance*, 15(4), 539-568.

［35］ELLIOTT, R. J., SIU, T. K., BADESCU, A., 2010. On mean-variance portfolio selection under a hidden Markovian regime-switching model. *Economic Modelling*, 27(3): 678-686.

［36］ENGLE, R., GHYSELS, E., SOHN, B., 2008. On the economic sources of stock market volatility. *Working paper. Available at SSRN*: http://ssrn.com/abstract=971310.

［37］FERLAND, R., WATIER, F., 2010. Mean-variance efficiency with extended CIR interest rates. *Applied Stochastic Models in Business and Industry*, 26, 71-84.

［38］FLEMING, W., SONER, M., 1993. Controlled markov processes and viscosity solutions, *Springer-Verlag*, New York.

［39］GAO, J. W., 2008. Stochastic optimal control of DC pension funds. *Insurance: Mathematics and Economics*, 42, 1159-1164.

［40］GASSIAT, P., GOZZI, F., PHAM, H., 2014. Investment/consumption problem in illiquid markets with regime-switching. *SIAM Journal on Control and Optimization*, 52(3), 1761-1786.

［41］GOURIEROUX, C., MONFORT, A., PEGORARO, F., RENNE, J. P., 2014. Regime switching and bond pricing. *Journal of Financial Economics*, 12, 237-277.

[42] GUAN, G. H., LIANG, Z. X., 2015. Mean-variance efficiency of DC pension plan under stochastic interest rate and mean-reverting returns. *Insurance: Mathematics and Economics*, 61, 99-109.

[43] GUO, Z. J., DUAN, B. X., 2015. Dynamic mean-variance portfolio selection in market with jump-diffusion models. *Optimization*, 64, 663-674.

[44] HAINAUT, D., 2009. Dynamic asset allocation under VaR constraint with stochastic interest rates. *Annals of Operations Research*, 172 (1), 97-117.

[45] HAMILTON J. D., 1989. A new approach to the economic analysis of nonstationary time series and the business cycle. *Econometrica*, 57, 357-384.

[46] HE, L., LIANG, Z. X., 2013. Optimal investment strategy for the DC plan with the return of premiums clauses in a mean-variance framework. *Insurance: Mathematics and Economics*, 53 (3), 643-649.

[47] IBBOTSON, ROGER, G., PAUL, D. K., 2000. "Does asset allocation policy explain 40, 90, or 100 percent of performance? *Financial Analysts Journal*, 56 (1), 26-33.

[48] HO, T. S. Y., LEE, S. B., 1986. Term structure movements and pricing interest contingent claims. *Journal Finance*, 41, 1011-1029.

[49] HØJGAARD, B., VIGNA, E., 2007. Mean-variance portfolio selection and efficient frontier for defined contribution pension schemes. *Working Paper. Available at: http://vbn.aau.dk/files/11498557/R-2007-13.pdf.*

[50] HONDA, T., 2003. Optimal portfolio choice for unobservable and regime-switching mean returns. *Journal of Economic Dynamics and Control*, 28, 45-78.

[51] JENSEN, G., MERCER, J., 2003. New evidence on optimal asset allocation, *The Financial Review*, 38, 435-454.

[52] 金赟, 2017. 基本养老保险基金资产负债管理研究. 浙江大学博士学位论文.

[53] JONATHAN, F., HILLIER, J., 2005. An examination of linear factor models in country equity asset allocation strategies. The Quarterly review of

economic and finance, 45, 808-823.

[54] KAHNEMAN, D., TVERSKY, A., 1979. Prospect theory: an analysis of decision under risk. *Econometrica*, 47 (2), 263-291.

[55] KORN, R., KRAFT, H., 2002. A stochastic control approach to portfolio problems with stochastic interest rates. *SIAM Journal on Control and Optimization*, 40 (4), 1250-1269.

[56] KORN, R., SIU, T. K., ZHANG, A. H., 2011. Asset allocation for a DC pension fund under regime switching environment. *European Actuarial Journal*, 1, 361-377.

[57] LEIPPOLD, M., TROJANI, F., VANINI, P., 2004. A geomeric approach to multiperiod mean variance optimization of assets and liabilities. *Journal of Economic Dynamics and Control*, 8, 1079-1113.

[58] LEIPPOLD, M., TROJANI, F., VANINI, P., 2011. Multiperiod mean-variance efficient portfolios with endogenous liabilities. *Quantitative Finance*, 11 (10), 1535-1546.

[59] LI, C. J., LI, Z. F., 2012. Multi-period portfolio optimization for asset-liability management with bankrupt control. *Applied Mathematics and Computation*, 218 (22), 11196-11208.

[60] LI, C. J., LI, Z. F., FU, K., SONG, H. Q., 2013. Time-consistent optimal portfolio strategy for asset liability management under mean-variance criterion. *Accounting and Finance Research*, 2, 89-104.

[61] LI, D., NG, W. L., 2000. Optimal dynamic portfolio selection: Multiperiod meanvariance formulation. *Mathematical Finance*, 10, 387-406.

[62] LI, D. P., RONG, X. M., ZHAO, H., 2016. Time-consistent investment strategy for DC pension plan with stochastic salary under CEV model. *Journal of Systems Science and Complexity*, 29, 428-454.

[63] LI, D. P., RONG, X. M., ZHAO, H., YI, B., 2017. Equilibrium investment strategy for DC pension plan with default risk and return of premiums clauses under CEV model. *Insurance: Mathematics and Economics*, 72, 6-20.

[64] LI, X., ZHOU, X.Y., LIM, A.E.B., 2002. Dynamic mean-variance portfolio selection with no-shorting constraints. *SIAM Journal on Control and Optimization*, 40 (5), 1540-1555.

[65] LI, Y.W., QIAO, H., WANG, S.Y., ZHANG, L., 2015. Time-consistent investment strategy under partial information. *Insurance: Mathematics and Economics*, 65, 187-197.

[66] LI, Z.F., TAN, K.S., YANG, H.L., 2008. Multiperiod optimal investment-consumption strategies with mortality risk and environment uncertainty. *North American Actuarial Journal*, 12 (1), 47-64.

[67] LIM, A.E.B., 2004. Quadratic hedging and mean-variance portfolio selection with random parameters in an incomplete market. *Mathematics of Operations Research*, 29, 132-161.

[68] LIM, A.E.B., ZHOU, X.Y., 2002. Mean-variance portfolio selection with random parameters. *Mathematics of Operations Research*, 27, 101-120.

[69] LIOUI, A., PONCET, P., 2001. On optimal portfolio choice under stochastic interest rates. *Journal of Economic Dynamics and Control*, 25, 1841-1865.

[70] MARKOWITZ, H., 1952. Portfolio selection. *Journal of Finance*, 7 (1), 77-91.

[71] MENONCIN, F., VIGNA, E., 2013. Mean-variance target-based optimization in DC plan with stochastic interest rate. *In: Carlo Alberto Notebooks*, No. 337. Collegio Carlo Alberto.

[72] MUIRHEAD, R.J., 1982. Aspects of multivariate statistical theory. *John Wiley*, Hoboken.

[73] MUNK, C., SØENSEN, C., 2010. Dynamic asset allocation with stochastic income and interest rates. *Journal of Financial Economics*, 96, 433-462.

[74] NKEKI, C., 2012. Mean-variance portfolio selection with inflation hedging strategy: A case of a defined contribution pension scheme. *Theory and Applications of Mathematics and Computer Science*, 22, 67-82.

[75] NKEKI, C., 2013. Mean-variance portfolio selection problem with stochastic salary for a defined contribution pension scheme: A stochastic linear-quadratic exponential framework. *Statistics, Optimization Information Computing*, 1 (1), 62-81.

[76] PAN, J., XIAO, Q. X., 2017. Optimal mean-variance asset-liability management with stochastic interest rates and inflation risks. *Mathematical Methods of Operations Research*, 85 (3), 491-519.

[77] PHAM, H., 2009. Continuous-time stochastic control and optimization with financial applications, *Springer*, Berlin.

[78] SHARPE, W. F., TINT, L. G., 1990. Liabilities-a new approach. *Journal of Portfolio Management*, 16, 5-10.

[79] SHEN, Y., SIU, T. K., 2012. Asset allocation under stochastic interest rate with regime switching. *Economic Modelling*, 29, 1126-1136.

[80] SHENG, D. L., RONG, X. M., 2014. Optimal time-consistent investment strategies for a DC pension plan with the return of premiums clauses and annuity contracts. *Discrete Dynamics in Nature and Society*, 2014, 1-13.

[81] STROTZ, R., 1955. Myopia and inconsistency in dynamic utility maximization. *Review of Economic Studies*, 23, 165-180.

[82] SUN, J. Y., LI, Z. F., ZENG, Y., 2016. Precommitment and equilibrium investment strategies for defined contribution pension plans under a jump-diffusion model. *Insurance: Mathematics and Economics*, 67, 158-172.

[83] TOBIN, J., 1958. Liquidity preference as behavior toward risk. *Review of Economic Studies*, 67, 65-86.

[84] TOUZI, N., 2004. Stochastic control problem, viscosity solutions and applications to finance, *Scuola Normale Superiore Pisa*, Quaderni.

[85] VIGNA, E., 2009. Mean-variance inefficiency of CRRA and CARA utility functions for portfolio selection in defined contribution pension schemes. *General Information*, 14 (2), 237-258.

[86] VIGNA, E., 2014. On efficiency of mean-variance based portfolio

selection in defined contribution pension schemes. *Quantitative Finance*, 14, 237-258.

[87] WEI, J. Q., WANG, T. X., 2017. Time-consistent mean-variance asset-liability management with random coefficients. *Insurance: Mathematics and Economics*, 77, 84-96.

[88] WEI, J. Q., WONG, K. C., YAM, S. C. P., YUNG, S. P., 2013. Markowitz's mean-variance asset-liability management with regime switching: A time-consistent approach. *Insurance: Mathematics and Economics*, 53, 281-291.

[89] 威廉.T. 津巴, 约翰.M. 马尔维, 2003. 全球资产与负债管理建模. 顾娟等译. 北京经济科学出版社.

[90] JAHNKE, W. W., 2003. Active asset allocation. *Journal of Financial Planning*, 1, 42-69.

[91] WU, H. L., 2013a. Mean-variance portfolio selection with a stochastic cash flow in a Markov-switching jump-diffusion market. *Journal of Optimization Theory Applications*, 158, 918-934.

[92] WU, H. L., 2013b. Time-consistent strategies for a multiperiod mean-variance portfolio selection problem. *Journal of Applied Mathematics*, 2013(4): 707-724.

[93] WU, H. L., CHEN, H., 2015. Nash equilibrium strategy for a multi-period mean-variance portfolio selection problem with regime switching. *Economic Modelling*, 46, 79-90.

[94] WU, H. L., LI, Z. F., 2012. Multi-period mean-variance portfolio selection with regime switching and a stochastic cash flow. *Insurance: Mathematics and Economics*, 50, 371-384.

[95] WU, H. L., ZENG, Y., 2015. Equilibrium investment strategy for defined-contribution pension schemes with generalized mean-variance criterion and mortality risk. *Insurance: Mathematics and Economics*, 64, 396-408.

[96] WU, H. L., ZHANG, L., CHEN, H., 2015. Nash equilibrium

strategies for a defined contribution pension management. *Insurance*: *Mathematics and Economics*, 62, 202-214.

[97] XIA, J. M. 2005. Mean-variance portfolio choice: Quadratic partial hedging. *Mathematical Finance*, 15(3), 533-538.

[98] XIE, S. X., 2009. Continuous-time mean-variance portfolio selection with liability and regime switching. *Insurance*: *Mathematics and Economics*, 45, 148-155.

[99] YAO, H. X., CHEN, P., LI, X., 2016a. Multi-period defined contribution pension funds investment management with regime-switching and mortality risk. *Insurance*: *Mathematics and Economics*, 71, 103-113.

[100] YAO, H. X., LAI, Y. Z., HAO, Z. F., 2013a. Uncertain exit time multi-period meanvariance portfolio selection with endogenous liabilities and Markov jumps. *Automatica*, 49, 3258-3269.

[101] YAO, H. X., LAI, Y. Z., MA, Q. H., JIAN, M. J., 2014. Asset allocation for a DC pension fund with stochastic income and mortality risk: A multi-period mean-variance framework. *Insurance*: *Mathematics and Economics*, 54, 84-92.

[102] YAO, H. X., LI, X., HAO, Z. F., LI, Y., 2016b. Dynamic asset-liability management in a Markov market with stochastic cash flows. *Quantitative Finance*, 16 (10), 1575-1597.

[103] YAO, H. X., LI, Z. F., LAI, Y. Z., 2016c. Dynamic mean-variance asset allocation with stochastic interest rate and inflation rate. *Journal of Industrial and Management Optimization*, 12, 187-209.

[104] YAO, H. X., LI, Z. F., LI, D., 2016d. Multi-period mean-variance portfolio selection with stochastic interest rate and uncontrollable liability. *European Journal of Operational Research*, 252 (3), 837-851.

[105] YAO, H. X., ZENG, Y., CHEN, S. M., 2013b. Multi-period mean-variance asset-liability management with uncontrolled cash flow and uncertain time-horizon. *Economic Modelling*, 30, 492-500.

[106] YAO, J., LI, D., 2013. Bounded rationality as a source of loss

aversion and optimism: A study of psychological adaptation under incomplete information. *Journal of Economic Dynamics and Control*, 37 (1), 18-31.

[107] YONG, J., ZHOU, X. Y., 1999. Stochastic controls: Hamiltonian systems and HJB equations. *Springer*, New York.

[108] 俞慧君, 2012. 中国基本养老金资产负债管理研究-基于多阶段随机规划方法. 西北大学博士学位论文.

[109] 于瑾, 2004. 投资基金资产配置重要性的理论述评. 经济管理, 19, 73-77.

[110] ZHANG, F. Z., 2011. Matrix theory: Basic results and techniques (2nd). *Springer*, New York.

[111] ZHANG, L., LI, Z. F., XU, Y. H., LI, Y. W., 2016. Multi-period mean variance portfolio selection under incomplete information. *Applied Stochastic Models in Business and Industry*, 32(6), 753-774.

[112] ZHANG, L., ZHANG, H., YAO, H. X., 2018. Optimal investment management for a defined contribution pension fund under imperfect information. *Insurance: Mathematics and Economics*, 79, 210-224.

[113] 郑木清, 2003. 证券投资资产配置决策. 北京, 中国金融出版社.

[114] ZHOU, X. Y., LI, D., 2000. Continuous-time mean-variance portfolio selection: A stochastic LQ framework. *Applied Mathematics Optimization*, 42 (1), 19-33.

[115] ZHOU, X. Y., YIN, G., 2003. Markowitz's mean-variance portfolio selection with regime switching: A continuous-time model. *SIAM Journal on Control and Optimization*, 42, 1466-1482.

[116] ZHOU, Z. B., XIAO, H. L., YIN, J. L., ZENG, X. M., LIN, L., 2016. Pre-commitment vs. time-consistent strategies for the generalized multi-period portfolio optimization with stochastic cash flows. *Insurance Mathematics Economics*, 68, 187-202.

[117] ZHU, S. S., LI, D., WANG, S. Y., 2009. Robust portfolio selection under downside risk measures. *Quantitative Finance*, 9 (7), 869-885.

索 引

B

不完全信息 …………………… 017
博弈论 ………………………… 012
保费返还条款 ………………… 016

D

多阶段均值—方差模型 ……… 021
DC 养老金 …………………… 014

J

均衡策略 ……………………… 012
机制转换 ……………………… 012

K

扩展的 Bellman 方程 ………… 020

S

时间一致性 …………………… 012
随机利率 ……………………… 013
随机现金流 …………………… 014

T

投资组合选择 ………………… 012

Y

预先承诺策略 ………………… 012
有效前沿 ……………………… 020

Z

资产负债管理 ………………… 013

致　谢

感谢我的博士生导师李仲飞教授，本书是在其指导和帮助下完成的。李老师严谨的治学精神，勤奋的学习态度是我终生学习的榜样。感谢师兄姚海祥教授的支持和帮助，他经常给我分享最新的学术前沿动态，和我一起讨论问题，并为我指点迷津，他认真刻苦的钻研精神，是我学习的榜样。

卞利花
2019 年 9 月于青海大学